Jeffrey Wimmer
Massenphänomen Computerspiele

Jeffrey Wimmer

Massenphänomen Computerspiele

Soziale, kulturelle und wirtschaftliche Aspekte

UVK Verlagsgesellschaft Konstanz · München

Bibliografische Information der Deutschen Nationalbibliothek
Die Deutsche Nationalbibliothek verzeichnet diese Publikation in der Deutschen Nationalbibliografie; detaillierte bibliografische Daten sind im Internet über http://dnb.d-nb.de abrufbar.

FSC
www.fsc.org
MIX
Papier aus verantwortungsvollen Quellen
FSC® C006701

ISBN 978-3-86764-088-6

Einbandgestaltung: Susanne Fuellhaas, Konstanz
Titelfoto: Istockphoto Inc.
Druck und Bindung: CPI – Ebner & Spiegel, Ulm

UVK Verlagsgesellschaft mbH
Schützenstr. 24 · 78462 Konstanz · Deutschland
Tel.: 07531-9053-0 · Fax: 07531-9053-98
www.uvk.de

Inhalt

Vorwort

Das vorliegende Buch bündelt sowohl theoretische als auch empirische Einzelstudien zu einem Ansatz, der vor allem die sozialen und alltagskulturellen Aspekte des Computerspielens fokussiert. Im Unterschied zu einem eher engeren Wirkungsverständnis oder gar einer technikdeterministischen Vorstellung macht diese Analyseperspektive den Bezug aktueller Computerspielnutzung zu einem übergreifenden Wandel von Kommunikations- und Medienkulturen deutlich. Der Titel des Buches verweist auf ein Kernargument meiner Argumentation: Computerspiele sind nicht (mehr) nur als ein Unterhaltungsmedium sondern auch – und das in einem zunehmenden Maße – als ein Massenmedium und damit auch als ein Kulturgut zu verstehen. So können beispielsweise die mediatisierten Erlebniswelten im Rahmen vernetzten Computerspielens aufgrund ihrer vielfältigen und komplexen Möglichkeiten sowohl für interpersonale als auch für gruppenbezogene und damit (teil-)öffentliche Kommunikation als hybride Kommunikationsräume verstanden werden. Diese Kommunikationsräume sind ein integraler Bestandteil des Medienmenüs weiter Teile des Publikums geworden. Vor diesem Hintergrund wird die kritische Analyse der sozialen, kulturellen, wirtschaftlichen und gar auch politischen Bedeutung von Computerspielen gerade auch aus kommunikationswissenschaftlicher Perspektive eine zentrale Herausforderung für die aktuelle und zukünftige Gestaltung unserer Mediengesellschaft.

Mein Dank geht an erster Stelle an das Institut für Medien und Kommunikationswissenschaft der TU Ilmenau, das mir diese Studie überhaupt ermöglicht hat, indem es 2008 das Wagnis einging, eine Juniorprofessur zu den „Sozialwissenschaftlichen Aspekten digitaler Spiele und virtueller Welten" einzurichten. Neben Andreas Hepp, Jörg Müller-Lietzkow und Jens Wolling ist vor allem Thorsten Quandt zu danken, der mich seit Beginn meiner kommunikationswissenschaftlichen Auseinandersetzung mit Computerspielen stets mit Rat und Tat unterstützt hat. Rüdiger Steiner (UVK) und Manuel Neunkirchen haben mich bei der Erstellung dieses Buches großartig und geduldig unterstützt. Gewidmet ist das Buch meinem Vater, der mir zu Beginn der 1980er Jahre nicht nur mein erstes Computerspiel (*Intellivision*) geschenkt hat, sondern mir in seiner kritischen aber dennoch lebensbejahenden Weltsicht stets ein Vorbild war.

Nürnberg, im April 2013 Jeffrey Wimmer

1 Einleitung

Computerspiele sind mittlerweile ein allgegenwärtiges, gar globales Phänomen von großer sozialer, kultureller, technologischer und wirtschaftlicher Bedeutung. Sie haben in den letzten vier Jahrzehnten rasch an Popularität gewonnen und sich aktuell zu einem bedeutenden Teil der Unterhaltungsbranche entwickelt. Games, ob online oder offline gespielt, ziehen inzwischen nicht nur Kinder und Jugendliche in ihren Bann, sondern zunehmend auch Erwachsene. Es wird geschätzt, dass aktuell bis zu eineinhalb Milliarden Menschen regelmäßig Computerspiele spielen. Prägnant postuliert der Computerspielforscher Jesper Juul (2009: 9) daher die gesellschaftliche Omnipräsenz des Phänomens Computerspielen: „To play video games has become the norm; to not play video games has become the exception."

Dieser Erfolg der Computerspiele und die große Lust des Menschen am (Computer-)Spielen kann auf zwei grundlegende Faktoren zurückgeführt werden: Zum einen ist der Spieltrieb des Menschen ein angeborenes Sozialverhalten und zählt zu den ältesten Kulturtechniken. Spielphilosophen wie Johan Huizinga oder Roger Caillois verdeutlichen in ihren Kulturanalysen, dass Spielen nicht nur eine der zentralen Aktivitäten in unserem Alltag darstellt, sondern auch, dass das Spielen untrennbar mit unserer Sozialisation und Identität verbunden ist. Huizinga prägt hierfür das zum Schlagwort avancierte Menschenbild des „Homo Ludens". Zum anderen hat sich unser Alltag zu einem (digitalen) Medienalltag gewandelt. Wie selbstverständlich erscheint uns der intensive Gebrauch der verschiedenen modernen Kommunikationsmedien wie Internet, Mobiltelefone oder eben auch Computerspiele. Die Mediatisierung der Gesellschaft und die Digitalisierung der Medientechnologien sind dabei auf das Engste miteinander verknüpft. So ist der „mobile" Mensch von heute zum großen Teil „online" – u. a. zum Kommunizieren, um sich zu informieren, um soziale Beziehungen aufrecht zu erhalten, zum Arbeiten oder um Unterhaltung und Spaß zu finden. Wie einschlägige Studien zur Online-Kommunikation zeigen, gilt diese Gegenwartsdiagnose gerade für Jugendliche, deren Leitmedium klar das Internet und dessen verschiedene Unterhaltungs- und Kommunikationsformate sind. Aber auch in Bezug auf andere gesellschaftliche Gruppen ist zu konstatieren, dass Unterhaltungsmedien generell immer wichtiger werden, wie es u. a. auf gesamtgesellschaftlicher Ebene die Zunahme der Fernsehnutzung in den letzten zehn

Jahren zeigt. Von dieser Entwicklung profitiert die dahinter stehende Unterhaltungsindustrie – allen voran die Computerspieleindustrie – immens.

Wir Menschen tummeln uns daher immer mehr auf einer rasch zunehmenden Zahl von Online-Spielplätzen und virtuellen Welten. Computerspiele – so kann man als Zwischenfazit ziehen – gehören mittlerweile zu denjenigen Kommunikationsmedien, mit denen wir an gesellschaftlichen Zusammenhängen teilhaben. Diese Kommunikationsräume sind ein integraler Bestandteil des Medienmenüs der heutigen Heranwachsenden geworden. Im Spezifischen bedeutet das auch, dass sie ein ernstzunehmender Sozialisationsfaktor und -mittler für die Persönlichkeitsentwicklung geworden sind. Computerspielwelten prägen die Gesellschaft daher nicht nur aufgrund des Ausmaßes ihrer Nutzungsreichweite, sondern auch hinsichtlich ihrer Bedeutungs- und Sinngehalte. Beschäftigt man sich daher mit den sozialen, kulturellen und ökonomischen Aspekten digitaler Spiele, dann ist nicht so sehr die bedeutende Frage „ob, sondern wie sich soziales Handeln der Individuen und die Formen des Zusammenlebens der Menschen auch durch das Potenzial des Computerspielens langfristig verändern." (Krotz 2009: 37) Vor diesem Hintergrund wird die kritische Analyse der gesellschaftlichen Bedeutung von Computerspielen gerade auch aus kommunikationswissenschaftlicher Perspektive eine zentrale Herausforderung für die aktuelle und zukünftige Gestaltung unserer Mediengesellschaft.

Auf große Resonanz in der Öffentlichkeit stößt vor allem die Debatte über das sucht- und gewaltfördernde Potenzial von Computerspielen. Als Prototyp interaktiver Unterhaltungsangebote, so die oft geäußerten Bedenken, seien sie reine Zeitverschwendung, besäßen wenig Tiefgang und würden bei intensiver Nutzung zu körperlichen Defiziten führen. So wird oft postuliert, dass das Verschwinden von real (körperlich) erfahrbaren Widerständen in den virtuellen Erlebniswelten der Computerspiele u. a. die sinnliche Erfahrung, Empathie und das emotionale Engagement der Computerspieler grundsätzlich mindere. Eine Hauptursache könnte darin liegen, dass eine aktive Auseinandersetzung mit der Umwelt und der persönliche soziale Austausch – verstanden als Formen der Realitätskontrolle – nicht stattfinden würden. Die Begegnung mit den Mitmenschen in den zahlreichen und hoch frequentierten Computerspielwelten – so eine andere oft geäußerte Sorge – sei nicht nur beliebig und austauschbar und völlig den Kontexten der Spielregularien unterworfen, sondern der Rückgang der körperlich erfahrbaren direkten Interaktion könne auch die Identität der Spieler[1] gefährden. Idealtypisch für diese Position diagnostiziert der Phänomenologe

[1] Zugunsten einer besseren Lesbarkeit wird ausschließlich die maskuline Form verwendet. Es sind allerdings stets beide Geschlechter angesprochen.

Thomas Fuchs (2010) aus theoretischer Perspektive eine dysfunktionale Entkörperung der Erfahrung (Disembodiment) im Rahmen „virtueller Realitäten“. Diese sei aus phänomenologischer Perspektive (1) als eine Entsinnlichung persönlicher Erfahrungen, (2) eine Phantomisierung der Wirklichkeit und (3) eine Scheinpräsenz des Menschen charakterisierbar, was grundsätzlich u. a. der Suchtentwicklung und nicht-sozialen Einstellungen Vorschub leiste.

Aus kommunikationswissenschaftlicher Sicht erscheinen diese Blickwinkel eingeschränkt, denn hinter der häufig verwendeten Bezeichnung „Computerspiel“ verbirgt sich ein weitaus facettenreicheres und damit komplexeres Kommunikations- und Medienphänomen, das nicht allein auf die vermutete kanalreduzierende Wirkmächtigkeit seiner medientechnologischen Grundstruktur reduziert werden kann. Auch die öffentliche Wahrnehmung von Computerspielen hat sich in letzter Zeit stark gewandelt. Kinder und Jugendliche, die in den späten 1970er und frühen 1980er Jahren in Zeiten des „Videogame Craze“[2] aufwuchsen, sind mittlerweile in ihren Dreißigern und Vierzigern und geben das ehemalige Lieblingshobby an ihre Kinder weiter. Mit diesem Generationenwechsel ist auch ein Perspektivwechsel verbunden. Seit 2008 sind Computerspiele in Deutschland auch in die Liste der Kulturgüter aufgenommen, der Bundesverband der Entwickler von Computerspielen (G.A.M.E.) befindet sich als Vertreter der Computerspielindustrie im Deutschen Kulturrat. Angesichts dieses Wandels sollte es keine Überraschung sein, dass Computerspiele heute einen festen Platz in öffentlichen Diskursen einnehmen und zunehmend in gesellschaftlichen wie kulturellen Bereichen anerkannt werden, in denen sie bisher keine Rolle zu spielen hatten. So sind beispielsweise Besprechungen aktueller Computerspiele mittlerweile keine Seltenheit im Feuilleton gesellschaftlicher Leitmedien wie der *Süddeutschen Zeitung* oder der *FAZ*.

Noch nicht sehr lange wird die Medien- und Kulturgeschichte der digitalen Spiele wissenschaftlich untersucht, zum Teil auch nur in Ansätzen. Der Kommunikationswissenschaftler Dmitri Williams führt hierzu aus: „The video-game industry (...) remains largely ignored by communication studies scholars. Studies by historians and sociologists are also notably absent.“ (Williams 2003: 523) Zunehmend wird das Phänomen Computerspiel allerdings in allen seinen Schattierungen wissenschaftlich diskutiert. Dieses Buch möchte dazu einen Beitrag leisten. Es kann dabei natürlich nicht auf alle, recht vielfältigen Dimensionen eingehen, sondern beschränkt sich vor allem auf die sozialen und alltagskultu-

---

2 So charakterisiert der Spieljournalist Steven Kent (2001) den Zeitraum, in dem Computerspiele erstmalig auf den Markt kamen und für viele Menschen der ‚letzte Schrei' im Bereich der Unterhaltungselektronik waren.

rellen Aspekte des Computerspielens. Es soll dadurch natürlich nicht die in Einzelfällen exzessive Nutzung von Computerspielen mit schwerwiegenden psychischen wie physischen Folgen (vgl. ausführlich Kapitel 4.3) in Abrede gestellt werden, sondern vielmehr die Komplexität und damit die potenziell soziale Ergebnisoffenheit des Phänomens Computerspielen dargestellt werden. Hierin zeigt sich deutlich die Faszination und zugleich auch die Macht des neuen Leitmediums.

Das Buch unterteilt sich in mehrere Abschnitte, in denen kommunikationswissenschaftliche und andere wissenschaftliche Befunde sowie die deutsche und internationale Diskussion zum jeweiligen thematischen Bereich zusammengeführt werden. Es ist als Einführung gedacht, um interessierten Lesern einerseits einen Einblick in den Forschungsbereich Computerspiele und dessen Schlüsselkonzepte zu ermöglichen und anderseits um die notwendigen Hintergrundinformationen für das Verständnis der aktuellen Debatte um den sozialen, kulturellen und ökonomischen Stellenwert von Computerspielen zu liefern. Das Buch beginnt mit einer Darstellung zentraler Charakteristika von Computerspielen, deren Entwicklungsgeschichte, Genres und Darstellungsformen. Diese eher technik- und inhaltsgetriebene Darstellung beschreibt den Rahmen für die darauffolgende Charakterisierung der heutigen Spielerschaft (Kapitel 3), die bunt und vielfältig zusammengesetzt ist. Hier werden auch die Gründe beleuchtet, warum das Computerspiel von kultureller und sozialer Wichtigkeit ist und zunehmend als eines der Leitmedien unserer heutigen Mediengesellschaft betrachtet werden kann. Besonders deutlich wird diese Entwicklung an dem Aufkommen vielfältigster Spielergemeinschaften und den zahlreichen Online-Erlebniswelten, die Räume für soziale Interaktion und Identitätsbildung bieten. Das darauffolgende vierte Kapitel greift die aktuelle gesellschaftliche und politische Diskussion um Computerspiele auf und diskutiert u. a. die Effekte von Gewaltdarstellungen in Computerspielen, aber auch die vielfältigen Lern- und Sozialisationsprozesse im Rahmen virtueller Erlebniswelten und deren sozialen Wert. Der ausführliche Blick auf die Computerspieleindustrie (Kapitel 5) und die Darlegung einer sinnverstehenden Analyseperspektive auf das Phänomen Computerspiele (Kapitel 6) runden das Buch ab. Ergänzend finden sich im umfangreichen Anhang u. a. eine kommentierte Literaturliste sowie weiterführende Linkhinweise.

2 Was sind Computerspiele?

2.1 Definition und Charakteristika

Eine klare und vor allem umfassende Definition des Begriffs „Computerspiel“ zu geben, ist nicht einfach. Das liegt in erster Linie an der Mannigfaltigkeit des Phänomens, das durch diese Bezeichnung abgedeckt werden muss. Computerspiele werden auf dem heimischen PC gespielt, aber auch an Spielkonsolen wie der *PlayStation 3*, *Nintendo Wii* oder *Xbox 360*, um drei aktuell erfolgreiche Spielesysteme zu nennen. Ebenso können darunter auch mobile Spielkonsolen (so genannte Handhelds) wie beispielsweise der Klassiker *Game Boy* oder die *PlayStation Portable* zusammengefasst werden.

Auf den ersten Blick existiert hier eine definitorische Problematik. Die Bezeichnung Computerspiel bezieht sich streng genommen ausschließlich auf Spiele, die in einer dem Medium entsprechenden digitalen Form gespielt werden können, z. B. auf einem betagten Homecomputer wie die mittlerweile legendären *C 64* oder *Commodore Amiga*, einem hochmodernen Spiele-PC, auf einem der vielen, ausschließlich auf den Spielbetrieb optimierten Video- bzw. Konsolenspielsysteme wie z. B. Schachcomputer, im Rahmen von Computerspiel-Apps auf Mobiltelefonen oder in den mannigfaltigen Online-Spielwelten. Grundsätzlich stellen digitale Spiele also eine bestimmte Form des Spiels dar, die durch eine Reihe von spezifischen Merkmalen beschrieben werden kann. Das Attribut „digital“ verweist zunächst auf eine der wichtigsten Eigenschaften dieser Spiele: Sie werden über elektronische Geräte und/oder in digitaler Form vermittelt. So führt der südamerikanische Game-Designer und Computerspielforscher Gonzalo Frasca (2001: 14) als Definition aus:

> „[A]ny forms of computer-based entertainment software, either textual or image-based, using any electronic platform such as the personal computer or consoles and involving one or multiple players in a physical or networked environment.“

Ihm folgend sind Computerspiele daher immer auch als ein transmediales Phänomen zu verstehen, denn sie hängen nicht von einer konkreten Darstellungsform (Bild oder Text), einem spezifischen Medium oder der konkreten Spielerkonstellation ab. Ähnlich breit definiert der deutsche Branchenverband G.A.M.E. (2005) Computerspiele:

> „Computer- und Videospiele umfassen alle interaktiven, non-linearen Medien, die mit Hilfe audiovisueller Wiedergabe das Spielen ermöglichen oder Spiel zu Lernzwecken einsetzen. Dabei sind Trägermedium, Wiedergabesystem oder Übertragungsweg unwesentlich. Spiel ist eine freiwillige Beschäftigung von Einzelnen oder Gruppen, welche durch mindestens folgende Eigenschaften definiert ist: Interaktion zwischen Spiel und Medium/zwischen den Spielern, die Existenz eines Spielfeldes/Spielbereiches und das Vorhandensein von Spielregeln."

Es ist daher analytisch unzureichend, nur von Computer-, Konsolen-, Bildschirm- oder Videospielen zu sprechen. Diese Begriffe sind zu stark auf einzelne, mitunter rasch veraltende Medientechnologien bezogen und können nicht für das gesamte Phänomen stehen – auch wenn in der Umgangssprache das Wort „Computerspiel" oft synonym für jegliche Form von Unterhaltungssoftware verwendet wird. Der Ausdruck „Digitales Spiel" hingegen bietet sich als Oberbegriff für alle Möglichkeiten an, wie ein Spiel mithilfe digitaler Technologien gespielt werden kann. Denn er umfasst auch digitale Spielformen auf den verschiedenen Spieleplattformen wie Spielautomat, Konsolen- und Computersysteme, auf mobilen Geräten wie Handhelds, Smartphones oder Tablet-Computer oder auch weiterführende Formen wie Online-Spiele oder Augmented Reality Games.

Aufgrund der Popularität und Geläufigkeit der Begrifflichkeit „Computerspiel" wird diese hier letztendlich verwendet. Für die Vereinfachung spricht, dass die verschiedenen Formen eines digitalen Spiels auf den mannigfaltigen, technisch z. T. sehr unterschiedlichen Plattformen aus der Perspektive des Konsumenten deutlich weniger strikt differenziert werden. So spricht man im Alltag vom „Computerspielen" und weniger vom „Spielen eines digitalen Spiels". Zwar besitzt jede Spieleplattform spezifische und dabei vor allem technische Eigenheiten, die Begriffe Computerspiel und Computerspielen stellen aber aus alltagskultureller Perspektiver den größten gemeinsamen Nenner der verschiedenen Phänomene dar, um über diese Art von Spielen als Einheit reden zu können. Interessanterweise löst sich die Differenz der verschiedenen technischen Plattformen in den letzten Jahren zunehmend auf, da erfolgreiche Spieletitel wie z. B. *Assassin's Creed* vermehrt plattformübergreifend, d h. für PC, Spielkonsolen, Handhelds etc. gleichzeitig produziert werden, auch wenn sie sich im Detail wie z. B. vorhandene Spielmodi unterscheiden.

Ein Überblick über die verschiedenen Eingabegeräte wie u. a. Joystick, Gamepad oder Tastatur veranschaulicht die technische Bandbreite des Computerspielens (vgl. Abb. 1).

Abb. 1: Eingabegeräte für Computerspiele

Die Vielfalt an Eingabegeräten, von denen bei weitem nicht alle abgebildet sind, lässt mehrere Rückschlüsse zu: Die Spirale technischer Erneuerungen wird immer schneller und damit wächst auch die Vielfalt an Spielen und Genres. Spielgattungen können sowohl durch ihre zugrundeliegende Gestaltung als auch durch ihre Einbettung in technische und nutzungsbezogene Kontexte differenziert werden. So spielen die Hardwareeigenschaften eine wichtige Rolle, denn u. a. die Potenziale der Grafikkarten, CPUs und Eingabegeräte geben den technischen Rahmen für das Spielvergnügen.

Online-Spiele, also Computerspiele, die mit Hilfe des Internets spielbar sind, stellen heutzutage mit die populärste Variante dar. Die Bezeichnung „Online-Spiel“ ist ungenau, denn sie deutet noch nicht darauf hin, wie das jeweilige Spiel mit dem Internet verknüpft ist. Es ist ein Unterschied, ob ein Spiel „im Internet oder über das Internet “ und „mit Hilfe eines Computers“ oder „mit einem Computer" gespielt wird (Schmidt et al. 2008: 10). Im Internet spielen bedeutet, dass der Spielort ein digitaler Raum ist, den die Spielteilnehmer aufsuchen. Findet das Spiel allerdings über das Internet statt, dann dient das Netz eher als Kanal, der die Teilnehmer miteinander verbindet. Mit Hilfe eines Computers kann man über das Internet mit anderen Menschen in Interaktion treten, während derjenige, der mit einem Computer spielt, auf diese sozialen Interaktionen verzichtet und mit dem Computer interagiert, indem er zum Beispiel eine computergenerierte Herausforderung meistert und sich an der Interaktivität des Computerspiels erfreut.

Nicht enden wollende Innovationsschübe und eine stete Professionalisierung des Marketings erschließen immer neue Marktsegmente. So galten bis vor kurzen die so genannten Social Games wie z. B. *FarmVille* als ein großer Wachstumsmarkt mit mehreren hundert Millionen Spielern weltweit. Aber auch auf den ersten Blick recht unspektakuläre PC-Spiele wie der *Landwirtschafts-Simulator*, mit dem man die täglichen Arbeitsroutinen eines Bauern virtuell nachempfinden kann, finden aktuell einen Spielerkreis, der in die Hundertausende geht. Zuallererst soll aber die Genealogie der Spiele knapp skizziert werden.

2.2 Geschichte und Genres

Es gab zwar recht früh einige Vorläufer moderner Computerspiele, beispielsweise als 1958 ein Physiker am Brookhaven National Laboratory ein simples Tennisspiel namens *Tennis for two* auf einem Oszilloskop entwickelte, das – glaubt man den Chronisten – insbesondere Besucher des Institutes begeisterte. Das erste digitale Spiel, das auf Computertechnik basierte, war allerdings *Spacewar!*, welches 1961 von einem Forscherteam unter der Führung von Steve Russell am Massachusetts Institute of Technology (MIT) entwickelt wurde. Steve Russell und seine Freunde vom Tech Model Railroad Club, eine Studentenvereinigung, die sich ursprünglich für Modelleisenbahnen und komplexe elektronische Signalanlagen faszinierte, brauchten insgesamt ein halbes Jahr, um *Spacewar!* fertig zu stellen. Das Spiel, in dem man eine gegnerische Rakete abschießen musste, breitete sich vom MIT rasch auf viele amerikanische Forschungslaboratorien aus.

1972 gründete der US-Amerikaner Nolan Bushnell mit Kollegen die Firma Atari, deren erster Videospielautomat *Pong* als einer der Urväter der Computerspiele gilt (vgl. Abb. 2).

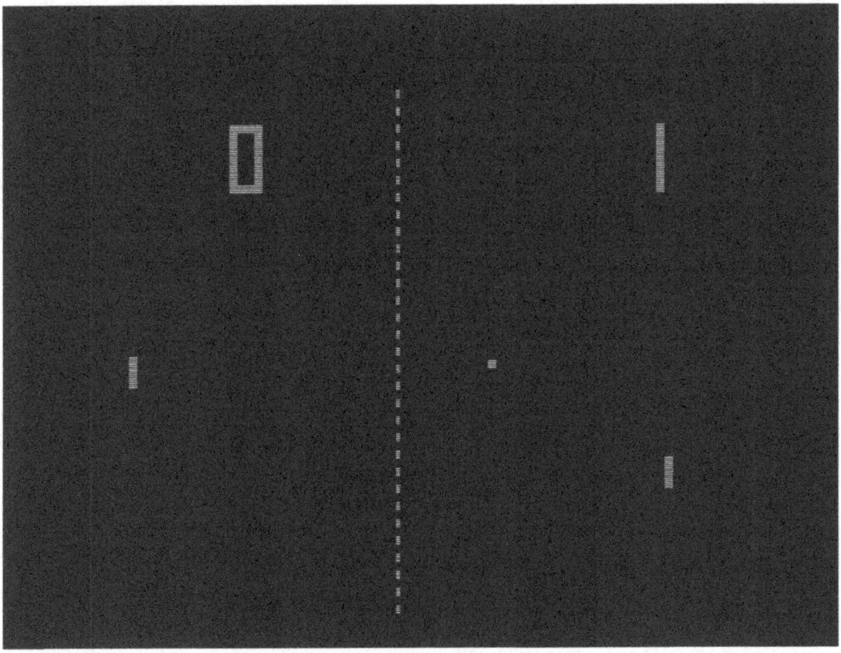

Abb. 2: Screenshot Pong

So sprach 2006 das Berliner Computerspielmuseum in seiner Ausstellung „pong.mythos“ von dem entscheidenden, da publikumswirksamen Schritt des Computerspieles hin zu einem Unterhaltungsmedium, da der Spielautomat in vielen öffentlich zugänglichen Räumen wie z. B. Eingängen von Kaufhäusern aufgestellt wurde. Auch kommerziell war das Spiel erfolgreich. Die Produktion des Spiels wurde auf ungefähr $ 500 geschätzt. Atari verkaufte mehr als 8.500 Exemplare bei einem damaligen Verkaufspreis von $ 1.200. Das Spielprinzip war eher simpel und wurde von Atari mit drei knappen Handlungsanweisungen umschrieben, die auf dem Spielautomaten angebracht waren: „Deposit Quarter“ (Wirf eine Münze ein), „ball will serve automatically“ (Spiel startet automatisch) and „avoid missing ball for high score“ (Triff den Ball für ein hohes Spielergebnis).

Vier Jahre später erschien 1976 der *Pong*-Nachfolger *Breakout* auf dem Markt, bei dem man nun nicht gegen einen Gegner, sondern alleine gegen den Spielautomaten seine Geschicklichkeit unter Beweis stellen konnte, indem man mit Hilfe eines (virtuellen) Schlägers („paddle“) den Ball im Spiel zu halten und so viele Steine wie möglich zu treffen versuchte. Die Zeitspanne vom Ende der 1970er bis Mitte der 1980er Jahre wird von Beobachtern auch als eine Art goldene Ära der Videospiele bezeichnet (vgl. ausführlich Kent 2001), da die Spielebranche stark von Innovationen getrieben wurde und das Computerspielen seinen gesellschaftlichen Durchbruch erlebte. Aufgrund der für die damalige Zeit aufwendigen Technik wurden Computerspiele vorwiegend in Spielhallen (Arcades) auf Spielautomaten im Einzel- oder Mehrspielermodus gespielt. Viele Spiele aus der damaligen Zeit gelten heute noch als Klassiker, wie z. B. *Asteroids*, *Defender* oder *Pac-Man*, und werden aktuell noch immer gespielt (Stichwort Retro-Gaming). *Space Invaders*, das 1978 auf den Markt gebracht wurde, stellt wegen seines Gameplay für die weitere Entwicklung ein sehr einflussreiches Spielhallen-Spiel dar. Spielziel ist es, so viele feindliche Objekte wie möglich abzuschießen und durch Bewegungen nach links und rechts dem feindlichen Beschuss auszuweichen. Auch *Pac-Man* aus dem Jahre 1981, heute noch eines der bekanntesten Arcade-Spiele der Welt, kann man dem Medienwissenschaftler Mathias Mertens folgend wie viele andere Spielhallen-Spiele hinsichtlich seiner Spielidee als ein Derivat von *Breakout* definieren. So liegt der Spielsinn abstrakt ausgedrückt in der „Eroberung des Raumes“ und dem Besiegen der computergenerierten Gegner. Dieses grundlegende Erzählmuster findet man auch noch bei heutigen Computerspielen wie beispielweise bei First-Person-Shootern wie *Counter-Strike* wieder, sodass diese auf einer abstrakten Ebene mit ihren eigentlich viel älteren Vorgängern doch recht gut verglichen werden können.

Die Spielhallen-Jahre wurden von dem starken Aufkommen so genannter Homecomputer wie z. B. *Atari ST*, *Commodore 64* oder *Commodore Amiga* oder spezifischer Konsolensysteme für das Spielen zuhause abgelöst wie z. B. von *Nintendo* oder *Sega*, welche die Spielbranche bis Mitte der 1990er Jahre prägten. In dieser Dekade nahm die technische Entwicklung noch mehr Fahrt auf und ermöglichte eine größere Detailfülle, eine Reihe neuer Spiel-Genres und immer raffiniertere Spiele. Begleitet wurde diese Entwicklung von neueren Konsolengenerationen wie z. B. der *PlayStation*- oder *Xbox*-Reihe, die noch heute ein zentrales Marktsegment bilden, und von einer starken Professionalisierung der gesamten Branche.

Neben den Action- und Arcade-Spielen kann v. a. das Genre der Rollenspiele auf eine lange Tradition zurückblicken. 1972 entwickelte der begeisterte Rollenspieler William Crowther das erste computerbasierte Rollenspiel mit dem Namen *Adventure*, in dem ein Spieler, im Gegensatz zu den grafischen Darstellungen moderner Rollenspiele, ausschließlich über einfache Texteingaben agieren konnte, was aber dem Spielerleben überhaupt keinen Abbruch tat. Das Spiel war im universitären Internet-Vorläufer ARPAnet zum Download verfügbar und wurde u. a. 1976 durch den Studenten Don Woods mit Fantasy-Elementen erweitert. Durch diesen Vorgang – so der Journalist Konrad Lischka (2002) in seiner Kulturgeschichte der Computerspiele – wurde die erste „Mod" (Modifikation) eines Computerspiels durch einen Spieler geschaffen und damit auch indirekt die Basis für eine Subkultur im Bereich der Computerspiele gelegt, das so genannte Modding, das noch heute viele Bereiche (u. a. Spieleproduktion, Spielkulturen) prägt.

Der Vorläufer heutiger „Massively Multiplayer Online Role Playing Games" (MMORPG) wie *World of Warcraft* (WoW) entstand 1978 an der Universität Essex unter der Mitarbeit des heute noch aktiven Spielforschers Richard Bartle. Wie der Genre-Pionier *Adventure* stellt das Online-Spiel *MUD* (Multi User Dungeon) ein Rollenspiel dar, bei dem allerdings mehrere Spieler miteinander agieren können, wodurch nicht nur eine digitale Übertragung damals beliebter Pen-and-Paper-Rollenspiele wie *Dungeons & Dragons,* sondern auch eine erstaunlich hohe soziale Komplexität der computervermittelten Kommunikation erreicht wurde. Dieses Spiel fand unerwartet so großen Anklang, dass die Universität Essex aus Furcht vor Überlastung ihres Großrechners den Zugang zum Spiel nur nachts erlaubte. Mit der Entstehung des World Wide Web Anfang der 1990er Jahre begann ein Preiswettkampf der Netzanbieter, der zu einem rapiden Verfall der Nutzungskosten von Netzdiensten führte und so ermöglichte, dass MUDs aus dem universitären Umfeld einem breiteren Publikum zugänglich wurden (vgl. Abb. 3).

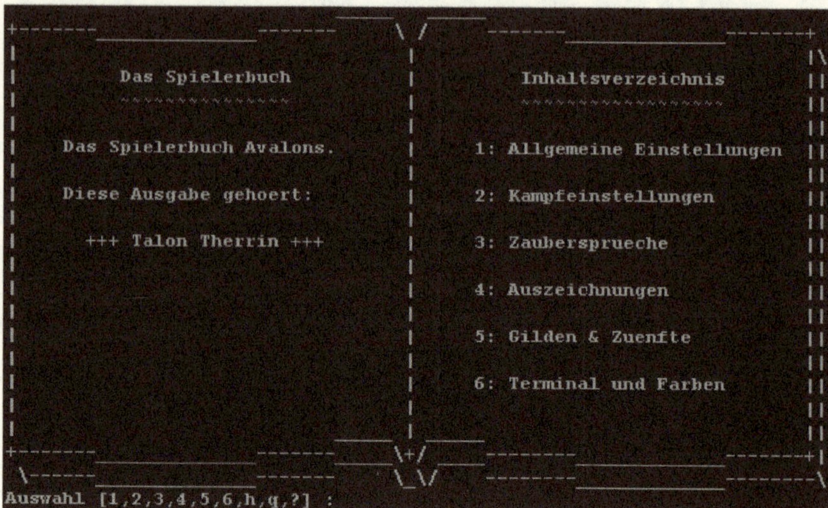

Abb. 3: *Screenshot MUD Avalon*

Auch die Etablierung von Breitbandinternet sorgte für eine gestiegene Attraktivität dieser Spiele, da es nun kaum noch Verzögerungen bei der Übertragung (Lags) gab. 1997 kamen die ersten dreidimensionalen Online-Spiele auf den Markt. Sie boten Spielwelten, die den heutigen schon sehr ähnlich sind und sich deutlich von den vorherigen flachen, zweidimensionalen Spielwelten eines MUD und dessen Nachfolgern unterschieden. Die erfolgreichsten Titel dieser Zeit waren *Ultima Online* (1997), *Lineage* (1997), *Everquest* (1999) und *Asherons Call* (1999). Wie Kent in seiner detaillierten Spielgeschichte (2003) berichtet, geht der Begriff „Massively Multiplayer" eigentlich auf die Entwickler des textbasierten MUD *Meridian 59* zurück. Populär wurde er erst 1997, da ihn die Marketingstrategen bei Electronic Arts zur Veröffentlichung von *Ultima Online* übernommen hatten. Die Begriffe MMOG – Massively Multiplayer Online Game – und MMORPG werden häufig bedeutungsgleich verwendet, obwohl längst nicht alle MMOGs eine Rollenspielkomponente beinhalten.

Ende 2004 veröffentlichte Blizzard Entertainment *World of Warcraft* in den USA und Anfang 2005 schließlich auch in Europa (vgl. Abb. 4). Lange Zeit schien der marktführende Erfolg dieses Online-Spiels ungebrochen. Die Nutzerzahlen erreichten im Oktober 2010 die Rekordmarke von 12 Millionen zahlenden Abonnenten. Seither sind sie allerdings wieder im Rücklauf begriffen (letzter Stand: 10,2 Millionen Abonnenten im Frühjahr 2012).

Abb. 4: Screenshot World of Warcraft

Unzählige Publisher und Entwickler haben seit der Veröffentlichung versucht, mit ihren Spieletiteln *WoW* den Rang abzulaufen. In der Presse und in der sehr aufmerksamen Spieler-Community wurden in den letzten Jahren zahlreiche Spiele-Titel als potenzielle „WoW-Killer" heraufbeschworen, so unter anderen *Warhammer Online*, *Age of Conan*, *Herr der Ringe Online*, *Aion* und *Rift*, doch letztendlich wurde im Bereich dieses Genres laut Verkaufs- und Abonnementzahlen bisher kein Titel seinem vorausgeeilten Ruf gerecht.

Den *WoW*-Boom im letzten Jahrzehnt übertrifft aktuell ein anderes Genre im Bereich der Online-Spiele, die so genannten Social Games wie z. B. *FarmVille* oder *Mafia Wars* – einfache Gelegenheitsspiele (Casual Games) auf sozialen Netzwerkdiensten wie *Facebook* – und die gerade in Deutschland mit Erfolg produzierten Gelegenheits- oder Langzeit-Browser-Spiele wie z. B. *Travian* oder *OGame*. Dieser Trend verweist auch auf die langfristige Entwicklung im Bereich der Computerspiele, dass die soziale Dimensionen der Spielerfahrung eine immer wichtigere Rolle spielt wie z. B. kooperative Spielkulturen, Geselligkeit in der Spielwelt, vernetztes Spiel etc. (vgl. ausführlich Kapitel 3.5). Die Emergenz der Spiele auf Plattformen wie *Facebook* ist der Versuch, dieses Potenzial wiederum ökonomisch zu verwerten (vgl. im Überblick Deterding 2010). Deutlich wird hier auch der zentrale Stellenwert des ökonomischen Kontextes von Computerspielen und ihrer Spielkulturen, der später ausführlicher diskutiert wird.

Die aktuelle Generation von Computerspielen ist stark von den Möglichkeiten digitaler Medientechnologie geprägt. Abgesehen von der inhaltlichen Vielfalt, ermöglichen technologische Fortschritte eine größere Inklusion immer weiterer Spielerkreise. Die Spielekonsole *Wii* von Nintendo ist ein idealtypisches Beispiel für ein Spielsystem, das vor allem durch technologische Innovationen neue Zielgruppen erreichen kann. Die intuitive Steuerung macht das Konsolenspielen auch für Personen attraktiv, die solchen Aktivitäten bisher ferngeblieben sind. Die Werbung für diese Konsole verdeutlicht exemplarisch das Ziel der Branche, den Mainstream der Gesellschaft anzusprechen: Verschiedene Personenkreise – wie z. B. Senioren, die nicht dem Bild des stereotypischen Spielers entsprechen, werden beim vergnügten Spielen u. a. mit ihren Enkelkindern gezeigt. Unabhängig davon, ob die Bemühungen von Nintendo, neue Zielgruppen zu gewinnen, erfolgreich sind, zeigt allein die Existenz der Konsole, dass die Unterhaltungsindustrie immer mehr an einer gesellschaftlich breiten Positionierung von Computerspielen interessiert ist.

Pervasive Games, Mixed Reality Games oder Augmented Reality Games bezeichnen als Sub-Genres von Location-Based Games (positionsbezogene Spiele) eine weitere aktuelle Entwicklung im Bereich digitaler Spiele. Durch diese Welle löst sich die traditionelle Grenzziehung zwischen virtuellem und realem Raum immer weiter auf. Computerspieler können nun z. B. über Netzwerkverbindungen mit anderen Mitspielern interagieren und dabei im Rahmen von Ortungsspielen die reale Umgebung als Spielort nutzen wie z. B. bei der virtuellen Schatzsuche (Geocaching) oder beim Sammeln virtueller Abzeichen für das Aufsuchen bestimmter Plätze im Rahmen der Smartphone-App *Foursquare*. „Die Realität ist das Spielbrett“ schreibt der *Stern* über diese Gattung, deren technische Voraussetzung ein mobiles Gerät wie z. B. ein Smartphone oder Tablet-Computer mit Internetzugang ist.

Es kommen aber auch verstärkt Spielsysteme auf den Markt, welche die Körperbewegung des Spielers z. B. mittels Kamera (z. B. *Xbox Kinect*) oder Positions- und Lagebestimmung des Controllers (z. B. *Wii*) erfassen und in Eingabebefehle umwandeln. Ein bekanntes Arcade-Spiel aus den 1990er Jahren ist *Dance Dance Revolution*, bei dem sich der User nach bestimmten Vorgaben zum Rhythmus des Spiels bewegt. Bei Augmented Reality Games wird mit Hilfe aufwendiger Hardware (wie z. B. halbdurchsichtigen Spezialbrillen, in die Computerbilder hineinprojiziert werden können) die Bildschirmbindung gelockert oder gar aufgelöst. Freilich sind diese Spiel-Optionen bislang auf der Ebene technischer Prototypen und ökonomisch wenig profitabel. Insofern kann man davon ausgehen, dass in nächster Zeit das Mobile Gaming vor allem auf mobile Endgeräte wie das Smartphone oder portable Spielkonsolen beschränkt bleibt.

Gamification als neuester Trend ist – besonders im Marketing-Bereich – in den letzten Jahren eine Art „Buzzword" geworden, das häufig in Verbindung mit online-basierten und pervasiven Computerspielen auftaucht. Im Zentrum steht der vor allem ökonomisch motivierte Gedanke, dass viele Alltagshandlungen ins Spielerische transformiert und Konsumenten dadurch leicht zu einem bestimmten Verhalten motiviert werden können. Ähnlich charakterisieren die Kommunikationsforscher Sebastian Deterding et al. (2011: 2) die dahinterstehende Logik: „,Gamification' is the use of game design elements in non-game contexts." Aus Sicht der Spieleforschung sind vor allem der regelgebundene Teil des Spielphänomens, die Spielmechaniken wie z. B. Punkte – je nach Spiel unterschiedliche – Ranglisten, Levels, Badges oder Belohnungen und daraus resultierende individuelle Handlungspraktiken und soziale Prozesse von Interesse. So werden beispielsweise loyale Kunden, die sich bei dem Betreten bestimmter Orte (Cafés, Restaurants etc.) mit Hilfe des sozialen Netzwerkdienstes *Foursquare* auch zeitgleich online „einchecken" u. a. mit Boni und Rabatten belohnt. Diese Form des Computerspielens ist dabei gar nicht mehr ausschließlich an spezifische Spieleplattformen gebunden. Die von *VW* initiierte Kampagne „The Fun Theory"[3] zeigt idealtypische Alltagshandlungen wie das Einwerfen von Glasflaschen oder das Langsamfahren in Wohngebieten, die in der Form eines Spiels plötzlich ungemein attraktiv werden können, wenn beispielsweise derjenige, der am meisten Glasflaschen einwirft, den Highscore erzielen kann. Die „Game on!"-Kampagne von *Nike* geht im wahrsten Sinn des Wortes ökonomisch noch einen Schritt weiter, indem hier über Sensoren im Sportschuh jeglicher Fortschritt (oder Rückschritt) an die vernetzten „Mit-Spieler" übertragen wird.

Die knapp skizzierte Genealogie der Computerspiele trägt dazu bei, den aktuellen Erfolg von Computerspielen einzuordnen und zu verstehen. Ein gutes Beispiel dafür ist das Genre der Online-Rollenspiele. Denn obwohl dieses wie gezeigt schon seit Anbeginn die Computerspielgeschichte geprägt hat, ist es als Mainstream-Phänomen relativ jung. Die Entwicklung lässt sich auch anhand empirischer Daten belegen: Bei einer repräsentativen Befragung deutscher Online-Spieler gaben 72 % der Befragten an, erst seit 2005 oder später aktiv zu sein (Quandt/Wimmer 2009). Als ein Schlüsselfaktor für diese Entwicklung gilt neben der fortschreitenden Internet-Diffusion das Wirken des „Breakthrough

[3] http://www.thefuntheory.com/ (01.01.2013)

Hit“ (Ducheneaut et al. 2006) *World of Warcraft*, durch das Online-Spielen erst zum Massenphänomen wurde. Die Ergebnisse dieser Befragung zeigen auch eine hohe Zahl erfahrener Gamer bei Action-Titeln wie z. B. *Counter-Strike*. Dies ist ein Indikator dafür, dass das vernetzte Spielen als umfassendes Phänomen vor allem im Genre der First-Person-Shooter seinen Ursprung nahm. Hier sind LAN (Local Area Network)-Partys wohl ein Entwicklungs-Nukleus, der durch Online-Modi von Actionspielen in größere Spielergruppen diffundierte (vgl. Kapitel 2.3).

Ein Differenzierung von Computerspielen anhand der dazugehörigen Hardware ist relativ einfach möglich. Hier gibt es die möglichen Unterscheidungen zwischen Computern, Spielkonsolen oder Mobilgeräten, um nur die Wichtigsten zu nennen. Im Bereich der Software, also der Spiele selbst, ist eine Unterscheidung weitaus schwerer zu treffen. Versuche einer systematischen Einteilung finden sich aus wissenschaftlicher Sicht vor allem bei den Medienwissenschaften, die ihre Aufmerksamkeit überwiegend auf den Gegenstand der Computerspiele und dessen Charakteristika richtet und weniger auf die Nutzungs- oder Wirkungsperspektive. Aber auch im Segment der Spiele-Zeitschriften finden sich zahlreiche Einteilungen oder Beschreibungen, die aber oftmals seitens der Redaktion nicht definitorisch klar voneinander getrennt sind und z. T. sehr heuristisch und aufgrund starker Fokussierung einseitig ausfallen wie z. B. die Genreeinteilung von *PC Games* in Action, Rennspiel, Rollenspiel, Simulation, Sportspiel, Strategie, Online, Browsergame und Sonstige.

Das Hauptproblem einer sinnvollen Kategorisierung ist aber oftmals nicht nur auf mangelnde Genre-Definitionen sondern auch auf starke Überschneidungen zurückzuführen. Die Unterhaltungssoftware Selbstkontrolle (USK) verweist in ihrer Aufsichtstätigkeit insgesamt auf 14 Kategorien, die zum Teil diverse Unterkategorien aufweisen (vgl. Abb. 5).

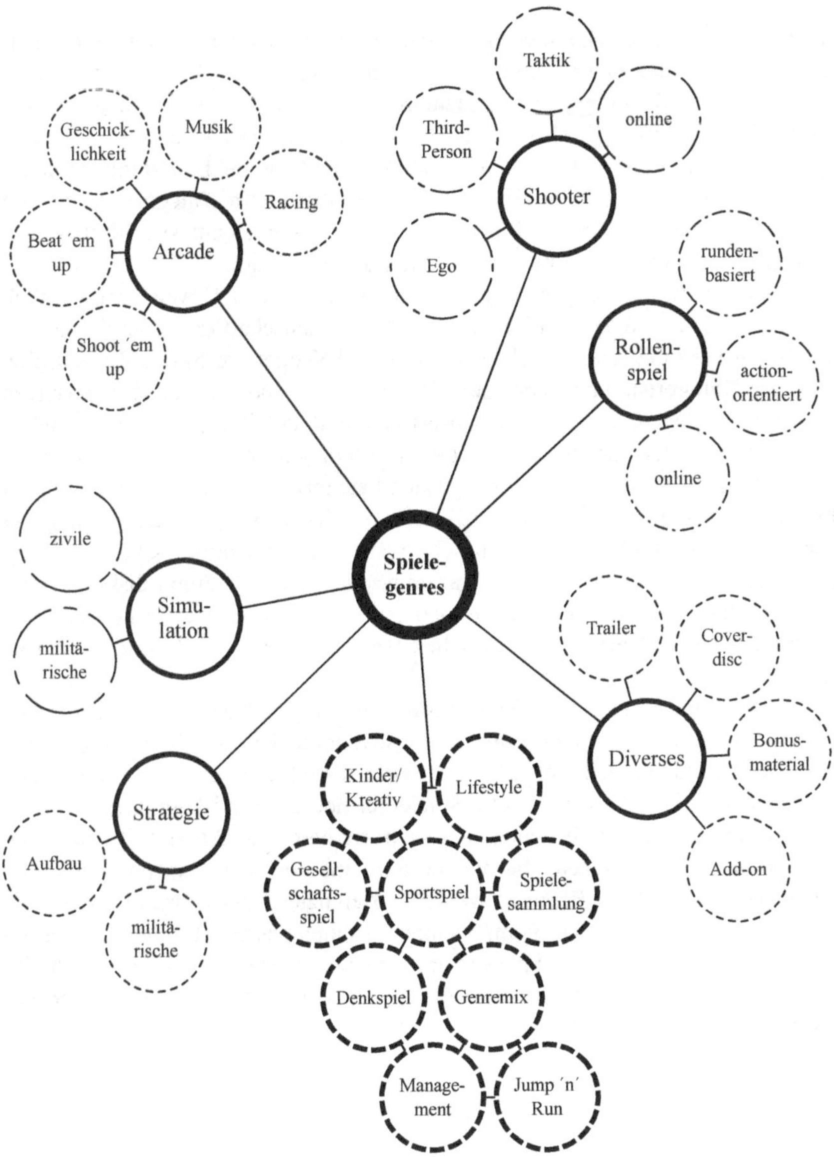

Abb. 5: Genrebaum der Unterhaltungssoftware Selbstkontrolle (USK)

Auch bei der USK erscheint es problematisch, dass man keine klare Unterscheidung zwischen den Genres und ihrer Subkategorien finden kann. So stellt sich beispielsweise die Frage, wo der Unterschied zwischen einem so genannten „Arcade Shoot 'em up“, also einem Spielhallen-inspirierten Shooter-Spiel, und einem anderen Shooter besteht. Eine klare definitorische Einteilung ist somit auch bei der USK nicht gegeben. Allerdings dient ihre Kategorisierung von Computerspielen in die jeweiligen Genres nur unter einem spezifischen Gesichtspunkt einem klar definierten Ziel, dem Jugendschutz.

Einen im Prinzip vergleichbaren, wenn auch in seiner Erweiterung deutlich unterschiedlichen Weg schlagen die Medienwissenschaftler Jürgen Fritz und Wolfgang Fehr ein, die sich ebenso wie die USK oder die Spiele-Zeitschriften an einer Kategorisierung versuchen. Diese ist den anderen Kategorisierungen insofern überlegen, als dass sie umfassend und detailliert ist, da sie neben Haupt- auch Untergruppen festlegt. Der Kommunikationswissenschaftler Christoph Klimmt (2001) fasst die fünf Hauptkategorien in einem Schaubild mit Beispielen zusammen (vgl. Abb. 6). So wird hier auch eine Vermischung der verschiedenen Spiele-Genres deutlich, was eine eindeutige Kategorisierung erheblich erschwert, wenn nicht sogar unmöglich macht. Klimmt diskutiert dies am Beispiel der „Simulation“, die sich auf relativ verschiedene Formate wie „Fußball“ oder „Heerführung“ beziehen kann und somit an Aussagekraft verliert.

Da aus seiner Sicht eine Genre-Einteilung aufgrund der steten technischen Innovationen und der hohen Entwicklungsdynamik der ganzen Branche wenig sinnvoll ist, plädiert Klimmt (2001) für eine abstraktere Form der Kategorisierung, die vom Prinzip her auf alle Spieletitel übertragbar ist. Im Gegensatz zu den bisher skizzierten Systematisierungen ist hier das aktive Mitwirken der Spieler und die Aufgaben, die sie meistern müssen, der Ausgangspunkt der Kategorisierung. Drei „Ebenen“ werden differenziert: der „narrative Kontext“ (bestehend aus den beiden Komponenten „Rahmengeschichte“ und „Rolle der Spieler“), die „Aufgabe der Spieler“ (mit den beiden Subkategorien „Geschwindigkeit“ und „Komplexität“) sowie die „mediale Präsentation“ (bestehend aus „Raum-“ und „Zeitdarstellung“).

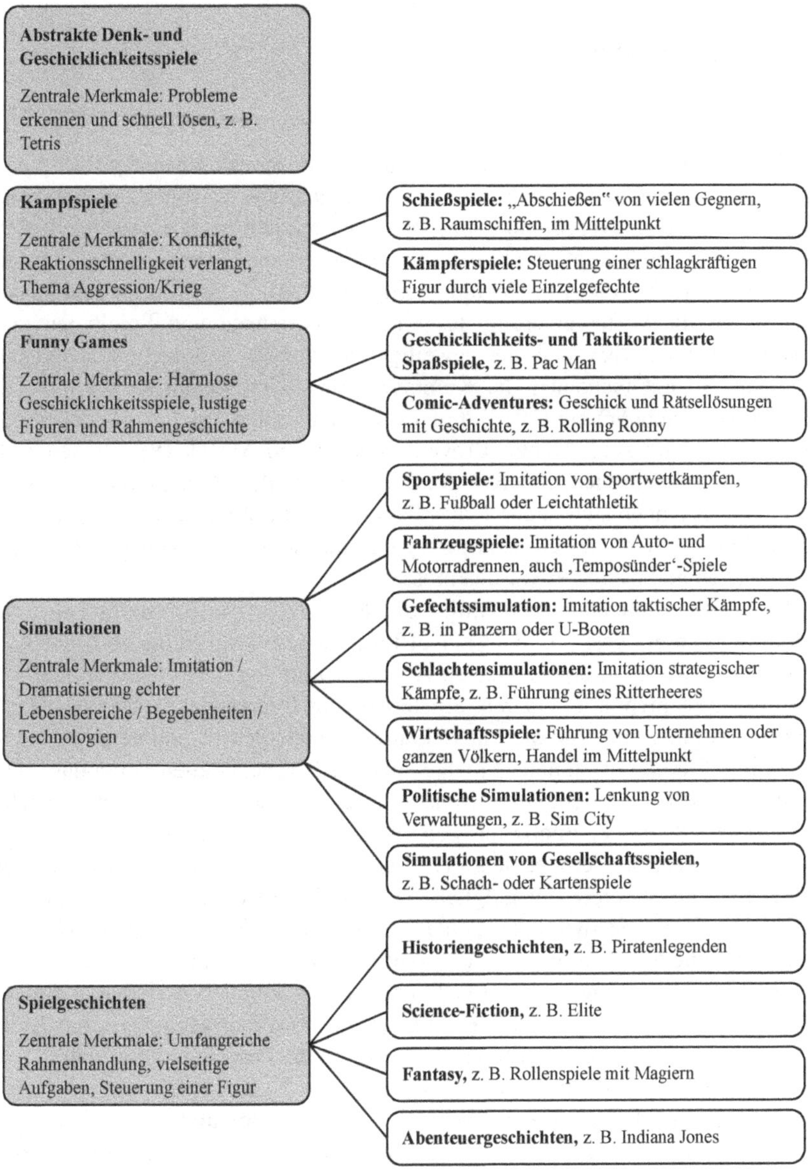

Abstrakte Denk- und Geschicklichkeitsspiele
Zentrale Merkmale: Probleme erkennen und schnell lösen, z. B. Tetris
Kampfspiele
Zentrale Merkmale: Konflikte, Reaktionsschnelligkeit verlangt, Thema Aggression/Krieg
Schießspiele: „Abschießen" von vielen Gegnern, z. B. Raumschiffen, im Mittelpunkt
Kämpferspiele: Steuerung einer schlagkräftigen Figur durch viele Einzelgefechte
Funny Games
Zentrale Merkmale: Harmlose Geschicklichkeitsspiele, lustige Figuren und Rahmengeschichte
Geschicklichkeits- und Taktikorientierte Spaßspiele, z. B. Pac Man
Comic-Adventures: Geschick und Rätsellösungen mit Geschichte, z. B. Rolling Ronny
Simulationen
Zentrale Merkmale: Imitation / Dramatisierung echter Lebensbereiche / Begebenheiten / Technologien
Sportspiele: Imitation von Sportwettkämpfen, z. B. Fußball oder Leichtathletik
Fahrzeugspiele: Imitation von Auto- und Motorradrennen, auch ‚Temposünder'-Spiele
Gefechtssimulation: Imitation taktischer Kämpfe, z. B. in Panzern oder U-Booten
Schlachtensimulationen: Imitation strategischer Kämpfe, z. B. Führung eines Ritterheeres
Wirtschaftsspiele: Führung von Unternehmen oder ganzen Völkern, Handel im Mittelpunkt
Politische Simulationen: Lenkung von Verwaltungen, z. B. Sim City
Simulationen von Gesellschaftsspielen, z. B. Schach- oder Kartenspiele
Spielgeschichten
Zentrale Merkmale: Umfangreiche Rahmenhandlung, vielseitige Aufgaben, Steuerung einer Figur
Historiengeschichten, z. B. Piratenlegenden
Science-Fiction, z. B. Elite
Fantasy, z. B. Rollenspiele mit Magiern
Abenteuergeschichten, z. B. Indiana Jones

Abb. 6: Typologisierung von Computerspielen (in Anlehnung an Klimmt 2001: 486)

2.3 Online-Spielwelten

Die knapp dargestellten, verschieden ausgeprägten Spielmodi moderner Spiele, lassen besonders Online-Spiele im Gegensatz zu früheren Computerspielen als ein sehr vielfältiges Kommunikationsphänomen erscheinen. Dieses spiegelt sich auch in der vorfindbaren Bandbreite von Gattungen und Genres wieder, die sich durch eine dynamische Entwicklung stetig erweitert. Eine erste Systematisierung liefert die Differenzierung des Phänomens anhand von Spieltypen und Design-Charakteristika und der jeweiligen nutzungs- und technikbezogenen Kontexte. So unterscheiden die Kommunikationswissenschaftler Sven Jöckel und Christina Schuhmann (2010) drei Typen von Online-Spielen, bei denen die Grenzen fließend sind. Neben Browser-Spielen und MMO(RP)G lassen sich auch Offline-Spiele identifizieren, die über einen Online-Modus verfügen. Client-Games zeichnen sich dadurch aus, dass sie zwar online gespielt werden, die Spiele dabei jedoch über ein Computerprogramm laufen, das zunächst erst heruntergeladen und installiert werden muss.

Die heutige Beliebtheit von Online-Spielen wie *Counter-Strike* lässt sich darauf zurückführen, dass sie nicht nur offline, sondern auch in einem Mehrspielermodus entweder in einem lokalen Netzwerk (auf sog. LAN-Partys) oder via Internet zusammen mit anderen Spielern genutzt werden können. Als Ausgangspunkt gilt gemeinhin die Entwicklung der First-Person-Shooter, die hauptsächlich auf dreidimensionaler Spielperspektive beruhen – allen voran das 1993 auf den Markt gekommene Spiel *Doom*. Dieses in einem Labyrinth angesiedelte Actionspiel erlaubte erstmalig das gemeinschaftliche Spielen nicht nur in lokalen Netzwerken, sondern auch global verbunden durch das Internet. War es vorher bei Ego-Shootern nur möglich, sich als Einzelkämpfer im Einzelspielermodus durch die Schwierigkeitsstufen zu schießen, fügte der nun mögliche Mehrspielermodus dem in der Alltagssprache als „Ballerspiel“ bezeichneten Programm eine soziale Dimension hinzu. Spieler konnten nun durch die ins Spiel integrierten neuen Kommunikationswege als Team versuchen, das Spiel zu meistern oder sogar gegeneinander anzutreten. Das Spiel übte daher von Beginn an eine ungeheure Faszinationskraft aus.

Die ansteigende Nachfrage führte dazu, dass die Spielindustrie von nun an eine Vielzahl von Spielen auf den Markt brachte, die ein netzwerkbasiertes Zusammen- oder Gegeneinander-Spielen ermöglichte; darunter finden sich die *Quake*-Spielserie, *Half-Life* und – das nach wie vor populärste Spiel – *Counter-*

Strike), welche allesamt dem Genre des 3D-First-Person-Shooter zum Durchbruch verhalfen (vgl. Abb. 7).

Abb. 7: Screenshot Counter-Strike Source

Der Publikumserfolg dieses Spiel-Genres kann auf drei Faktoren zurückgeführt werden: (1) Technische Innovationskraft: Hinsichtlich Grafik und Netzwerkkompatibilität waren und sind Shooter-Spiele oftmals marktführend. (2) Modifikationsmöglichkeiten: Durch Editoren und andere Bearbeitungsprogramme können zahlreiche Elemente des Spiels beliebig von den Spielern umgestaltet werden (Stichwort Modding). (3) Distributionswege: Seit dem (zensierten) *Doom*-Vorläufer *Wolfenstein 3D* sind viele Shooter in vereinfachter Version als Shareware über das Internet erhältlich. Dadurch können die Spiele angespielt werden und der Kaufanreiz wird immens gesteigert. Vollversionen waren lange Zeit auch über die einschlägigen (illegalen) Internet-Tauschbörsen kostenlos zugänglich.

Neben diesen eher actionlastigen Shooter-Spielen stellen gegenwärtig MMO(RP)G wie z. B. *World of Warcraft* ein ebenso populäres Genre im Bereich der Online-Spiele dar. Bei einem MMO(RP)G handelt es sich um eine serverbasierte dreidimensionale künstliche Spielwelt, oft mit virtuellen Städten, verschiedenen Landschaften und ganzen Kontinenten, an welcher Tausende von Spielern mittels einer Internetverbindung von ihrem PC aus teilnehmen. In diesen grafisch aufwendig gestalteten Computerwelten sind die Spieler durch Spielfiguren (Avatare) repräsentiert. Mit diesen führen sie diverse Spielhandlungen durch und interagieren mit einer Vielzahl anderer User. Diese Avatare erlauben dem Spieler eine andere Rolle einzunehmen, beispielsweise die eines missgelaunten Zwergenkriegers, und in dieser Rolle für sich und die Mitspieler voll aufzugehen. Der Begriff hat seine Wurzeln im Bereich der hinduistischen Religionslehre. Avatar oder auch das aus der alt-indischen Sprache Sanskrit stammende Wort ‚Avatara' bedeutet, dass sich ein göttliches Wesen in Form eines Menschen oder eines Tieres manifestiert und auf der Erde wandelt. Auf Computerspiele übertragen kann der Avatar in gewisser Hinsicht als die Personifizierung des Spielers angesehen werden, der auf diese Weise im Spiel interagieren kann.

In den mannigfaltigen Computerspielen ist die Gestaltung eines Avatars natürlich sehr verschieden. Nichtsdestotrotz verweisen Sabine Trepte et al. (2009) zurecht auf die immer grundlegende Rolle des Avatars für ein als unterhaltsam empfundenes Computerspiel. Avatare sind in Computerspielen aber nicht allein auf die visuellen Charakteristika des Computerspielinterfaces reduzierbar, welche die Nutzer für die Spielnavigation gebrauchen. Sie sind auch inhaltlich in die Spielverläufe eingebettet und können der Spielnarration folgend über verschiedene Persönlichkeiten und Lebensläufe verfügen. Sie bieten damit unterschiedliche Rollenangebote an, die die Computerspieler unterschiedlich annehmen und ausleben. Durch den Avatar hat der Spieler innerhalb der Spielwelt vielfältige Möglichkeiten, sein Spielerleben individuell zu gestalten, wie z. B. Aufgaben und Missionen erfüllen, sich dem Kampf gegen bösartige Monster und Kreaturen sowie gegen andere Spieler stellen. Er kann einer handwerklichen Profession nachgehen und Handel betreiben oder für sich ein Rollenspiel-Szenario kreieren und dadurch ein völlig individuelles Spielerlebnis erschaffen. Darüber hinaus können die Spieler vermittelt durch ihre Avatare an sozialer Interaktion teilhaben und sich auch im virtuellen Raum wie Menschen verhalten.

Wie der Spieletheoretiker Espen Aarseth ausgeführt hat, ist der Begriff der „Spielwelt" in diesem Zusammenhang leicht irreführend. So ist das räumliche Areal, in dem das Spielgeschehen stattfindet, in Sachen grafischer Repräsentation und Realismus der natürlichen Welt zwar sehr ähnlich, sollte aber dennoch eher mit einer Arena bzw. einer „Miniaturversion der Welt" verglichen werden, welche für ein bestimmtes Gameplay optimiert wurde (Rosenfelder 2008). Charakteristisch für MMO(RP)G, aber auch für viele Browser-Spiele ist es zudem, dass es sich oftmals um persistente Spielwelten handelt. Damit sind Spielwelten gemeint, die bestehen bleiben und sich ständig weiterentwickeln, egal ob der einzelne Spieler teilnimmt oder nicht bzw. sich aus der Netzwerkverbindung ausloggt.[4] So haben auch die (virtuellen) Spielhandlungen der Spieler nachhaltige, meist irreversible, Auswirkungen auf den Fortbestand der Spielwelt. Entscheidungen und Handlungen wirken sich zum Teil global aus und können nur selten wieder rückgängig gemacht werden. Gerade diese Eigenschaft lädt den Spieler dazu ein, das Spielgeschehen kontinuierlich zu verfolgen und neue Entwicklungen stets in sein Spielverhalten zu integrieren. Dies stellt einen wichtigen Unterschied zu Single- oder Multiplayerspielen auf Basis von privaten Netzwerken (LAN-Games) dar.

Von einigen Ausnahmen abgesehen entstammt das inhaltliche Set der meisten MMO(RP)G der Fantasy-Literatur und stellt Szenarien aus dem Mittelalter, Mythen und Märchen dar. Doch gibt es auch Titel, in denen Science Fiction-, Superhelden- sowie Kinderabenteuerszenarien dargestellt werden. Der Psychologe Nick Yee (2006a) beschreibt MMO(RP)G als „landschaftlich reizvolle Chat-Räume mit einer großen Variation von interaktiven Aufgaben". Dies deutet bereits auf weitere wesentliche Faktoren von MMO(RP)G: Das gemeinsame Spiel, die soziale Interaktion und Kommunikation. So sind zahlreiche Herausforderungen innerhalb der Spielwelt nur in Kooperation mit anderen Spielern zu bewältigen. Diese bewusste Designentscheidung der Spieleentwickler bildet die Grundlage für die zahlreichen komplexen und sozialen Entwicklungen innerhalb (und außerhalb) der Spielwelt und damit auch für den enormen Erfolg dieses Spielgenres. Die Kommunikation zwischen den Spielern erfolgt mittels Chat in Textform und vorgefertigten Gesten und Ausdrücken. Aufgrund der Beliebtheit und Faszinationskraft von Online-Rollenspielen wie *WoW* liegen in diesem Genre auch die meisten empirischen Forschungsergebnisse vor (vgl. Kapitel 3).

Die Gattung der Browser-Spiele kommt im Vergleich dazu ohne den Download und die Installation von Daten aus, da sie allein mit Internetsoftware wie *Firefox* oder *Internet Explorer* gespielt werden können. Diese Spiele werden auch als Casual Games (Gelegenheitsspiele) bezeichnet, da oftmals wenig komplexe und leicht spielbare Computerspiele einer einfachen und schnell erlernbaren Spielsteuerung darunter gefasst werden. Bekannte Beispiele sind das vor über zehn Jahren recht populäre *Moorhuhn* oder gegenwärtig stark beworbene

[4] Bei nicht-persistenten Spielen enden die Spielewelten auch mit Ende des Spiels, d. h. es findet kein weiterer Spielfortschritt statt.

Spiele wie *Bejeweled* oder *Seafight*. Zu denken ist aber auch an unzählige Puzzle-, Geschicklichkeits-, Wimmelbild- oder Denkspiele, die über das Internet verfügbar sind. Es existieren aber auch kompliziertere Varianten. Populär sind persistente Spielwelten, die auf langfristiges Spielen angelegt sind, wie z. B. *Travian*, *Siedler Online* oder *Dark Orbit*. Während MMO(RP)G häufig Gegenstand der Forschung sind, handelt es sich bei Browser-Spiele trotz ihrer großen Publikumsreichweite – man denke auch an die aktuelle Vielzahl sog. Social Games wie das populäre *FarmVille* (vgl. Abb. 8) auf sozialen Netzwerkseiten wie *Facebook* – erstaunlicherweise um eine bisher wenig erforschte Gattung.

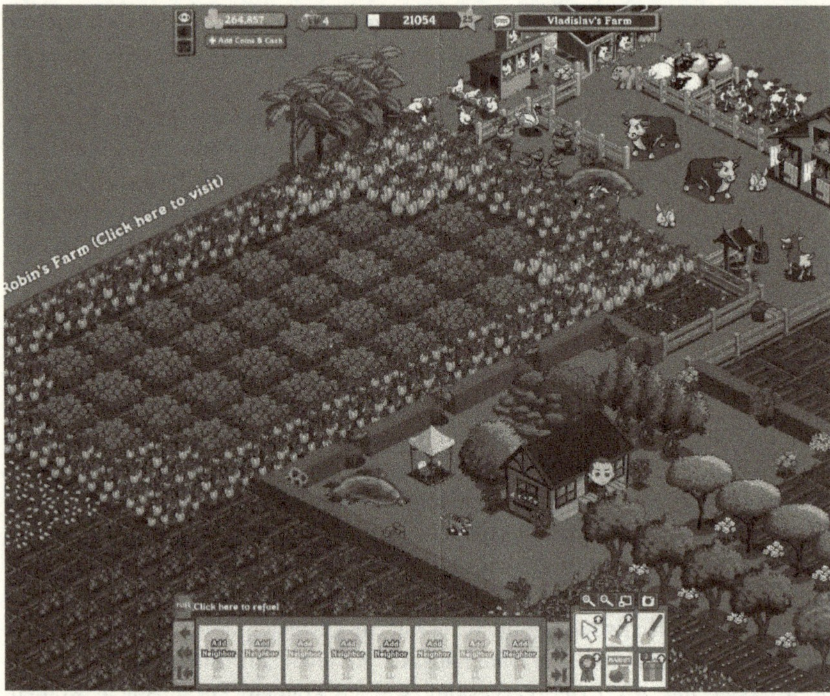

Abb. 8: Screenshot FarmVille

In Zeiten, in denen das so genannte „Social Networking“ und der damit einhergehende Trend der weltweiten medialen Vernetzung von Menschen riesige Erfolge feiern, beeinflusst der Netzwerkgedanke auch die Spielindustrie. So ist ein deutlicher Trend zum vernetzten und kooperativen Spielen zu beobachten. Dies zeigt sich auch in der Tatsache, dass netzwerkbasierte Spiele in den letzten

Jahren den größten Marktzuwachs innerhalb der Branche verzeichnen konnten. Dieser Tendenz entsprechend wurden von den führenden Spielkonsolen-Produzenten Microsoft und Sony die digitalen Spielnetzwerke *Xbox LIVE* bzw. *PlayStation Network* im letzten Jahrzehnt entwickelt (ca. 35 bzw. 80 Millionen Nutzer), um den Nutzern das gemeinsame Spielen und Vernetzen zu ermöglichen. Ähnliche Plattformen existieren auch auf dem PC, am prominentesten mit Valves Spielnetzwerk *Steam* (ca. 30 Millionen Nutzer).

Seit ihrem Bestehen werden diese Online-Spielnetzwerke stetig umfangreicher. Sie sind dabei grundsätzlich als ein onlinebasiertes Softwaresystem zu verstehen, innerhalb dessen mehrere, auch räumlich getrennte Nutzer miteinander interagieren können. Sie stellen verschiedene Angebote bereit, die vorrangig dazu dienen, etliche Nutzer in Multiplayer-Spielen miteinander zu verbinden sowie Kommunikation unter den Nutzern zu ermöglichen; sie offerieren aber auch diverse andere Multimediaangebote wie z. B. Nachrichten oder Wettervorhersagen oder die Anbindung an andere Internetdienste wie *Facebook* oder *Twitter*. Auch Nintendo hat Ende 2012 mit der neuen Spieleplattform *WiiU* sein Onlineangebot ausgebaut und hofft, ein ähnliches, vielleicht auch besseres Netzwerk als die Konkurrenten anzubieten. Damit ist das Prinzip der physischen Betätigung (so genannte Exergames) auch bei Spielen zu finden, die über das Netz spielbar sind. Das Konsolenspiel *Guitar Hero* ermöglicht es beispielsweise mittels der Funktion „weltweit auftreten“ einen „band battle“ online auszutragen. Dabei dienen spezielle Controller als Musikinstrumente, die passend zu dem jeweils laufenden Song bedient werden.

Abschließend soll auf eine weitere Gattung von Online-Spielen hingewiesen werden, die für die bisherige Entwicklung der Computerspiele sehr wirkmächtig war und ist, auch wenn ihr (bislang) der große Publikumserfolg zumindest in Europa verwehrt blieb. Virtuelle Welten wie *Second Life* (SL) stellen onlinebasierte Interaktions- und Kommunikationsräume dar, deren Gestaltung durchaus mit den MMO(RP)G vergleichbar ist (vgl. Abb. 9). Je nach Definition können gegenwärtig bis zu 375 virtuelle Welten identifiziert werden (vgl. Kaye 2012). Allerdings gibt es keine vergleichbaren Spielregeln, sodass nicht von einem Game als regelbasiertem Handeln die Rede sein kann. So heißt es auf der Einstiegsseite zu *SL* dementsprechend:

> „Second Life ist eine virtuelle Welt – eine dauerhaft bestehende 3D-Umgebung, die vollständig von ihren Bewohnern erschaffen und weiterentwickelt wird. In dieser gewaltigen und schnell wachsenden Onlinewelt können Sie praktisch alles erschaffen oder werden, was Sie sich vorstellen können.“

Charakteristisch ist hier also, dass es sich um eine Art Parallelwelt handelt, in der Dinge ausgelebt werden können, die im wirklichen Leben vielleicht nicht möglich sind und die somit als eine Art projiziertes Leben (Krotz 2009) verstanden werden kann, in dem (reale) Alltagspraktiken durchgeführt bzw. simuliert werden können.

Abb. 9: Screenshot Second Life

3 Computerspieler und Computerspielen

3.1 Theoretische Perspektiven

Augenscheinlichstes Charakteristikum von Computerspielen ist der Akt der Unterhaltung, da sie ihren Spielern Vergnügen und Abwechslung bieten. Wie jegliche andere Form des Spielens auch repräsentieren und prägen sie darüber hinaus allerdings auch individuelle Werte und gesellschaftliche Normen. Diese kulturelle Leistung menschlichen Spiels wird in Grundlagenwerken der Spieltheorie u. a. von Huizinga oder Caillois aufgezeigt. Diese Autoren verdeutlichen die psychologischen, kulturellen, sozialisierenden und zivilisierenden Qualitäten der Kulturtechnik Spiel. Aufgrund der basalen Verknüpfung von Spiel und Computerspiel haben ihre theoretischen und kulturanthropologischen Gedankengänge rasch Eingang in die Computerspielforschung gefunden.

Der niederländische Kulturhistoriker Huizinga (1987: 9) betrachtet das menschliche Spiel als Handlung und liefert in seinem Klassiker „Homo Ludens“ eine grundlegende Definition des Spielbegriffs:

> „Das Spiel als solches geht über die Grenzen rein biologischer oder doch rein physischer Betätigung hinaus. Es ist eine sinnvolle Funktion. Im Spiel ‚spielt‘ etwas mit, was über den unmittelbaren Drang nach Lebensbehauptung hinausgeht und in die Lebensbetätigung einen Sinn hineinlegt.“

Spielen ist demnach eine Handlung, die einen bestimmten Sinn beinhaltet. Diese (subjektive) Bedeutung hängt wiederum mit dem jeweiligen Spielmodus zusammen, denn ein Spiel selbst kann ganz unterschiedlich praktiziert werden. Seine Überlegungen zu den elementaren Eigenschaften des Spiels führten Huizinga zum Versuch einer umfassenden Definition, deren Elemente jeweils einen wichtigen Teilaspekt des Phänomens benennen und erst in ihrer gemeinsamen Kombination das Phänomen Spielen beschreiben: Ein Regelsystem bildet den Rahmen des Spiels und legt die Handlungsalternativen der Spieler fest. Spielen ist für Huizinga eine freiwillige Handlung und unterliegt keinen Notwendigkeiten (1987: 22, Kursivsetzung i. O.):

> „Der Form nach betrachtet kann man das Spiel (...) eine freie Handlung nennen, die als ‚so nicht gemeint' und außerhalb des gewöhnlichen Lebens stehend empfunden wird und trotzdem den Spieler völlig in Beschlag nehmen kann, an die kein materielles Interesse gebunden ist und mit der kein Nutzen erworben wird, die sich außerhalb einer bestimmten Zeit und eines bestimmten Raumes vollzieht, die nach bestimmten Regeln ordnungsmäßig verläuft und Gemeinschaftsverbände ins Leben ruft, die ihrerseits sich gern mit einem Geheimnis umgeben oder durch Verkleidung als anders von der gewöhnlichen Welt abheben."

Aktuelle Entwicklungen im Bereich der Computerspiele verdeutlichen allerdings, dass diese von Huizinga als essentiell angenommene Grenzziehung sich immer mehr im Auflösen befindet. Angesprochen ist damit u. a. das (semi-) professionelle Spielen, wie es sich im so genannten eSport zeigt. Auf Veranstaltungen wie den *World Cyber Games* liegen äußere Anreize, wie Geldgewinne, für das Spielen vor, sodass diese Art auch als Arbeit oder leistungsorientiertes Spiel angesehen werden kann (vgl. auch Abb. 10).

Für Huizinga findet das Spielen losgelöst vom realen Leben statt: der Ausgang des Spiels besitzt keine Auswirkungen auf die Welt außerhalb. Er prägt dafür die Modellvorstellung des „magischen Kreises" (Magic Circle), das Spielen als eine von der übrigen Welt abgeschnittene Aktivität versteht. Spielerische Handlungen sind daher allein innerhalb des Spiel-Kontinuums von Bedeutung und stellen somit eine besondere Form der Beschäftigung dar, bei der jede spielbezogene Handlung auch nur innerhalb des Spiels Konsequenzen hat: „Playing a game, in this view, means setting oneself apart from the outside world, and surrendering to a system that has no effect on anything which lies beyond the circle." (Egenfeldt-Nielsen et al. 2008: 24)

Huizingas Vorstellung ist insofern einleuchtend, als dass jegliches Spielverhalten eine Als-ob-Situation darstellt und sich jeder Spieler im Kontext eines Spieles auf bestimmte Rollen und Spielregeln – seien sie noch so abstrus – als gegeben einlassen muss, damit sich ein lustvolles Spielerlebnis einstellen kann. Die Feststellung von Huizinga, dass Spielen keinerlei Effekte außerhalb des „magischen Kreises" besitzt, kann allerdings als zu reduktionistisch zurückgewiesen werden, da sie sich allein auf die zu erwartenden Konsequenzen des Spiels für den Spieler bezieht. Zeitgemäßer ist die Vorstellung, dass Computerspielen auf vielfältige Weise Konsequenzen für das reale Leben hat, denn es erfordert z. B. Zeit, beeinflusst Stimmung und Verhalten, und kann als Kommunikationsmedium im Austausch mit anderen Mitspielern zur Identitätsbildung beitragen. Huizingas strikte Trennung von Spiel und Realität findet daher heutzutage nur noch auf einer streng formalistischen Forschungsebene Verwendung.

Mit seinen Beschreibungen leistete Huizinga nichtsdestotrotz wesentliche Beiträge für die akademische Spielforschung, denn er analysierte die Bedeutung des Spielbegriffs in einer Vielzahl von Sprachen und kulturellen Kontexten. Aus diesen Analysen zog er den – aus heutiger Sicht – etwas zu pauschalen Schluss, dass das Spiel die Grundlage jeglicher Zivilisation sei. Seine Überlegungen zur kulturellen Funktion des Spiels werden trotzdem noch häufig zitiert und diskutiert:

> „Spielen ist, wie es Huizinga postuliert und detailliert begründet, die Basis für das Entstehen von Kultur und ihren Ausdifferenzierungen – hier werden Handlungsweisen erprobt, Probleme gelöst, Sinn produziert, Gewohnheiten und Traditionen geschaffen. Über das Spielen wird Kultur zudem reproduziert, weil Kinder darüber in die Kultur eingeführt werden, in die sie hineingeboren wurden." (Krotz 2009: 28)

Aus dieser Perspektive erscheint der Akt des Spiels als elementarer Bestandteil der menschlichen Kultur, wobei Spielen die Macht besitzt, kulturelle Prozesse anzustoßen bzw. darauf Einfluss zu nehmen. Dieses Paradigma hat sich bis heute nicht wesentlich verändert, denn auch wenn man von der Annahme abgerückt ist, dass Spielen quasi als Voraussetzung von Kultur zu verstehen ist, so ist „Spielen (...) ein Fall sozialen Handelns, und in unserem sozialen Handeln konstituieren wir Kultur und Gesellschaft, soziale Beziehungen und Identität." (Krotz 2009: 37) Damit lässt sich auch das wissenschaftliche Interesse an Computerspielen begründen, denn sie lassen sich nicht mehr allein als (meist kindlichen) Zeitvertreib bzw. Unterhaltung verstehen, sondern als wichtigen gesellschaftlichen Prozess der Kulturvermittlung in der medialen Gegenwart.

Das zweite Standardwerk der Spieleforschung, Caillois' „Man, Play and Games" aus dem Jahre 1958, kann als Kritik und Vertiefung zu Huizingas „Homo Ludens" gesehen werden. Der französische Soziologe Caillois betont in seiner Analyse vier essentielle Qualitäten des Spiels: Es muss freiwillig, unsicher/ungewiss, unproduktiv und phantasievoll/erfunden sein. Damit argumentiert er ähnlich wie Huizinga, gibt den scheinbar abweichenden Begriffen jedoch einen leicht veränderten Fokus. Caillois' großer Verdienst ist seine Differenzierung zwischen regelbasierten Spielen (Ludus) und offenem, spontanem Spiel (Paidia):

> „Auf der einen Seite regiert fast ausschließlich ein gemeinsames Prinzip des Vergnügens, der freien Improvisation und der unbekümmerten Lebensfreude, wodurch eine gewisse unkontrollierte Phantasie, die man mit dem Namen *paidia* bezeichnen könnte, zum Ausdruck kommt. Auf der anderen Seite (...) aber wird sie gebändigt durch eine ergänzende Tendenz (...). Diese zweite Kompetenz nenne ich *ludus*." (Caillois 1982: 20, Kursivsetzung i. O.)

Geregeltes Spiel im Sinne von Ludus ist für Caillois immer auch gesellschaftlich organisiert und besitzt festgeschriebene Regeln, wie z. B. Schach oder Lotto. Paidia dagegen ist nicht regelbasiert, sondern kann wie z. B. kindliche Sandkastenspiele als frei ausgelebter Spieltrieb verstanden werden. In der Spielebranche werden daher auch Computerspielwelten, wie z. B. *GTA 4* oder *Minecraft*, die dem Spieler Platz für das freie, kreative Spielen jenseits festgesetzter Regeln bieten, oft als Sandbox- oder Open-World-Games bezeichnet. Frasca (2001) hat sich des Konzepts angenommenen und es auf die englischsprachige Unterscheidung von ‚Game' und ‚Play' übertragen. Er differenziert zwischen beiden Spielarten, indem er Bezug auf das Spielziel nimmt. Bei einem ‚Game' kann aufgrund vorher festgesetzter Regeln ein Sieger bestimmt werden, bei einem ‚Play' ist beides nicht gegeben, da es hier vielmehr um das Spielen an sich geht.

Ähnlich zu Huizinga und im Rückgriff auf dessen Kulturverständnis benennt Caillois darüber hinaus universelle Kennzeichen des Spiels, die auf den menschlichen Grundbedürfnissen von Agon (Wettkampf), Alea (Zufall), Mimikry (Maskierung) und Illinx (Rausch) beruhen und im Kontinuum von Ludus und Paidia angesiedelt sind. Diese ‚mächtigen Triebe‘ werden durch das Spiel und ihre Regelhaftigkeit vom Alltag getrennt, gezügelt und kulturell nutzbar gemacht, denn sich „selbst überlassen, können diese ursprünglichen Antriebe, die wie alle Triebe maßlos und zerstörerisch sind, nur bei unheilvollen Folgen enden.“ (Caillois 1982: 64) So führt für Caillois (1982: 64) das unkontrollierte Ausleben des Rausches (Illinx) z. B. in eine Drogenabhängigkeit.

> „Die Spiele disziplinieren die Instinkte und zwingen sie zu einer institutionellen Existenz. In dem Augenblick, in dem sie ihnen eine formelle und begrenzte Befriedigung zugestehen, erziehen sie, befruchten sie und impfen die Seele gegen ihre Virulenz. Gleichzeitig werden die Triebe durch die Spiele fähig gemacht, die Stile der Kulturen zu bereichern und zu fixieren."

Ein Ergebnis der Betrachtungen von Huizinga und Caillois sind die personalen Aspekte der ‚Freude‘, ‚Lust', ‚Spannung‘ oder der ‚begrenzten Befriedigung‘ beim Spielerlebnis. In sechs konkreten Charakteristika entwirft Caillois eine formale Definition menschlichen Spiels, die allerdings etwaige Spielinhalte nicht berücksichtigt:

> „Das Spiel ist: 1. eine freie Betätigung, zu der der Spieler nicht gezwungen werden kann, ohne daß das Spiel alsbald seines Charakters der anziehenden und fröhlichen Unterhaltung verlustig ginge; 2. eine *abgetrennte* Betätigung, die sich innerhalb genauer und im Voraus festgelegter Grenzen von Raum und Zeit vollzieht; 3. eine *ungewisse* Betätigung, deren Ablauf und deren Ergebnis nicht von vornherein fest-

> steht, da bei allem Zwang, zu einem Ergebnis zu kommen, der Initiative des Spielers notwendigerweise eine gewisse Bewegungsfreiheit zugebilligt werden muß; (4.) eine *unproduktive* Betätigung, die weder Güter noch Reichtum noch sonst ein neues Element erschafft und die, abgesehen von Verschiebung des Eigentums innerhalb des Spielerkreises, bei einer Situation endet, die identisch ist mit der zu Beginn des Spiels; (5.) eine *geregelte* Betätigung, die Konventionen unterworfen ist, welche die üblichen Gesetze aufheben und für den Augenblick eine neue. alleingültige Gesetzgebung einführen; (6.) eine *fiktive* Betätigung, die von einem spezifischen Bewußtsein einer zweiten Wirklichkeit oder einer in Bezug auf das gewöhnliche Leben freien Unwirklichkeit begleitet wird.“ (Callois 1982: 16, Kursivsetzung i. O.)

Einige Autoren wie z. B. der Erziehungswissenschaftler Hans Scheuerl sehen es angesichts der vielfältigen Spielphänomene als ein hermeneutisches Problem an, dass das Spiel „primär ein bildhaftes Wort und kein wissenschaftlicher Begriff“ (Scheuerl 1991: 610) ist. Die Klassifikationen von Huizinga und Caillois sind daher für den Bereich der Computerspiele so interessant und produktiv, weil auf einzelne Kennzeichen zur Charakterisierung des Spiels zurückgegriffen werden kann. So findet sich exemplarisch Caillois‘ These zum „offenen Ablauf und ungewissen Ende“ des Spiels – ohne diesen spieltheoretischen Bezug zu konkretisieren – in einer Beobachtung des Computerspielforschers Mark Butler (2007: 129) zur Interaktivität wieder. Ihm zufolge ermöglicht ihr Merkmal der Interaktivität, dass Computerspiele im „Unterschied zu anderen Medien wie z. B. dem Fernseher (...) von einer einzigartigen Version der jeweiligen virtuellen Welt berichten.“

Was kann man von diesen knapp skizzierten, klassischen Theorieperspektiven auf das Phänomen Spiel für das heutige Verständnis von Computerspiel lernen? In Anlehnung an Caillois kommt Juul (2005: 36) zu einem modernen Verständnis von Spiel:

> „A game is a rule-based system with a variable and quantifiable outcome, where different outcomes are assigned different values, the player exerts effort in order to influence the outcome, the player feels emotionally attached to the outcome, and the consequences of the activity are optional and negotiable.“

(Computer-)Spiele stellen also künstlich hergestellte, regelbasierte sowie raumzeitlich abgeschlossene Systeme dar. Computerspielen ist dabei eine freiwillige, unproduktive, emotional positiv besetzte Handlung in diesen Systemen, bei denen die teilnehmenden Personen (Spieler) mittels Entscheidungen aktiv eingreifen, um ein messbares Ergebnis zu produzieren. Der Ausgang bzw. das Ergebnis ist während des Spiels ungewiss und sorgt daher für Spannung sowie emotionale Involviertheit. Den Spielern ist dabei bewusst, dass sie in einer Als-ob-Situation handeln und die Konsequenzen des Spiels optional sind. Entscheidend für die Bedeutung des Spiels sind neben den Spielregeln und der Einstellung des Spielers zum Spiel der soziokulturelle und historische Rahmen, in dem das Computerspiel stattfindet.

Bei Computerspielen handelt es sich allerdings immer auch um Software. Daher widmen sich die meisten Bestrebungen innerhalb der Spieleforschung der Bestimmung zentraler digitaler Spiel-Merkmale. Computerspiele unterscheiden sich von den herkömmlichen Spielen vor allem darin, dass ihr Regelsystem von einem programmierten Algorithmus überwacht wird.

Der digitale Charakter führt dazu, dass nicht nur das Spiel elektronisch basiert ist, sondern auch die Kommunikation und Interaktion technisch vermittelt erfolgen kann. Dies ist im Besonderen bei Online- oder Netzwerkspielen der Fall. Die Kommunikationswissenschaftler Carsten Wünsch und Bastian Jenderek (2009: 47) stellen diesen Aspekt in ihrer Definition als zentrales Merkmal heraus:

> „Ein Computerspiel im Allgemeinen wollen wir als Spiel definieren, bei dem der Spielende durch technisch vermittelte Simulation und Regelüberwachung (‚Spielleitung') eine ‚Stimulation' erfährt und die Kommunikation innerhalb der Simulation, also die Interaktion mit dem Spielgeschehen und den Spielpartnern, ebenfalls technisch vermittelt erfolgt."

Deutlich wird, dass ein Computerspiel nicht nur eine elektronische Version eines herkömmlichen Spieles darstellt, sondern dass die Transformation ins Virtuelle zusätzlich eine Vielzahl an Besonderheiten mit sich bringt. Ein und dasselbe Spiel kann auf verschiedenen Geräten bzw. digitalen Wegen wiedergegeben werden, wobei auch das Spielerlebnis in vielen Fällen stark variiert. Dies hängt von mehreren Variablen ab:

Erstens wird die Spielsituation durch den Spielort kontextualisiert, denn PC-Spiele können am Schreibtisch, Konsolenspiele an einer Couch und Spiele auf mobilen Geräten potenziell überall gespielt. Dies hat Auswirkungen auf die eigene Rolle (Selbstdarstellung) und die der weiteren anwesenden Personen (Mitspieler und Beobachter). Die Beschaffenheit des „Spiel"-Raums ermöglicht das Spielerlebnis, kann dieses aber auch einschränken oder sogar verhindern. Zweitens wird das Spielempfinden von der Steuerung bzw. den Eingabegeräten geprägt. So macht es einen Unterschied, ob man u. a. mit Tastatur und Maus, mit Joystick oder Konsolen-Controller spielt. Andere Formen wie z. B. die Bewegungssensoren der *Wii* oder berührungsempfindliche Bildschirme (Touchscreens) erweitern die Bedienmöglichkeiten. Drittens kann die Leistungsfähigkeit der Hardware als entscheidend für das Spielerleben gelten. Je leistungsfähiger das System, desto aufwendiger und detailreicher das Spiel. Es muss daher auch innerhalb derselben Geräteklasse (wie z. B. Konsolen) mit Unterschieden gerechnet werden. Ein vierter Aspekt ist die Relevanz von Größe und Wiedergabequalität des Interfaces. Je größer und schärfer das Bild, desto größer erscheint auch das potenzielle Spielergebnis. Denn je mehr vom Blickfeld des Spielers durch das Spiel ausgefüllt wird, desto mehr störende visuelle Reize können ausgeblendet werden und desto leichter fällt tendenziell das Eintauchen in die virtuellen Spielwelten.

Zu diesen eher technischen wie auch situativen Faktoren, die das Spielergebnis beeinflussen, kommen weitere Aspekte hinzu, welche die klassische Spieletheorie hinsichtlich jeglicher Spielformen herausgearbeitet hat. So sind Computerspiele stark in kulturelle wie soziale Prozesse und Kontexte eingebettet. Ihre Bedeutung und damit auch die Erlebnisqualitäten im Umgang mit ihnen werden permanent neu ausgehandelt. Das soziale Umfeld der Computerspieler wie z. B. ob das Spielen vom Umfeld als Hobby akzeptiert ist, sowie deren Genrewissen oder Spielerfahrungen können eine wichtige Rolle beim Spielerleben einnehmen. Exemplarisch dafür kann auf das Phänomen des Mobile Gaming und seine Kontexte verwiesen werden: In der wissenschaftlichen Literatur wird des Öfteren der soziale Charakter mobilen Spielens betont. Aber auch eskapistische Motive spielen wahrscheinlich eine große Rolle, da darauf abgezielt wird, ‚ungenutzte' Zeit zu füllen bzw. Wartezeiten mittels Spiel abzukürzen. Mitunter verändern sich durch das mobile Spielen aber nicht nur einige Aspekte der Alltagswelt (z. B. die Art und Weise, wie Zeit in Nahverkehrszügen oder Wartezimmern verbracht wird), sondern es besteht auch durchaus das Potenzial zu Missbrauch (wenn beispielsweise Daten über Bewegungen der Spieler in der Realwelt gespeichert und ausgewertet werden).

Die Computerspielforscher Jo Bryce und Jason Rutter (2006: 7) verweisen in diesem Zusammenhang darauf, dass Computerspiele nicht nur als elektronische Form des Spiels oder eine interaktive Form des Films, sondern als ein neues kulturelles und technisches Artefakt zu verstehen sind. Für dieses Phänomen müssen ihnen zufolge neue Theorien und Ansätze entwickelt werden, um es vollständig überblicken zu können. Die bloße Übertragung klassischer Theorien auf den neuen Gegenstand würde Computerspielen also nicht gerecht werden. Nicht nur aus diesem analytischen Grund bewegt sich die Analyse des Computerspielens im Interessensgebiet unterschiedlichster akademischer Disziplinen. Seit den 1990er Jahren hat sich unter dem Namen Game Studies v. a. im angelsächsischen und skandinavischen Raum eine länder- und disziplinenübergreifende Beschäftigung mit digitalen Spielen entwickelt. Darunter ist eine akademische Disziplin zu verstehen, deren analytischer Schwerpunkt auf Spieldesign, Spieltheorie, Spielphilosophie, der Spielerschaft und der Rolle von digitalen Spielen in Gesellschaft und Kultur liegt. Dieses interdisziplinäre Studienfeld versammelt Forscher, Akademiker und Praktiker aus einer Vielzahl von Wissensgebieten wie u. a. der Informatik, Psychologie, Soziologie, Anthropologie, Literatur, Philosophie und vielerlei anderen. Seit 2002 haben sich die Game Studies und ihr Netzwerk von Spieleforschern neben einer Vielzahl wissenschaftlicher Fachzeitschriften (s. Anhang) in Form der Fachgesellschaft „Digital Games Research Association" (DiGRA) institutionalisiert. Die von ihr organsierten zweijährlichen Konferenzen bieten ein akademisches wie anwendungsorientiertes Forum für die internationale Spieleforschung. Auch heute noch erscheinen die Game Studies disziplinär so breit gefächert, dass sie Systematisierungsversuchen eher trotzen.

International prägte lange Zeit der kontroverse Diskurs zwischen den Ludologen und den Verfechtern eines narrativen Ansatzes die Forschung zu Computerspielen. Letztere spiegelten in den 1990er-Jahren bestehende Erzähltheorien von Film und Literatur auf Computerspiele, um – mit dem Analyseschwerpunkt auf Abenteuer- und Rollenspielen – diese wie ein interaktives Buch oder einen Film zu betrachten, die von den Spielern auf eigene Art quasi gelesen werden. Interessant an dieser Vorstellung ist die Tatsache, dass die narrativen Elemente eines Computerspiels einer gewissen Dynamik unterliegen und in hohem Maße spielerabhängig sind und sich auch somit bei einem Spiel niemals auf die gleiche Weise einstellen. Die interdisziplinär ausgerichteten Ludologen hingegen betonten besonders das Paradigma der Simulation im Computerspiel und entgegneten darauf schon fast polemisch: „If I throw a ball at you I don't expect you to drop it and wait until it starts telling stories." (Eskelinnen 2001) Integrativ auf diesen Ansätzen aufbauend differenzieren Autoren wie z. B. der Medienwissenschaftler Jan-Noel Thon (2006) vier Strukturebenen von Computerspiele, die gleichwohl auch als analytische Beschreibungsperspektiven fungieren. Die räumliche (z. B. Schauplatz und Setting für das Spielgeschehen), ludische (z. B. Spielregeln, die u. a. Spielerinteraktionen bestimmen), narrative (z. B. Vermittlung einer Hintergrundgeschichte) und soziale Strukturebene (z. B. Kommunikation und Interaktion zwischen den Spielern).

Als Zwischenfazit kann hier festgehalten werden, dass es sich bei Computerspielen um weit mehr als eine softwarebasierte Sonderform und damit Weiterentwicklung klassischer Spiele handelt, die auf elektronische Ein- und audiovisuelle Ausgabegeräte angewiesen sind. Ihr digitaler Charakter hat zur Folge, dass das Spielerlebnis in einer mediatisierten Spielwelt stattfindet und dass die

Interaktion mit dem Spiel sowie oftmals die Kommunikation mit den Spielpartnern medial vermittelt erfolgt. Computerspiele unterliegen darüber hinaus genauso wie herkömmliche Spiele Prozessen soziokulturell bedingter Bedeutungskonstruktion, welche neben der Hard- und Software sowie dem konkreten, oftmals recht unterschiedlichen Spiele-Kontext maßgeblich das Spielerleben prägt. Für Juul (2005) ist die von Huizinga postulierte Konsequenzlosigkeit kein zwingendes Merkmal für ein Spiel, sondern abhängig von der Aushandlung zwischen den Spielern und den Spielumständen (negotiable outcome).

Auf diesen Einsichten aufbauend verweist der Begriff Computerspielen also einerseits auf ganz verschiedene Handlungsmodi, die nicht immer trennscharf voneinander zu unterscheiden sind, wie vor allem regelbasiertes Spielhandeln (Game), zweckfreies Tun (Play), entlohntes Handeln (Arbeit), z. B. das Goldfarming oder leistungsorientiertes Handeln (eSport) (vgl. Schmidt et al. 2008: 12). Die mediatisierten Erlebniswelten im Rahmen vernetzten Computerspielens können darüber hinaus aufgrund ihrer vielfältigen und komplexen Möglichkeiten sowohl für interpersonale als auch für gruppenbezogene und damit (teil-) öffentliche Kommunikation als hybride Kommunikationsräume verstanden werden (vgl. Abb. 10).

Computerspielnutzung erscheint damit nicht nur als ein reiner Akt der Unterhaltung, sondern im Gegenteil als ein Ausdruck der Orientierung und identitätsstiftenden Sinnsuche (Hand/Moore 2006, Krotz 2009). So wurde bspw. festgestellt, dass Online-Spielwelten die Aufnahme von sozialen Kontakten erleichtern oder ein Großteil der dabei zustande gekommenen Bekanntschaften interessanter als reale eingeschätzt wird (Yee 2009). Aktuelle Forschungsergebnisse zur konvergenten Medienwelt gerade von Jugendlichen zeigen eindrücklich, dass sich interpersonale Kommunikation via Email zu einer Kommunikation via soziale Netzwerkdienste und sogar via diverse Spielplattformen verlagert. Die im Spiel stattfindenden Informations- und Kommunikationsprozesse gehen also zum Teil über reine „Mensch-Maschine-Interaktionen“ hinaus und lassen uns Computerspiele auch als soziale Kommunikationsmedien verstehen. Es ist daher plausibel anzunehmen, dass sich die Formen von Amüsements wie z. B. der spielerische Wettbewerb oder Glücksspiel sowie soziale Prozesse, wie z. B. die Bildung von Gemeinschaften, durch deren Virtualisierung langfristig ändern (vgl. Krotz 2007: 161ff.). In den mediatisierten Erlebniswelten der Online-Spiele suchen und finden die Spieler nicht nur Unterhaltung, sondern auch Sozialisierungs- und Identitätsangebote, die ihr kommunikatives Handeln prägen (vgl. grundlegend Filiciak 2003; Kücklich 2009). Die Kommunikationsräume digitaler Erlebniswelten können somit in der Lebenswelt der jüngeren Spieler zum Teil den Stellenwert traditioneller Massenmedien einnehmen.

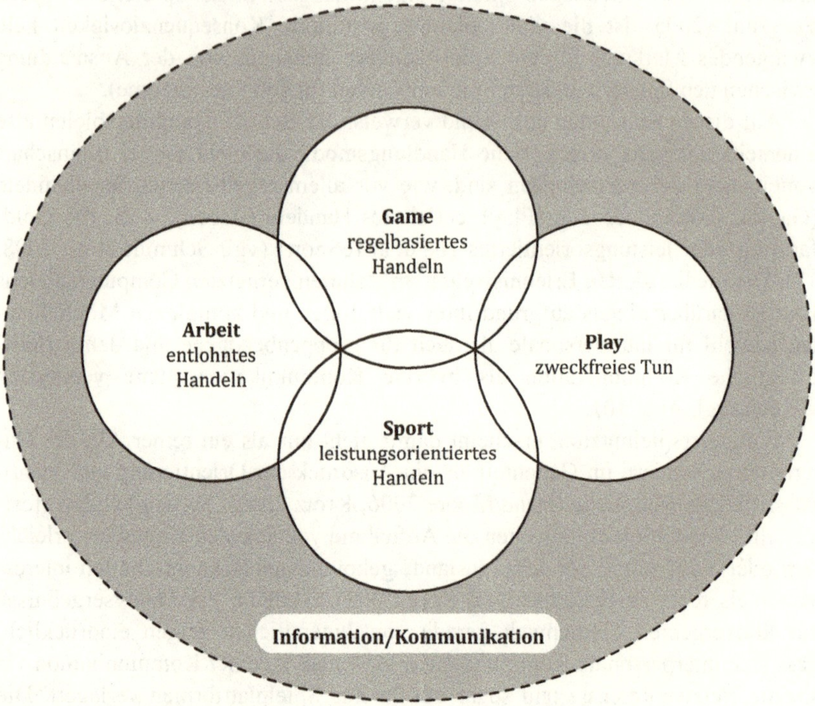

Abb. 10: Spielmodi und Kommunikationsprozesse in Online-Spielen (in Anlehnung an Schmidt et al. 2008: 12)

Hiermit soll natürlich nicht für einen Niedergang der Öffentlichkeitsfunktion des klassischen Journalismus plädiert werden. Allerdings entstehen aufgrund des Medienwandels neue Kanäle der Informations- und damit Politikvermittlung, die wie z. B. Online-Spiele gerade die jüngere Generation besonders ansprechen. Dieses Potenzial erscheint desto größer, je geringer die ökonomischen Interessen der Betreiber ausgeprägt sind (vgl. ausführlich Kapitel 4.5). Die Kommunikationswissenschaftler Jana Nickol und Jeffrey Wimmer (2012) verdeutlichen dies exemplarisch in ihrer explorativen Fallstudie des Fußballmanagerspiels *Hattrick.* Hier sind wiederholt politisch konnotierte Aktionen beobachtbar und sorgen sowohl aus Sicht der Computerpieler als auch der Entwickler für eine lebendige Spielkultur. So brachten u. a. mehrere tausend Spieler während der „Orangen-Revolution" 2004 in der Ukraine ihre Solidarität mit der ukrainischen Demokratiebewegung zum Ausdruck, indem sie ihre virtuellen Mannschaften mit orangefarbenen Schleifen versahen.

Daraus ergibt sich die spannende Frage, welche soziale und kulturelle, also sinnstiftende Bedeutung, Computerspiele haben und wie diese zustande kommt (Krotz 2009). Untersucht man die Nutzung eines Online-Spiels, dann geht es in einem kritischen Anschluss an Huizinga folglich keinesfalls um eine Auseinandersetzung mit „sinnfreien" Handlungen, die fernab der Realität stattfinden. Vor diesem Hintergrund lohnt es sich, den Fokus auf die subjektive Bedeutung eines Online-Spiels im Alltag zu richten (vgl. auch Kapitel 3.4).

3.2 Wer spielt wann was warum?

Computerspielen fordert Aufmerksamkeit, Konzentration und Handlungsgeschick. Trotz dieser Anforderungen hat die Nutzung von Computerspielen in den letzten Jahren enorm zugenommen und gehört aktuell nach der Fernsehnutzung zu der intensivsten und exzessivsten medialen Beschäftigung der Gegenwart. Reichweitenanalysen verdeutlichen, dass Computerspiele längst fester Bestandteil der Alltagskultur sind und als Unterhaltungsmedien breite Bevölkerungsschichten erreichen. Mehr als ein Viertel der Deutschen ab 14 Jahren spielt laut der repräsentativen GameStat-Studie (2011) der Universität Hohenheim gelegentlich digitale Spiele. Dabei nimmt der Anteil an Spielern in der Bevölkerung weiterhin leicht zu. Bei Kindern im Alter von sechs bis 13 Jahren spielen der KIM-Studie (Kinder + Medien, Computer + Internet) aus dem Jahr 2010 (MPFS 2010) zufolge sogar fast zwei Drittel regelmäßig, also mindestens einmal pro Woche. Laut der ebenfalls vom Medienpädagogischen Forschungsverbund Südwest herausgegebenen JIM-Studie (Jugend, Information, (Multi-) Media) spielen 79 % der Jugendlichen regelmäßig Computerspiele (MPFS 2011: 42ff.).

Zum Einstieg in die Materie eignet sich die spezifische Frage, aus welchen konkreten Beweggründen heraus das Computerspielen geschieht. Aufgrund empirischer Untersuchungsergebnisse (i. d. R. Befragungen und Interviews) können eine ganze Reihe an Motiven und Spielanlässen genannt werden. Schon frühzeitig wurden die sozialen, wettbewerbsorientierten und immersiven Aspekte des Computerspielens als zentrale Determinanten des Spielerlebens und der Computerspielnutzung identifiziert. Als einer der ersten Forscher entwickelte der ehemalige Spieledesigner Bartle in den 1990er Jahren eine Spielertypologie, die auf die besondere Spielmechanik der MUDs, den Vorgängern der heutigen Online-Rollenspiele, angepasst war. Seine Einteilung entstand als Ergebnis einer längeren Online-Diskussion unter MUD-Spielern, die Bartle als Senior Administrator strukturierte und zusammenfasste. Wenngleich die Typen-Bildung damit nicht unbedingt nach den Regeln systematischer sozialwissenschaftlicher Arbeit verlief, erwies sie sich als äußerst langlebig und wird immer noch häufig zitiert, da sie einen guten Ausgangspunkt für die weitere Forschung darstellt. Bartle unterscheidet vier Spielertypen – die erfolgsorientierten ‚Achiever', die auf Entdeckung und Ausprobieren spezialisierten ‚Explorer', die kommunikativen ‚Socializer', die sich vorrangig durch ihr Interesse an der Interaktion mit anderen Spielern auszeichnen, und die sog. ‚Killer' – Spieler, die das virtuelle Töten anderer Computerspieler in der Spielwelt zum Ziel haben (vgl. Abb. 11).

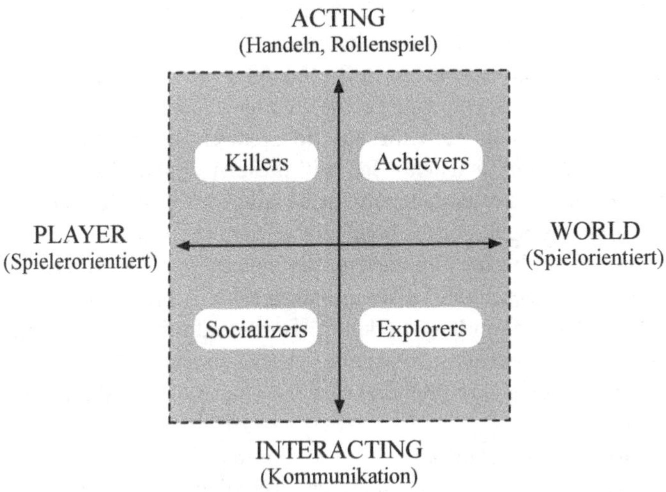

Abb. 11: Typologie von Online-Spielern (in Anlehnung an Bartle 1996: o.S.)

Kritisiert wurde an Bartles Arbeit, dass die Typen zum Teil allein auf die Spielmechanik von MUDs zurückzuführen sind (wie z. B. das Explorieren), zum Teil aber auch für ganz andere Arten von Spielen gelten können (wie z. B. das leistungsorientierte Handeln der sog. Achiever). Erst zehn Jahre später präzisiert Yee (2006a) die Typologie auf Basis einer langfristig angelegten Studie und differenziert drei allgemeine Hauptkomponenten der Spielmotivation in Online-Rollenspielen (vgl. Abb. 12):

1. Der Leistungsaspekt schließt alle Motivationen mit ein, die auf ein erfolgreiches Spiel ausgelegt sind. Darunter fallen der Fortschritt im Spiel, die Optimierung der Spieltechnik sowie der Wettbewerb mit anderen. Bei einem Wettbewerb entsteht die Situation einer Herausforderung. Diese lässt sich entweder aus den Anforderungen ableiten, die ein Spieler an sich selbst oder durch den Schwierigkeitsgrad eines Spiels (z. B. erforderliche Rundenzeit in einem Rennspiel) an ihn gestellt werden, den so genannten indi-

rekten Wettbewerb. Oder aber, der Spieler begibt sich mit seinen Mitspielern bzw. Computergegnern im Rahmen gemeinschaftlichen Spielens vor dem Bildschirm (co-located gaming) oder online vernetzt in einen direkten Wettbewerb (vgl. ausführlich Hartmann 2006). Computerspiele bieten grundsätzlich die Möglichkeit für beide Wettbewerbsarten. Die Nutzer müssen stets gewisse Herausforderungen bewältigen (Aufgaben lösen, Punktzahlen erzielen, Levels meistern). Damit geben Computerspiele externe Leistungsstandards vor, welche die Spieler als interne Standards übernehmen, indem sie sich freiwillig auf ein Spiel einlassen und das Spielziel zu ihrem eigenen Ziel machen („Ich will diese Aufgabe lösen"). Nicht selten kreieren die Nutzer darauf aufbauend zugespitzte, härtere Anforderungen, die durch das Spiel gar nicht gestellt werden (z. B. die Jagd nach einem immer höheren Highscore). In diesem Sinne wetteifern die Nutzer gegen ihre eigenen, selbst gesetzten Leistungsstandards, ein Mechanismus, der von vielen Herstellern schon längst erkannt wurde und mit der Einführung von so genannten Achievements – virtuellen Auszeichnungen für Spielerfolge – zu einem noch intensiveren Spielen bzw. zu einer Leistungskultur antreiben soll.

Vielfach werden die Konfliktparteien in Computerspielen durch Geschichten eingeführt, wodurch der Wettbewerb zusätzlich noch symbolisch aufgeladen wird („Gut gegen Böse"). Beide Überlegungen deuten auf zwei wichtige individuelle Eigenschaften hin, die die Auswahl kompetitiver Computerspiele beeinflussen dürften. Dabei handelt es sich um die Neigung bzw. das Bedürfnis, Wettbewerb aufzusuchen (Wetteiferneigung), und um den Glauben der Nutzer an ihre Fähigkeit, im Wettbewerb zu bestehen (Selbstwirksamkeitserwartungen). Die Selbstwirksamkeitserwartung bezieht sich auf die Überzeugung einer Person, eine anforderungsreiche Handlung hinreichend kompetent auszuführen, um damit ein gegebenes Ziel zu erreichen. Die zentralen Erlebensqualitäten kompetitiver Computerspielhandlungen sind dabei die Erregung und Anspannung während des Wettbewerbs sowie Gefühle der Euphorie und Frustration, die sich je nach Sieg oder Niederlage einstellen. Je eher die Erregung und Anspannung sowie die Euphorie als angenehme Zustände bewertet werden und je eher jene Gefühle von der Nutzung erwartet werden, desto stärker stellt sich ein kompetitives Computerspielen als attraktive Freizeitbeschäftigung dar.

2. Die zweite Spielkomponente bezieht sich auf den Aspekt des Sozialen und bündelt freundschaftliche Kommunikation, Beziehungsaufbau und Teamwork zu einer Dimension des Spielerlebens. Der Spielertyp Socializer von

Bartle verweist auf diese grundlegenden sozialen Bedürfnisse des Menschen, auf die in Kapitel 3.5 im Detail eingegangen wird.

3. Ein drittes Motivbündel bezieht sich auf die Dimension der Immersion und schließt alle Aktivitäten mit ein, die eine Art Eintauchen und des sich Verlierens in die Spielwelt ermöglichen. Hier sind Entdeckungsreisen, das Rollenspiel an sich und auch die Flucht vor der Realität zusammengeschlossen (vgl. ausführlich Kapitel 3.3).

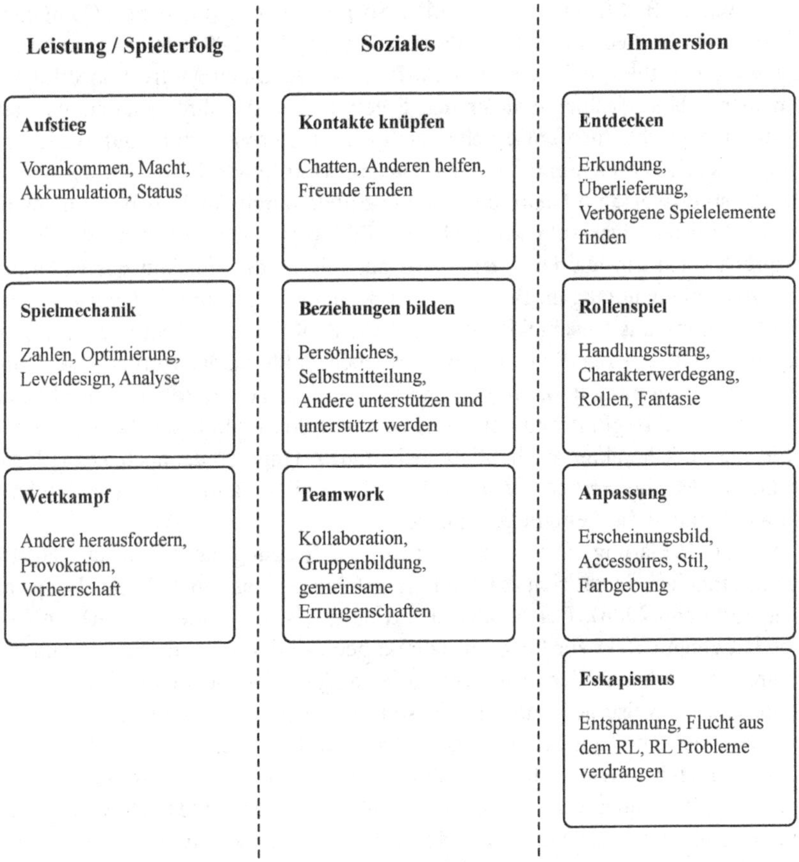

Leistung / Spielerfolg
Aufstieg
Vorankommen, Macht, Akkumulation, Status
Spielmechanik
Zahlen, Optimierung, Leveldesign, Analyse
Wettkampf
Andere herausfordern, Provokation, Vorherrschaft
Soziales
Kontakte knüpfen
Chatten, Anderen helfen, Freunde finden
Beziehungen bilden
Persönliches, Selbstmitteilung, Andere unterstützen und unterstützt werden
Teamwork
Kollaboration, Gruppenbildung, gemeinsame Errungenschaften
Immersion
Entdecken
Erkundung, Überlieferung, Verborgene Spielelemente finden
Rollenspiel
Handlungsstrang, Charakterwerdegang, Rollen, Fantasie
Anpassung
Erscheinungsbild, Accessoires, Stil, Farbgebung
Eskapismus
Entspannung, Flucht aus dem RL, RL Probleme verdrängen

Abb. 12: Spielmotive (in Anlehnung an Yee 2006a: 773)

Studien belegen, dass Männer sich häufiger der leistungsorientierten und Frauen der sozialen Motivn bedienen. Grundsätzlich zeigt es sich aber, dass die Motive insgesamt eine enorme Bandbreite aufweisen und dass sich im Vergleich zur Ur-Typologie von Bartle die verschiedenen Spielstile nicht gegenseitig verdrängen, sondern eher überschneiden.

Fritz, der sich in einer ganzen Reihe von Forschungsarbeiten auf unterschiedlichste Art und Weise mit Computerspielern auseinandergesetzt hat, lenkt die Aufmerksamkeit auf weitere wichtige Aspekte der individuellen Spielmotivation, wie z. B. Macht und Kontrolle. So postuliert er prägnant: „Computerspiele zu spielen bedeutet den Erfolg zu suchen." (Fritz 2003: 1) Fritz nimmt an, dass die Auswahl von Spielen auf Basis dieser zentralen Motivation erfolgt – dementsprechend wählen Spieler den Spieltyp aus, der ihren Fähigkeiten am ehesten entspricht. Insofern ergeben sich die Spielertypen auch auf Basis von erfolgsorientierten Genrepräferenzen. Das etwas abstrakte Kriterium der Macht wird beispielsweise im Genre der Shooter-Spiele durch das Repertoire an Waffen symbolisiert. Das subjektive Machtgefühl vergrößert sich dann durch den entsprechenden Einsatz der Waffen oder auch durch die musikalische Untermalung von Spielhandlungen. Bei genreübergreifenden Spielen wie *Lemmings*, das eine Mischung aus Geschicklichkeit, Taktik, Reaktion und Kombination repräsentiert, fühlt sich der Spieler gewissermaßen dafür verantwortlich, die Lemminge sicher an das Ziel zu führen und sie vor dem Tod zu retten. Obwohl sich ein Spieler zu Beginn naturgemäß stark überfordert fühlt, da die Lemminge sofort ihrem Charakter nach blind loslaufen, erlangt er dennoch schnell das Gefühl der Macht, weil er, sobald er die Spielhandlung antizipiert, vorausschauend handeln und die Lemminge retten kann.

Für die Erklärung, wie Spieler mit dieser Mischung aus Macht und Hilflosigkeit umgehen, bietet sich die Modellvorstellung eines Input/Output-Loops an (vgl. Hartmann 2006): Der Spieler drückt beispielsweise eine Taste. Diese Eingabe hat einen Effekt zur Folge, der direkt beobachtbar ist und/oder eine unmittelbare Reaktion erfordert. Mehrere, aufeinander folgende Input/Output-Loops werden stellenweise auch als Spielepisode bezeichnet, die sich dadurch kennzeichnet, dass eine neue Aufgabe bzw. Herausforderung entsteht, die der Spieler zu bewältigen hat. Wie er diese bewältigen kann, lässt sich Fritz folgend anhand von vier miteinander verwobenen Funktionskreisen darstellen. Dabei wird davon ausgegangen, dass Macht und Kontrolle im Spiel unmittelbar von der Lenkungs-Kompetenz des Spielers abhängen, die sich über die sog. Funktionskreise verteilt. Diese vier Funktionskreise formieren sich gewissermaßen zwischen dem Spiel mit seinen Anforderungen und dem Spieler mit seinen Handlungen,

Interpretationsleistungen und letztendlich ergeben sich dadurch auch Gefühle wie Wunsch nach Macht, Herrschaft und Kontrolle im und über den Spielverlauf:

1. Sensomotorische Synchronisierung beschreibt die Fähigkeit des Spielers, seine Körperbewegungen zu automatisieren und dem filmartigen Geschehen auf dem Bildschirm anzupassen (z. B. bei der Nutzung der interaktiven Spielkonsole *Wii*).

2. Bedeutungsübertragung bezeichnet die Deutungsleistung eines Spielers, die in der Regel vor dem jeweiligen sozialen wie kulturellen Hintergrund stattfindet. Hier knüpft der Spieler implizit wie explizit u. a. an seine vorhandenen Erfahrungen und Wertvorstellungen an (z. B. Sportmarken oder Feindbilder).

3. Regelkompetenz bezeichnet die Fähigkeit des Spielers, die Leistungsanforderungen des Spiels zu erfüllen. Er weist den Objekten und den Figuren spezifische Eigenschaften zu (nützlich, gefährlich, langsam, schnell, kann hoch springen etc.) und stellt sich auf Situationen ein (z. B. das Erreichen eines bestimmten Objektes hat eine bestimmte Konsequenz wie das Auftauchen eines Gegners). Dadurch kann er im konkreten Spiel erfolgreich sein, was wiederum die Spannung in höhere Komplexitätsebenen aufzusteigen zunehmen lässt. Durch diese Prozesse gewinnt der Spieler grundsätzlich Spielerfahrung und entwickelt mit der Zeit nicht nur für bestimmte Spiele Spielstrategien, sondern auch für übergeordnete Genres.

4. Selbstbezug entsteht dann, wenn der Spieler die Eindrücke des Spiels mit seinen persönlichen Wünschen, Erfahrungen und Handlungsbereitschaften assoziiert. Die Gestaltung des Avatars oder die Wahl der Spielfigur (z. B. Elfe, Troll, Ritter, Wahl zwischen weiblichen od. männlichen Protagonisten etc.) ist daher aus analytischer Perspektive ein geeignetes Kriterium um den individuellen Selbstbezug zu erfassen.

Fritz identifiziert daneben weitere spezifische Motive für die Nutzung von Computerspielen. Wie bei anderen digitalen Medien auch werden sie von Erwachsenen und Jugendlichen oft als eine Art Füllmedium genutzt, um Langeweile vorzubeugen. Darüber hinaus fungiert die Computerspielnutzung als Rückzugspunkt, wenn sich die Spieler beispielsweise für einen gewissen Zeitraum sozialen Verpflichtungen entziehen wollen. Aber auch bei Gefühlen wie Stress, Frust, Wut und Ärger dienen digitale Spiele als ein beliebtes Medium, diese Empfindungen auszuleben oder zu kompensieren. Diese Schlussfolgerungen lassen sich exemplarisch an einer Studie von Fritz und Misek-Schneider aus dem Jahre 1995 veranschaulichen, die im Rahmen eines Forschungsseminars an der Fachhochschule Köln durchgeführt wurde. 114 Schülerinnen und Schüler im Alter von 11 bis 20 Jahren aus Haupt- und Gesamtschulen sowie aus Gymnasien wurden befragt, worin die besondere Faszination von Computerspielen liegt. Knapp die Hälfte der Probanden (15 Mädchen und 34 Jungen) wurde dabei als ‚Computerspielexperten' eingestuft, da sie regelmäßig und im Durchschnitt sieben Stunden pro Woche spielten. Die Schüler wurden zuerst einem Aufmerksamkeits-Belastungs-Test, einem Frustrations-Test und einem Persönlichkeitstest unterzogen. Anschließend spielten die Schülerinnen und Schüler alleine oder mit einem Freund 100 Minuten Computer. 25 Spiele standen zur Auswahl. Die Forscher beobachteten die Spielenden und ihre Reaktionen nach festgelegten Beobachtungskategorien. Nach der Spielphase wurde der Aufmerksamkeits-Belastungs-Test nochmals durchgeführt und mit jedem Schüler ein narratives Einzelinterview sowie mit mehreren ein Gruppengespräch durchgeführt. Bei den Interviews wurden beispielsweise folgende Aussagen getätigt: „Wenn man voller Frust ist, kann so ein Blutspiel schon abreagieren" (Schüler, 18 Jahre), oder:

> „Wenn ich geladen bin, z. B. mein Bruder ärgert mich so gern. Da hat der Spaß dran, dann möchte ich ihm gerne eine reinhauen. Das darf ich ja nicht. (...) Dann gehe ich immer hin und mache den Computer an, und tack, tack, tack, weg sind sie. Dann stelle ich mir immer vor, dass wäre der Tobias (...)." (12-jähriger Junge)

Die Entspannung beim Spielen ist in einem abstrakte Sinne auch eine Anspannung oder zumindest stark damit verbunden. Dadurch, dass sich der Spieler intensiv mit den Spielinhalten befasst und sich in das Spiel hineinversetzt, tritt die Leistungsanforderung des Spiels in den Vordergrund. Die Konzentration verlagert sich auf das Spielgeschehen und dadurch wird der Spieler gewissermaßen immun gegenüber äußeren Störungen. Im Vordergrund stehen nun Erfolg und Misserfolg im Spiel, wie z. B. durch folgende idealtypische Aussagen deutlich wird: „Was muss ich denn machen! Ich kann das nicht! Wie geht das? Ich habe es geschafft!"; „Game over! Scheiße! Ich will das schaffen". Diese Art des Entspannungserlebnisses, das durch das Wechselspiel von An- und Entspannung gekennzeichnet ist, verweist aus einer psychologischer Perspektive auf individuelle Rezeptionsprozesse der Spieler wie z. B. das Fluss-Erleben (Flow) (vgl. ausführlich Kapitel 3.3).

Münden solche an sich unproblematischen Grundmotivationen in einer Bedürfnis-Befriedigungs-Schleife, kommt es durchaus auch zum exzessiven Spiel.

Zum Thema Sucht und Online-Spiele sind gerade in den letzten Jahren einige Forschungsarbeiten entstanden – teilweise auch befördert durch den unerwarteten und durchschlagenden Erfolg von *World of Warcraft*. Wie viele andere Erfolgsspiele auch wurde von der Presse schon kurz nach Erscheinen sehr ambivalent beschrieben – als „süchtig machend" in einem affirmativen Sinne, so z. B. als Gütekriterium in euphorischen Beiträgen in Spielezeitschriften, wie auch in einem negativen, z. B. in warnenden Zeitungsartikeln. Allerdings gilt hier ähnlich wie bei den typenbildenden Studien zu den Computerspielern, dass etwas Vorsicht angebracht ist: Viele Befunde basieren größtenteils auf nichtrepräsentativen oder wenig zuverlässigen Stichproben, und ihre Ergebnisse sind nicht völlig schlüssig. Die Hinweise auf etwaige Schädigungen sind dennoch zu verfolgen, da entsprechende Presseberichte auch ein Hinweis auf ein gesellschaftlich als Problem definiertes Phänomen sind. Übermäßiges Spielen kann wohl auch deswegen als eher bedrohlich angesehen werden, weil es – zumindest in seiner Häufigkeit – eine vergleichsweise neue Erscheinung ist (vgl. ausführlich Kap. 4.3). Nichtsdestotrotz sollte eine Schädigungsdiskussion letztlich für alle Formen exzessiven Medienkonsums geführt werden.

Das Phänomen der Vielnutzung ist in anderen Medienbereichen, beispielsweise bezogen auf exzessive TV-Vielseher, indes schon lange bekannt. Repräsentative Studien zeigen nun, dass gegenwärtig das Computerspielen nach der Fernsehnutzung zur zweitintensivsten medialen Beschäftigung überhaupt gehört. So verbringen beispielsweise Online-Spieler im Durchschnitt mehr als 20 Stunden pro Woche in ihren virtuellen Spielumgebungen (Quandt/Wimmer 2009, Quandt et al. 2011). Das populäre Genre der Online-Rollenspiele ist dabei der mit Abstand größte „Zeitfresser".

Zudem bindet das Spielen über das Netz durch die Eigenaktivität des Nutzers in vielerlei Hinsicht stärker als andere Formen des Medienkonsums. So gesteht u. a. knapp ein Drittel der Online-Spieler selbstkritisch ein, dass sie das Gefühl hätten, durch das Spiel andere Dinge zu vernachlässigen (Quandt/Wimmer 2009). Die Kommunikationswissenschaftler Thorsten Quandt und Jeffrey Wimmer (2009) stellen in ihrer Untersuchung in Einzelfällen sogar wöchentliche Spielzeiten von über 100 Stunden fest – was auf eine besondere Lebensrealität hinweist: Es handelt sich um Spieler, die prinzipiell ihre gesamte Zeit – mit Ausnahme absolut notwendiger anderer Tätigkeiten und der üblichen Schlafphasen – für das Spielen verwenden. Auch die anderen Angaben dieser Personen, beispielsweise zur Dauer einzelner Spielsessions, sonstiger Freizeitaktivitäten, Arbeitstätigkeit usw., befinden sich mit den extrem hohen Angaben zum Spielekonsum im Einklang: Das Spielen ist hier letztlich der klare Lebensmittelpunkt.

Tab. 1: Dauer/Spielen pro Woche nach Online-Genres (multiple Genre-Profile pro Person möglich)

	N	M (h)	max (h)	s (h)
Online-Spiele allgemein	680	19,8	105,0	17,6
Rollenspiele	441	20,5	100,0	17,2
Actionspiele	271	9,3	45,0	8,6
Strategiespiele	193	13,1	105,0	19,0
Sport-/Rennspiele	51	3,7	21,0	4,3

(Quelle: Quandt/Wimmer 2009: 180)

Bemerkenswert sind in diesem Zusammenhang Differenzen zwischen den verschiedenen Spielergruppen. So unterschieden sich Männer und Frauen in verschiedenen Parametern des Spielens. In der Hauptsache lässt sich dies auf unterschiedliche Genre-Präferenzen zurückführen: Während bei den Frauen beispielsweise Rollenspiele noch beliebter sind als bei Männern, erfreuen sich die netzbasierten First-Person-Shooter bei den Frauen keiner großen Resonanz. Online-Actionspiele sind eindeutig eine Männerdomäne. Auch das Alter spielt hier eine Rolle. Der Zuspruch zu Actionspielen ist bei Jugendlichen ebenfalls höher als bei Erwachsenen. Dies ist nicht unproblematisch: Gerade in diesem Genre findet man sehr viele Programme, die für Jugendliche nicht geeignet sind.

Tab. 2: Gespielte Online-Genres, differenziert nach Erwachsene versus Jugendliche (Mehrfachnennungen möglich)

Altersgruppe / Genre	Erwachsene	Jugendliche	*Gesamt*
Rollenspiele***	68,7%	65,3%	68,3%
Actionspiele**	44,0%	60,0%	45,8%
Strategiespiele***	35,1%	37,3%	35,4%
Sport-/Rennspiele***	14,2%	11,8%	14,0%*

(Quelle: Quandt/Wimmer 2009: 186)

Nickol und Wimmer (2012) arbeiteten in einer qualitativen Fallstudie drei Schlüsselkategorien heraus, mit denen das Zusammenspiel sozialer, situativer und personaler Kontexte bei der (idealtypischen) Nutzung von Online-Spielen charakterisiert werden kann: (1) Aus sozialer Sicht kann ein Online-Spiel als eine Schnittstelle für kommunikative Prozesse fungieren, Gesprächsstoff für den Alltag bereit stellen, ein Anknüpfungspunkt für neue Kontakte und/oder einen Ort für ein rollenspielerisches Handeln sein. Je mehr das Spiel in sozialen Kontexten verflochten ist, desto höher wird der Stellenwert im Alltag und desto größer kann auch der Zeitaufwand werden. Die Persistenz der Spielereignisse *und* der Kommunikationskanäle sind Spieleigenschaften, die zu diesen Entwicklungen beitragen. Die Etablierung und Pflege sozialer Beziehungen stellt dabei eine zentrale Verzahnungsebene zwischen der Spielwelt und der alltäglichen Lebenswelt dar.

(2) Eine große Rolle kommt den individuellen und dabei recht situationsspezifischen Integrationsstrategien zu. Im Zeitalter mobiler Medien kann ein Computerspiel kann praktisch überall gespielt werden und hält damit Einzug in viele verschiedene Sphären des Alltags. Es kann ein Tagesbegleiter sein bzw. frei verfügbare Stellen im Alltag füllen. Strategische Anpassungsstrategien sorgen dafür, dass manche Spiele einen größeren Erreichbarkeitsradius erlangen und durch Änderungen des natürlichen Tagesrhythmus verstärkt in den Alltag integriert werden. Hier ist ein Konfliktpotenzial in der Koordination mit anderen Aktivitäten zu erkennen. Die jeweilig gewählte Integrationsstrategie ist an die Beschaffenheit des Alltags gekoppelt, weshalb Änderungen der Alltagsstruktur

wie z. B. durch biografische Wendepunkte das Spielverhalten entscheidend beeinflussen können.

(3) Aus individueller Perspektive ist ein Computerspiel schließlich nicht nur durch den Akt des Login präsent, sondern auch kognitiv und emotional vor und nach der jeweiligen Spielesession – ein Umstand, der auf die Transferprozesse im Rahmen des Spielerlebens hinweist (vgl. ausführlich Kapitel 4.1). Dieser Aspekt unterstreicht die Breite der Aneignungsprozesse. Emotionale (parasoziale) Bindungen an die virtuellen Avatare können die Alltagspraktiken der Spieler u. U. stark beeinflussen. Auch der Aufwand für den Spielerfolg lässt unbewusst einen emotionalen Bezug zu dem Spiel entstehen und kann ihn bei Misserfolg (kurzfristig) aus dem real-weltlichen Gleichgewicht bringen.

Auf Basis solcher nutzungsbezogenen Erkenntnisse können auch Phasenmodelle entwickelt werden, um die typischen Spielphasen von Gamern zu beschreiben und verstehen zu können. Ein gutes Beispiel stellt das auf einer qualitativen Befragung beruhende Modell der Kommunikationswissenschaftlerinnen Gerit Götzenbrucker und Margarita Köhl (2009) dar: In der „Einstiegsphase“ orientiert sich ein Spieler in der Spielumgebung, während in der „Intensivierungsphase“ die Spielmechanismen übernommen werden. Die „Phase der sozialen Einbindung“ beschreibt schließlich die Einbettung in soziale Netzwerke und damit einhergehende Verpflichtungen. In der „Auslaufphase“ wird das Interesse langsam wieder verloren und die Intensität des Spielens lässt nach.

3.3 Computerspielen als Unterhaltungserleben

Wie lassen sich nun die Vielzahl positiver Gefühle (im Vergleich zu negativen) beim Computerspielen erklären? Welche Zustände begründen das Unterhaltungserleben vor allem vor dem Hintergrund, dass digitale Spiele im Kern Medien und keine Menschen sind? Unterhaltung ist nicht abhängig von einem bestimmten Stimulus bzw. dem Medieninhalt, sondern kann bei der Rezeption jedes Mediums auftreten. Mehrere Phänomene können aus kommunikationswissenschaftlicher Perspektive beobachtet und benannt werden, von denen an dieser Stelle nur die wichtigsten vorgestellt werden (vgl. ausführlich Wünsch/Jenderek 2009).

Das Phänomen der Identifikation umschreibt aus dieser Perspektive den Prozess des sich Hineinversetzens in das Spielgeschehen bzw. der Übernahme der Perspektive der Spielfigur (Avatar). Ein erster Indikator für diese Art von Transfer wäre beispielsweise eine alltägliche und nicht immer ganz ernst gemeinte Aussage wie „Oh nein! Ich werde angegriffen“ – in diesem Falle spricht der Spieler nämlich nicht von seiner Spielfigur, sondern von sich selbst. Hiervon ist die so genannte Parasoziale Interaktion abzugrenzen. Die Soziologen Donald Horton und Richard Wohl entwickelten dieses Konzept ursprünglich 1956 in ihrer interaktionistischen Fernsehtheorie („Mass communication and para-social interaction“): Ein medialer Akteur (z. B. ein bestimmter Schauspieler), der regelmäßig über das Fernsehen beobachtet wird, kann für den Zuschauer zu einer vertrauten Person werden bzw. es kann das Gefühl entstehen, den medialen Akteur real zu kennen. Dieses Konzept lässt sich gut auf das Phänomen Computerspiel übertragen. Auch die mediale Spielfigur – ob von einer realen Person gesteuert oder vom Computer generiert – kann für den Spieler zu einer realen Figur werden, zu der er eine Beziehung aufbaut und die er wie realweltliche Bekanntschaften behandelt. Mit Empathie wird in diesem Kontext die Fähigkeit beschrieben, sich gefühlsmäßig in andere Spielakteure hineinversetzen zu können; das können beispielsweise Mitspieler bei Online-Spielen aber auch computergesteuerte Figuren sein – die so genannten non player characters (NPC). Empathie und daraus resultierende (positive oder ablehnende) Einstellungen sind grundlegend für das Spannungserleben, für das Mitfiebern und das Hoffen auf einen i. d. R. positiven Ausgang des Spiels insgesamt oder eines einzelnen Spielabschnitts.

Dieser Spielprozess verweist darauf, dass eine konkrete Beziehung zwischen den Computerspielern und ihren Nutzern aufgebaut wird. Virtuelle Objekte, Akteure oder Repräsentationen der Spieler und/oder die Kommunikation mit ihnen werden – so die Annahme – vom Spieler im Akt des Spielens als wirklich empfunden. Eine darauf aufbauende These postuliert, dass diese Beziehungen auch konkrete Auswirkungen auf realweltliche Kontexte haben. So wird beispielsweise in der aktuellen Diskussion um die Wirkung von gewalthaltigen Computerspielen gerade auf das Abstumpfen der realweltlichen Empathiefähigkeit verwiesen (vgl. Kapitel 4.2).

Ein weiteres Rezeptionsphänomen ist die Akzeptanz der fiktionalen Darstellungen (suspension of disbelief). Ein Spiel wird dann als unterhaltsam empfunden, wenn der Spieler gewissermaßen vergessen bzw. ausblenden kann, dass das Spiel etwas Fiktionales ist. Eng verbunden damit ist das Präsenzerleben, die Illusion des „being there“ in den virtuellen Erlebniswelten. Dabei wird davon ausgegangen, dass durch das Interesse des Spielers (kognitives Involvement) der Grad an Aufmerksamkeit steigt und auf das Spiel gelenkt wird. Das hier erfolgende intensive Erleben von Computerspielen wird in der Literatur oftmals auch als Immersion, das Eintauchen in die virtuelle Realität, bezeichnet. Kritisch auf diese Bezeichnung bezugnehmend zeigt der Fotograf Robbie Cooper eindrucksvoll im Kurzfilm *Immersion* britische und US-amerikanische Kinder, die beim Computerspielen alles um sich herum vergessen (vgl. Abb. 13). In dieser 2008 für die New York Times entstandenen Auftragsarbeit wird dem Zuschauer plastisch vor Augen geführt, welche Sogwirkung Computerspiele auf ihre Spieler ausüben können. Mimik und Körperhaltung der Kinder und Jugendlichen sind lustig, entspannend, mitfiebernd, aber auch zum Teil erschrocken und verstört, und damit eine Warnung an alle Eltern, dass sie ihre Kinder nur altersgerechte Computerspiele nutzen lassen.

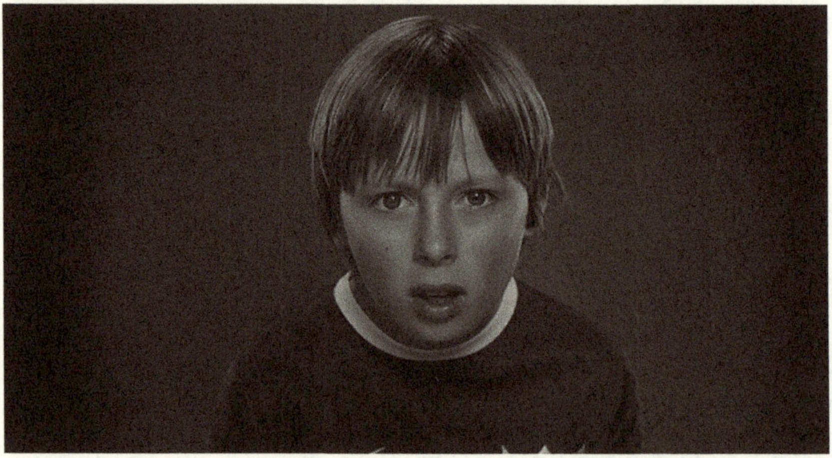

Abb. 13: „Game face" von Robbie Cooper

Ein weiteres Phänomen, das sich konkret auf das Zusammenwirken von Spieler und Spiel beziehen lässt, ist das Flow-Erleben. Mit Flow wird aus psychologischer Perspektive ein Zustand bezeichnet, indem der Computerspieler mit dem Geschehen am Bildschirm vollkommen verschmilzt. Dieser tritt allerdings nur ein, wenn die Herausforderungen des Spiels mit dem Leistungsvermögen des Spielers übereinstimmen. Dieser Zustand wird als angenehm empfunden, die Spielhandlungen folgen automatisch aufeinander:

> „Im Flow-Zustand folgt Handlung auf Handlung, und zwar nach einer inneren Logik, welche kein bewusstes Eingreifen von Seiten des Handelnden zu erfordern scheint. Er erlebt den Prozess als ein einheitliches ‚Fließen' von einem Augenblick zum nächsten, wobei er Meister seines Handelns ist und kaum eine Trennung zwi-

> schen sich und der Umwelt, zwischen Stimulus und Reaktion, oder zwischen Vergangenheit, Gegenwart und Zukunft verspürt." (Csikszentmihalyi 1992: 59)

Das Verschmelzen von Handlung und Bewusstsein führt aber auch dazu, dass das Zeitgefühl sowie das Bewusstsein für Verpflichtungen außerhalb des Spielgeschehens potenziell vergessen werden, wie dieses Zitat eines Computerspielers idealtypisch verdeutlicht:

> „Ja, also wenn ich das spiele, vergesse ich meist, was um mich herum geschieht, ich bin dann so mit der Sache beschäftigt, so damit verschmolzen irgendwo, ja da vergisst man halt einfach so, was drum herum geschieht. Ja und die Länge – mmh, weiß ich gar nicht, da guck ich doch nicht auf die Uhr, wie lange ich spiele, kann ich jetzt gar nicht sagen." (zit. n. Fritz 2005: o.S.)

Es muss ein Gleichgewicht zwischen den Handlungsanforderungen des Spiels und den eigenen Fähigkeiten bestehen. Wenn das Computerspiel zu hohe Anforderungen an einen Spieler stellt, tritt Frust und sogar Wut auf. Ist es ihm hingegen zu einfach, langweilt sich der Spieler schnell. Deswegen ist es in vielen Spielen möglich, den Schwierigkeitsgrad den eigenen Fähigkeiten anzupassen. In neueren Computerspielen wie z. B. dem Rennspiel *Need for Speed Shift* wird der Schwierigkeitsgrad auch anhand einer Proberunde automatisiert eingestellt. Der Spieler zeigt, was er kann und der Computer bewertet die Fähigkeiten. So kann quasi optimal ausbalanciert werden, wie man einen Flow-Zustand erreicht.

Inwieweit nun Computerspiele überhaupt genutzt oder auch intensiver erlebt werden als andere Medienangebote, hängt von mehreren Faktoren ab. Zum einen nimmt die Geschicklichkeit des Nutzers beim Spiel eine entscheidende Rolle ein: Erkennt der Spieler die ihm zur Verfügung stehenden Optionen? Hat er Erfahrungen mit Controllern und Joysticks, die taktile Reize weitergeben? Je nach Grad der Einschätzung dieser sensorischen Komplexität, ist der Spieler entweder irritiert oder hat mehr Spaß am Spiel. Eng verbunden mit der Immersion ist somit die Interaktivität des Mediums. Der Computerspielforscher James Newman (2002) spricht in diesem Zusammenhang von Interaktivität als Zusammenwirken von Spieler, Spiel (System) sowie der Spielwelt. Der Autor geht davon aus, dass die Interaktion von Spieler und Spiel nicht als abstraktes Input-Output-Modell gesehen werden kann. Vielmehr ergibt sich Interaktivität in Spielen dadurch, dass sowohl der Spieler sich aktiv einbringt, als auch, dass er in das Spiel eingeschlossen ist. Er bezeichnet Computerspielen daher auch als ‚on-line' (interaktives Spielen), im Gegensatz zu ‚off-line' (Rezeption des Spiels).

3.4 Alltag, Körper, Mediatisierung und Computerspiele

Nicht nur über die Implikationen der eben skizzierten individuellen Erlebniszustände wird in der öffentlichen Diskussion sehr kontrovers debattiert, sondern auch über die viel grundsätzlichere Frage, welche persönlichen und damit letztendlich sozialen Folgen es hat, dass menschliche Erfahrung und Praktiken in Computerspielwelten scheinbar rein virtueller Natur sind. Eine dabei oftmals postulierte Entkörperlichung führt aus kommunikationswissenschaftlicher Perspektive zu folgenden Anschlussfragen, die konkret beantwortbar sind:

- Wie sind die allein medienvermittelten sozialen Interaktions- und Kommunikationsprozesse in Computerspielwelten, die naturgemäß ohne die Möglichkeit der körperlichen Erfahrung (Berührungen etc.) auskommen müssen, zu bewerten?
- Welche Rückwirkungen bzw. Transfereffekte allgemein sind möglicherweise für das leibhaftige Agieren im Offline-Raum zu erwarten?

Die körperliche Wahrnehmung ist das grundlegende Fundament unseres Wissens über uns Selbst und die Welt (Polanyi 1967). So stellt besonders für Kinder die direkte physische Interaktion ein Schlüsselmedium für die kognitive Entwicklung dar. Für einen immer größer werdenden Teil der Bevölkerung nimmt allerdings das körperlose Agieren innerhalb virtueller Interaktions- und Kommunikationswelten mithilfe von technischen Eingabegeräten, die hier behandelten Computerspielwelten stellen nur einen Bruchteil dar, einen immer größeren Stellenwert ein. Die virtuelle Erfahrung kann die leibliche Erfahrung dabei nicht substituieren – da „der virtuelle Körper nicht in Form leiblicher Kommunikation und der hier bestehenden ‚passiven Betreffbarkeit' involviert ist, bleibt man Beobachter des virtuellen Stellvertreter-Körpers." (Pietraß 2010: 39)

Eine vollständige Entköperlichung der Sinneswahrnehmung ist aber zunächst grundsätzlich nicht zu befürchten, da diese auch in virtuellen Welten immer mit dem Körper des Spielers verbunden bleibt – wenn auch in anderen situativen Kontexten und mit differenten Prägekräften. So zeigt sich empirisch, dass Computerspieler sich auch im Rahmen (virtueller) Immersion körperlich involvieren und beanspruchen. Dies reicht von positiven Trainingseffekten bzw. Kompetenzerwerb, wie z. B. der Steigerung von sensomotorischen Fähigkeiten, räumlichen Vorstellungsvermögen, Reaktion oder Hand-Augen-Koordination, bis hin zu den in den Medien gerne zitierten Fällen von begleitenden physischen wie psychischen Mangelerscheinungen exzessiver Computerspieler (wie z. B.

fehlende körperliche Aktivitäten). Dieses Primat der Körperlichkeit auch in Bezug auf Computerspielwelten beschreibt die Pädagogin Manuela Pietraß (2010: 24): „Der Körper als Schnittstelle zur virtuellen Realität wird nach wie vor sinnlich erfahren, virtuelle Realität ist nicht rein geistig zu konzipieren."

Wenn man dem Computerspielforscher Martti Lahti (2003) folgt, sind für die Rezeption und Aneignung von Computerspielen die körperlichen Erfahrungen und Anstrengungen zentral. Ein gutes Beispiel hierfür sind Horrorcomputerspiele, die gezielt sinnlich erfahrbare Angstzustände beim Spieler anstreben, um dessen Immersion in das Spiel zu erleichtern. Es sind daher zwei Aspekte von Körperlichkeit im Computerspiel relevant (vgl. Lahti 2003: 165): die subjektive und damit leiblich erfahrbare Immersion des Spielers sowie die repräsentationelle Anwesenheit des Avatars in der jeweiligen Spielwelt. Ähnlich argumentiert der Computerspielforscher Barry Atkins (2006: 129), wenn er darauf verweist, dass bei der Analyse die Handlungen der Spieler und damit implizit die Mobilisierung der Körperlichkeit in den Vordergrund zu stellen sind, da es bei Computerspielen grundsätzlich um Interaktivität geht – ganz im Gegensatz zu massenmedialen Vermittlungsformen wie Film, Fernsehen etc. Diese Perspektive erscheint aktueller denn je, wenn man an die neue Generation der Spielkonsolen wie u. a. *Wii* oder *Xbox Kinect* und damit verbunden an das Genre der Exergames wie z. B. *Dance Dance Revolution* denkt, die Bewegung und Spiel miteinander verbinden.

Aus Sicht der Computerspieler stellt vor allem das Potenzial zum (virtuell) Aktiv-Werden den Reiz des interaktiven Mediums dar, was im klaren Gegensatz zur eher passiven Rezeption klassischer Massenmedien wie Radio oder Fernsehen steht. Die Nutzer können hier auf spielerische und leicht erreichbare Weise unter Umständen die Wirkmächtigkeit eigener Handlungen erfahren, die sie im Alltag nicht (mehr) in diesem Maße erleben können, sodass der Drang zum Eskapismus weiter gesteigert wird. Der Als-ob-Charakter der Computerspielwelten definiert neue Möglichkeitshorizonte und lässt sie als Experimentierräume und Wirklichkeitsmaschinen (Sherry Turkle) jenseits körperlicher und realweltlicher Widerstände fungieren. Diese werden aber nicht von allen Spielern in gleicher Weise (kompetent) genutzt, geschweige denn als solche überhaupt wahrgenommen. Das hier zu erkennende Identitätsverständnis kommt sicherlich nicht ohne Körperlichkeit aus, lässt diese aber in den Hintergrund rücken bzw. in einer neuen Qualität erscheinen.

Die (neuen) Körpererfahrungen sind beim Computerspielen natürlich zuallererst auf die eigene Person gerichtet, besitzen aber auch das Potenzial für eine zwischenmenschliche – und sinnlich erfahrbare – Kontaktaufnahme. Auch lassen sich längerfristige Prägekräfte diagnostizieren, wenn sich aus rein virtuellen Spielbeziehungen realweltliche Vergemeinschaftungsprozesse mit Face-to-face-Kontakten ergeben. Die in den Computerspielwelten gemachten Erfahrungen sind allerdings von den in realweltlichen Kommunikationsräumen gemachten qualitativ zu unterscheiden, da nicht nur die Körperkontakte, sondern generell alle Körpersinne wie Hören, Fühlen oder Sehen rein medienvermittelt sind. Alle Erfahrungen in Computerspielwelten sind somit letztlich symbolischer Natur (Deinet 2010: 47).

Die Pointe besteht darin, dass die Spielwelten grafisch gar nicht perfekt bzw. realistisch anmuten müssen, um diesen Reiz auszuüben, sondern es vielmehr auf das interaktive Gameplay ankommt. Ein oft verkannter Umstand, der sich beispielsweise deutlich am aktuellen Publikumserfolg von *Minecraft* zeigt. Dieses Open-World-Spiel bietet eine eigentlich anachronistisch erscheinende, relativ schlichte dreidimensionale Spielwelt, in welcher der Spieler mit Hilfe virtuelle Werkzeuge verschiedene Typen von Blöcken bearbeiten und platzieren kann. Ähnlich wie Kinder mit ihren Bauklötzen errichten die mehrheitlich älteren Computerspieler in diesem Spiel zahllose Fantasie-Landschaften.

Je nach Kontext ergänzen, erweitern oder substituieren Computerspielwelten– so lässt sich als Zwischenfazit ziehen – direkt erfahrbare und damit realweltliche Interaktion und Kommunikation. Die Basiseigenschaften von Computerspielen – Simulation, Interaktivität und Konnektivität – definieren neue Möglichkeitshorizonte für das Soziale, wobei die soziale Wirklichkeit generell immer weniger von körperlichen und immer mehr von medienvermittelten Praktiken hergestellt zu sein scheint. Diese generelle gesellschaftliche wie kulturelle Entwicklung kann man den Medienforschern Marianne van den Boomen et al. (2009: 7) folgend an der alljährlichen Wahl des Time Magazins zur „Person des Jahres" veranschaulichen. Zum ersten Mal in der Geschichte dieses traditionellen Preises wurde Anfang der 1980er Jahre der Computer zur „Machine of the Year 1982" gewählt. Auf dem Cover der Ausgabe sieht man einen PC auf einem Tisch und daneben – relativ passiv – einen sitzenden Mann, der etwas irritiert blickt. 2006 fiel die Wahl der Redaktion auf die interaktiven Nutzer des Internets – visualisiert durch einen Bildschirm, auf dem geschrieben steht: „YOU. Yes, you. You control the Information Age. Welcome to your world." Innerhalb von nur zwei Jahrzehnten sind digitale Medientechnologien wie z. B. das Computerspiel, denen wie oben skizziert utopische oder dystopische Charakteristika zugeschrieben wurden, zu alltäglichen Artefakten geworden, auch wenn wir sie heute noch oft „neue" Medien nennen. Glaubt man dem Titelbild des Time

Magazine sind sie zu einem Spiegel geworden, der uns und unsere Praktiken reflektiert.

Allerdings verkennt diese journalistische Einschätzung, dass wir nicht mehr die Gesellschaft darstellen wie vor knapp über 25 Jahren, und auch die Bedeutungskonstruktionen in unserer Alltagskultur eine andere sein kann (aber nicht immer muss). So schließt in der Gegenwart die Anthropologin Amber Case in ihrer TED-Rede den argumentativen Kreis, wenn sie die früheren Diskurse um Cyberspace und Cyborgs wiederbelebt. Sie verweist darauf, dass wir uns immer mehr auf digitalen Medientechnologien und Kommunikationsmedien im Alltag verlassen und diese für uns – vom Großteil der Bevölkerung unreflektiert – den Stellenwert von „external brains“ annehmen, d.h. wir sie nicht nur zur Kommunikation, oder zum Speichern von Kontaktdaten, sondern auch für unser mediatisiertes Leben generell nutzen.[5] Diese gesellschaftliche und kulturelle Realität steht klar im Gegensatz zu reduktionistischen Annahmen, die Medienwirkungen als relativ stabil und unbeeinflusst von der sich rasch verändernden Alltagswelt der Menschen sehen.

Als eine der Ersten machte die Soziologin Sherry Turkle darauf aufmerksam, dass Computerspieler in den verschiedenen mediatisierten Spielwelten des Cyberspace Erfahrungen machen, die in neuer Weise mit Körper und Bewusstsein im Zusammenhang stehen. Die von ihr in den 1990er Jahren diagnostizierten ersten Spuren von „Leben im Netz“ (Turkle 1998) sind mittlerweile aktuell einer allgegenwärtigen Medienübersättigung gewichen, die in zunehmenden Maße auch konkrete negative Folgen für das soziale Zusammenleben und das individuelle Wohlbefinden zur Folge hat (Turkle 2011). Diese Entwicklung zeigt sich u. a. klar an der Zunahme exzessiver Computerspielnutzung (vgl. Kapitel 4.3).

Die Computerspielforschung kann hier von dem Gedanken der Mediatisierung der Gesellschaft profitieren (vgl. für diese Argumentation grundlegend Simon 2006). Die Mediatisierungstheorie beschreibt generell einen komplexen Metaprozess des sozialen Wandels, der in den medialen Kommunikationspraktiken der Menschen angesiedelt ist und auch dort entspringt (Krotz 2007). Medien prägen die alltägliche Lebenswelt nicht nur im Moment ihrer Nutzung sondern auch in langfristiger Hinsicht durch ihre Kommunikationsprozesse und -inhalte, die wiederum die Auffassung der Lebenswelt verändern. Aus personaler Perspektive stellen sie Sozialisierungs- und Identitätsangebote dar und prägen das kommunikative Handeln der Menschen insgesamt (Krotz 1998: 112f.), sodass Alltag und Medienalltag bzw. Sozialisation und Mediensozialisation

[5] http://www.ted.com/talks/lang/ger/amber_case_we_are_all_cyborgs_now.html (01.01.2013).

analytisch kaum mehr trennbar sind. Auf alltagsweltlicher Ebene sind Medien somit konstitutiv für die personale Entwicklung und die Aufrechterhaltung des Sozialen (vgl. grundlegend Hepp 2011). Thomas und Krotz (2008: 28) verdeutlichen, dass sich konkrete Fragen der Mediennutzung und Medienwirkung nur im Kontext der damit verbundenen alltagskulturellen (Deutungs-)Praktiken in ganzheitlicher Weise erfassen lassen:

> „Medien sind von daher als soziale und kulturell gerichtete Institutionen, als Inszenierungsmaschinen und Erlebnisräume immer technisch entwickelte Angebote, die von den Menschen mit der Konsequenz einer zunehmenden Ausdifferenzierung ihrer Medienumgebungen genutzt und eben institutionalisiert werden, was dann umgekehrt auf Habitus, auf Kreativität und Deutung von Handlungen und Inhalten zurückwirkt."

Mediennutzung wird somit auf einer Mikroebene in Verbindung mit Alltagserfahrungen und auf einer Makroebene mit weitergehenden gesellschaftlichen wie kulturellen Wandlungsprozessen in Bezug gesetzt – eine Perspektive, die bisher in der Analyse von Computerspielen eine eher untergeordnete Rolle gespielt hat (vgl. Krotz 2009). Mit dieser theoretischen Neuausrichtung rückt die Analyse der Medienpraktiken bzw. der Alltag des Computerspielens verstärkt in den Fokus. Deren spezifische Realisierung kann mit dem Konzept der Medienkultur(en) theoretisch gefasst und empirisch untersucht werden (vgl. Hepp 2011, Thomas/Krotz 2008). Gemeint ist damit die komplexe, spannungsreiche und z.T. widersprüchliche Art und Weise der Einbettung von Kommunikationsmedien – deren Produktion, Regulation, Inhalte und/oder Aneignung – in ihre gesellschaftlich, kulturell, medientechnologisch und/oder historisch je individuellen Kontextfelder und deren Wandlungsprozesse.

Um die Alltagskultur des Computerspielens zu analysieren, bedarf es auch einer Präzisierung dieses Begriffs, da er wissenschaftlich unterschiedlich verwendet wird. Den Soziologen Peter L. Berger und Thomas Luckmann (1977) folgend kann Alltag als eine intersubjektive Wirklichkeit verstanden werden, die gesellschaftlich konstruiert ist und von den Menschen von unterschiedlichen Standpunkten aus als selbstverständlich wahrgenommen wird. Der Umgang mit Medien ist als Teil dieser Alltagswelt zu verstehen. Aus medienwissenschaftlicher Perspektive verweist Stephan Günzel (2011) neben der Bedeutung von Computerspielen in der Alltagswelt auf zwei weitere Dimensionen von Alltag: einerseits die Repräsentation von Alltag im Computerspiel, andererseits die Veralltäglichung von Computerspiel-Logik – z. B. im Sinne des Gamification-Trends, wo Alltagsabläufe und -handlungen ins Spielerische transformiert werden (sollen).

Lange Zeit galt das Zuhause als ein dominantes Analysefeld für alltägliche Mediennutzung. Der Ethnologe Hermann Bausinger rückte bereits 1983 in seinem grundlegenden Aufsatz „Alltag, Technik, Medien" das Heim der Familie Meier in das Zentrum seines Forschungsinteresses. Auf detaillierte Weise beschreibt er den Umgang des Herrn Meier mit der Sportschau im Kontext des Alltags und leitet allgemeine Schlüsse von seinen Beobachtungen ab. Schon früh macht Bausinger somit darauf aufmerksam, dass die Mediennutzung stark mit dem Alltag verflochten ist. Wesentlich ist die Erkenntnis, dass Medien nicht nur durch den primären Prozess der Medienaneignung, sondern auch durch Inhalte und Kommunikationsformen in die Routinen des Alltags integriert sind. Dabei durchkreuzen sich einerseits medien- und nichtmedienbezogenes Handeln, andererseits die von den Menschen als unhinterfragt angenommene Alltagswelt mit anderen Wirklichkeitsbereichen ihrer Lebenswelt wie z. B. Fantasie- oder Traumwelten (Schütz/Luckmann 1979). Bei digitalen Medien wie Computerspielen erscheint allerdings das Zuhause eine nicht hinreichende Kategorie der Aneignung. Vielmehr ist zu klären, wo und wie Medienaneignung noch erfolgt. So ist eine regelrechte Mobilisierung des Alltags festzustellen: „As modern societies become increasingly technology-mediated, we need to understand our daily interactions with technologies on the streets, in schools, in the town hall, the hospital, at home and in the office." (Berker et al. 2006: 2)

Sehr passend erscheint diese Argumentation nun bei Computerspielen, da diese nicht nur reine Unterhaltungsangebote darstellen, sondern auch im Prozess der Aneignung durch die Spieler wiederum auf ihre sozialen und kulturellen Kontexte, in denen sie eingebettet sind, zurückwirken. Da das Phänomen „Spiel" nicht nur eine zentrale anthropologische Konstante und damit – wie die Klassiker der Spieltheorie dargelegt haben – ein kulturprägendes Gut darstellt, sondern auch als eine wesentliche Quelle der menschlichen Selbsterfahrung zu verstehen ist, hat dessen mediatisierte Manifestation in Form der Computerspiele heutzutage einen nicht zu unterschätzenden Einfluss auf die individuelle Persönlichkeitsentwicklung und damit auch auf soziale und kulturelle Prozesse (vgl. grundlegend Krotz 2009). Ein idealtypisches Beispiel sind die verschiedenen virtuellen Interaktions- und Kommunikationsräume der Online-Spielwelten, die das Bewusstsein ihrer Spieler prägen. Das gilt für ihr Zeitgefühl, die Steuerung ihrer Aufmerksamkeit, die Formierung von Emotionalität, Relevanzen und Orientierungsmodellen. In diesem Sinne sollte die körperlose Immersion in Computerspielwelten immer auch als ein aktiver Akt realweltlicher Reproduktion mit sozialen und kulturellen Bezügen verstanden werden. Die konkreten und spielimmanenten Sozialaspekte werden im nächsten Kapitel aufgezeigt.

3.5 Computerspiele als soziales Spiel

Die Mehrheit der Computerspieler spielt nicht überwiegend allein – in der Berichterstattung oftmals negativ stigmatisiert als „Ego-Shooter“ – sondern seit jeher in irgendeiner Form mit anderen Spielern. So sind viele Formen eines sozialen Spiels beobachtbar, z. B. bei Online-Spielen, mobilen Spielen oder auf LAN-Partys. Wie beispielsweise Untersuchungen zum familiären Medienrepertoire zeigen, können Spielkonsolen wie die *Wii* als die digitale Fortführung traditioneller Gesellschaftsspiele wie z. B. *Mensch ärgere dich nicht* oder *Monopoly* verstanden werden. Im Gegensatz zu diesen älteren (analogen) Formen gemeinschaftlichen Spiels wurde der sozialen Einbettung des Computerspielens, die auch in der impliziten positiven Etikettierung eines Brettspiels als Gesellschaftsspiel zum Ausdruck kommt, in der öffentlichen Diskussion lange Zeit wenig Aufmerksamkeit eingeräumt. Dem sozialen Kontext des Computerspielens kommt allerdings aus zwei Gründen verstärkte Bedeutung zu: Einerseits weist ein Computer als Medium andere Eigenschaften auf als die klassischen Massenmedien. Wie im vorigen Kapitel dargelegt, machen seine spezifischen Merkmale ein Computerspiel zu einer neuen Form von interaktiver Kommunikation, die eine Prägkraft auf Alltagsleben und Identitätsprozesse der Spieler ausübt. Andererseits zeigen die verschiedenen Formen des vernetzten Spiels, dass Computerspielen immanent immer auch mit sozialem Handeln verbunden ist.

Im Gegensatz zur öffentlichen Diskussion wurden in der Forschung die sozialen Aspekte des Computerspielens schon frühzeitig neben den kompetitiven und immersiven Dimensionen als zentrale Eigenschaften des Spielerlebens und der Computerspielnutzung identifiziert. Ein genuines Beispiel für die Gemeinschaftsbildung über das vernetzte Computerspiel ist die LAN (Local Area Network)-Szene. Die Bezeichnung LAN impliziert bereits, dass hier nicht unbedingt über das Internet gespielt wird, sondern auch vor Ort über kleinere Netzwerke, die mit wenigen Rechnern aufgebaut werden. Gerade im Bereich der Online-Spiele sind eine Vielzahl sich selbst organisierender Vergemeinschaftungsprozesse auszumachen. Diese reichen von losen und spontanen Zusammenschlüssen über genre- oder technikspezifische Spieler-Netzwerke wie z. B. Modder bis hin zu strikt organisierten und lang andauernden vereinsähnlichen Zusammenschlüssen wie den so genannten Clans. Fritz (2003) spricht hier allgemein von virtuell agierenden Spielgemeinschaften, hinter denen sich allerdings eine Vielzahl von unterschiedlichen Varianten verbirgt.

In einem generellen Sinne werden mit dem Begriff virtuelle Gemeinschaften und soziale Gruppierungen im Internet bezeichnet, bei virtuellen Spielgemeinschaften handelt es sich entsprechend um eine spezifische Unterform. Die empirische Onlineforschung schreibt der virtuellen Gemeinschaft in der Regel folgende formale Eigenschaften zu: Ein Verbund von Menschen mit gemeinsamen Interessen, die mit gewisser Regelmäßigkeit und Verbindlichkeit auf computervermitteltem Wege Informationen austauschen und Kontakte knüpfen (Nicole Döring). Zur Kommunikation innerhalb virtueller Gemeinschaften und nach außen werden verschiedene digitale Kommunikationskanäle – wie E-Mail, Chat und Foren – genutzt. Diese Definition beinhaltet einerseits die Sichtweise von virtueller Gemeinschaft als einem Typus menschlicher Verbundenheit, die verschiedene Formen computervermittelter Kommunikation mit einbezieht und dadurch funktioniert. Andererseits ist computervermittelte Kommunikation erst als Voraussetzung für die Existenz einer virtuellen Gemeinschaft anzusehen.

Die Eigenschaften virtueller Spielergemeinschaften variieren stark, je nachdem um welche Technologien, Spielwelten und um welche Nutzergruppe es sich handelt. In diesen Gemeinschaften können einzelne Computerspieler zusammen mit anderen Gleichgesinnten off- wie online interagieren, kommunizieren und insbesondere im Mehrspielermodus ihrer Leidenschaft nachgehen – dem Eintauchen in virtuelle Spielewelten. Gerade im Bereich von Online-Spielen können abhängig vom Genre eine Vielzahl von virtuell agierenden Spielgemeinschaften identifiziert werden, so beispielsweise die so genannten Gilden im Bereich der Online-Rollenspiele (wie z. B. bei *WoW*, *Ultima Online* etc.), die Föderationen bei den Online-Sportspielen (wie z. B. *Hattrick*, *Goalunited* etc.) oder die Allianzen bei den Browser-Spielen (wie z. B. *Ogame*, *D-Wars* etc.). Nicht nur die gemeinschaftlichen Selbstzuschreibungen variieren von Spielwelt zu Spielwelt, auch die Sinnstrukturen virtueller Spielgemeinschaften unterscheiden sich je nach Spielgenre, teilweise aber auch zwischen Spielen eines Genres. So nennen sich die virtuellen Spielgemeinschaften im Online-Rollenspiel *Star Wars Galaxies* Associations oder im Online-Spiel *Final Fantasy XI* Linkshells. Im Bereich der First-Person-Shooter (wie z. B. *Doom*, *Quake* oder *Counter-Strike*) stellen die Clans den wohl populärsten und zugleich auch interessantesten Typus der Spielgemeinschaften dar, vor allem da die meisten Clans mittlerweile nicht nur First-Person-Shooter, sondern auch andere Spielgenres für sich entdeckt haben.

In der Anthropologie und in der Ethnologie werden mit dem Begriff Clan eigentlich stammesähnliche und vormoderne Gemeinschaftsformen bezeichnet, die größtenteils auf Verwandtschaft und stark hierarchischen und autoritären

Machtstrukturen beruhen. Im Alltagsgebrauch werden als Clans oft auch kriminelle Vereinigungen – als prominentester Namenspatron fungiert hier die Mafia – aber auch Straßen- bzw. Jugendgangs bezeichnet. Diese Begriffskonnotationen fanden sich gerade zu Beginn der Spielerszene in den Namen der Online-Spielgemeinschaften wieder. So gaben sich zahlreiche Clans gewalthaltige Namen wie z. B. *Team Ultraforce*, *Walking Dead*, *Against all Authority* oder *Death Knights*. Allerdings haben sich in der Zwischenzeit viele Clans von diesen Bedeutungsdimensionen nicht nur in ihrer Namensgebung ironisch distanziert – so nennen sich Clans aktuell z. B. *Stofftiere Online e.V.* oder *Mouse Sports* oder *Ninjas in Pyjamas* – sondern auch inhaltlich. Selbst bei Teams mit martialisch klingenden Namen stehen vor allem das gemeinschaftliche Spiel (Teamplay) und der spielerische Wettbewerb gegen andere Clans – nichtsdestotrotz recht militärisch ‚Clanwars' genannt – im Vordergrund.

Mittlerweile hat sich diese Art vernetzter digitaler Wettkämpfe unter dem Schlagwort eSport stark institutionalisiert und zum Teil sogar professionalisiert. So sollen über 35.000 bis 40.000 Clans mit geschätzten 1,5 Millionen Spielern allein in Deutschland existieren (Deutscher eSport Bund 2012). Unternehmen aus der Elektronik- und Softwareindustrie sponsern dabei große Clans und ermöglichen diesen beispielsweise Reisen zu Wettkämpfen in Übersee sowie neueste technische Ausrüstung. Deutschland- und weltweit bestehen mehrere große Ligen, in denen Clanwettbewerbe professionell unter bestimmten Ligaregeln ausgetragen werden (vgl. im Überblick Maric 2011).

Clans sind ein interessantes Beispiel der sozialen Einbettung des Computerspielens, da sie potenziell nicht nur Raum für virtuelle, sondern auch für reale Kommunikations- und Gemeinschaftsprozesse bieten. Sie sind wie andere Spielgemeinschaften auch stark mit den jeweils genrespezifischen Spielkulturen und bestimmten Jugendszenen verbunden. Der Grad der sozialen Verbindlichkeit ist dabei natürlich verschieden und reicht von sehr kurzfristigem Engagement bis hin zu Langzeit-Zugehörigkeiten, die natürlich auch mit entsprechenden – mitunter recht zeitintensiven – sozialen Verpflichtungen (Verabredungen zu Spielesessions, Unterstützung von Clanmitgliedern usf.) einhergehen.

Aus Sicht der Spieler oszilliert das Clanspielen stets zwischen Spaß und Ernst. Die Clans sind daher zwischen Hobby und semiprofessionell betriebener Sportart einzuordnen, wobei letzteres dem Selbstverständnis der meisten Clanspieler entspricht. Dementsprechend tragen sowohl die Leistung im Wettkampf als auch die Freundschaft zwischen den Clanmitgliedern zum Funktionieren eines Clans bei. Die meisten Clans wiederum haben beides – den Leistungs- und auch den Gemeinschaftsgedanken – zur ihrer Zielsetzung gemacht. Empirische

Analysen zeigen, dass viele Clans noch einen regelrechten Pioniercharakter haben, was sie für die jugendlichen Spieler sehr attraktiv macht. Denn für aktive und engagierte Clanmitglieder ergeben sich enorme Gestaltungsmöglichkeiten nicht nur bezüglich des Spielablaufs, sondern auch hinsichtlich der sozialen und kommunikativen Clanorganisation. Ein Beispiel dafür sind die zunehmende Zahl von Clans aus weiblichen Computerspielern, die oftmals aufgrund männlicher Vorurteile gegründet worden sind.

Das Clanspielen ist in Deutschland sicherlich noch ein soziales Randphänomen, sowohl im quantitativen Umfang der damit befassten Personengruppe als auch in der öffentlichen Thematisierung. Andererseits zeigen Beispiele aus anderen Ländern wie vor allem die eSport-Szene in Südkorea, dass sich das gemeinschaftliche Spielen durchaus zu einer realweltlichen Form von Sport entwickeln kann, der auch gesellschaftlich anerkannt wird. Insofern können eSport-Clans in gewisser Weise auch als eine mediatisierte Fortführung von Gemeinschaftsstrukturen verstanden werden, die im klassischen Sportbereich als Organisationsform Verein schon eine lange Tradition besitzen. Da die Organisation und Interaktion aber größtenteils im Virtuellen stattfinden, ergeben sich – wie oben gezeigt – neue Spezifika. Hiermit sind für die Spieler Chancen verbunden, wie z. B. die soziale Integration in Gemeinschaften, in denen körperliche Voraussetzungen und physische Leistungsfähigkeit kaum eine Rolle spielen, andererseits aber auch gewisse Risiken wie z. B. der hohe Zeitaufwand kombiniert mit starker Bindekraft der Spieltätigkeit, was mitunter bis hin zu suchtartigen Tendenzen führen kann. Studien wie von Wimmer et al. 2009 zeigen, dass die Ausgestaltung des Clanspielens dabei höchst unterschiedlich erfolgen kann, somit auch je nach persönlichen Voraussetzungen und individuellem Handeln positive wie negative Auswirkungen zu konstatieren sind.

An Computerspiel-Clans kann idealtypisch verdeutlicht werden, dass Interaktionen in Spielergemeinschaften sich generell eben nicht nur auf die genutzten Kommunikationsmedien, sondern auch auf übergreifende Alltagspraktiken ausdehnen können. Virtuelle Spielergemeinschaften stellen somit auch immer Kommunikationsgemeinschaften (Hubert Knoblauch) dar. Analysen von Gruppendynamiken in Online-Rollenspielen zeigen, dass eine gewisse „Nähe“, die das Entstehen sozialer Bindungen ermöglicht, wichtig für das langfristige Aufrechterhalten von Spielergemeinschaften ist.

Abb. 14: Clanspieler auf den World Cyber Games 2008 in Köln

Götzenbrucker (2001: 54ff.) stellt beispielsweise in einer frühen Analyse von textbasierten Online-Spielen – so genannte MUDs – fest, dass der Zusammenschluss auf Basis vorgelagerter Lebensstile und Werthaltungen erfolgt, weniger auf Face-to-Face-Kontakten. Der soziale Zusammenhalt wird insbesondere durch die Ausbildung von Konventionen verstärkt. Es sind also weniger die Spielhandlungen als die gemeinsam etablierten Normen und Konventionen, die Spielergemeinschaften entstehen lassen. Vergemeinschaftungsprozesse können sich auch aus dem virtuellen Umfeld in die Realität verlagern. Das Interesse vieler Spieler an Sozialkontakten fördert einen Rückbezug an geografische Orte und realweltliche Beziehungen, wobei sich dann die neuen Beziehungen häufig durch ihren Geselligkeitscharakter auszeichnen. So sind Real Life-Treffen in Form von Partys oder Stammtischen für viele Spielegenres charakteristisch.

3.6 Computerspielkulturen

Mit den skizzierten sozialen Charakteristika stark verwoben handelt es sich beim Computerspielen auch um ein höchst kommunikatives Phänomen, das auf komplexe Weise in einer weltweiten, vielschichtigen und zumeist oft nur virtuellen Spielkultur eingebettet ist. Große Spielevents wie die jährlichen *World Cyber Games* (*WCG*) machen die globale Spielszene gesellschaftsweit in Realität sichtbar und greifbar. Die *WCG* sind vermutlich das größte und bekannteste Computerspielevent der Welt und werden seit dem Jahr 2000 von der koreanischen Agentur *International Cyber Marketing* organisiert. 2008 fanden die *WCG* erstmalig auch in Deutschland in Köln statt (vgl. Abb. 15).

Abb. 15: World Cyber Games 2008 in Köln

Aus analytischer Perspektive kann man Computerspielkultur in Anlehnung an den Kommunikationswissenschaftler Andreas Hepp (2011) als einen immer bedeutender werdenden Teilaspekt aktueller Medienkultur verstehen, deren primäre Bedeutungsressource sich in Computerspielen manifestiert und die vor allem mittels technischer Kommunikationsmedien wie z. B. Handhelds oder

Konsolen vermittelt und zur Verfügung gestellt wird. Zum Verständnis der Genese von Computerspielkulturen hilft es, sich die verschiedenen, vor allem medial vermittelten Artikulationsebenen von Computerspielkultur in einem Kreislauf verschränkt vorzustellen (vgl. Abb. 16).

Eine Orientierung an dem Kreislauf der Medienkultur (Hepp 2011) macht dabei zwei wichtige analytische Einsichten deutlich: Einerseits wird die prozesshafte Genese der Bedeutungsprozesse im Rahmen von Computerspielnutzung ersichtlich und andererseits der alle Sinngehalte prägende ökonomische Kontext der Spielindustrie. Die verschiedenen Dimensionen, die mit dem Konzept der Medienkultur erfasst werden können, liefern das Wissen darüber, welches Potenzial bzw. welche Wirkkräfte Computerspiele entfalten können. Es sollen an dieser Stelle im Anschluss an Hepp (2011) fünf spezifische Prozessebenen differenziert werden, wenngleich noch weitere denkbar wären:

- Die Ebene der (ökonomischen) (Re-)Produktion von und innerhalb von Computerspielen beschreibt „die Strukturen, Praktiken und Prozesse der ‚Hervorbringung' von Kulturprodukten." (ebd.) Bezogen auf Spiele bezeichnet diese Ebene vor allem den Bereich der Spielindustrie und damit auch insbesondere der Spielentwicklung.
- Mit Repräsentation wird die „Artikulationsebene der ‚Darstellung' von Kultur in Kulturprodukten" bezeichnet (ebd.). Bei Computerspielen geht es auf dieser Artikulationsebene beispielsweise insbesondere um die Darstellung von Gewalt oder Geschlechterrollen in Spielen, deren Bedeutungszuschreibung durch die Computerspieler, aber auch um die Darstellung von Computerspielen im öffentlichen Diskurs.
- Der Begriff der Aneignung bezeichnet grundsätzlich den Prozess des „aktiven ‚Sich-Zu-Eigen-Machens'" von Kultur (ebd.). Eine Vielzahl von Online-Spielen sind mit Medienkulturen verknüpft, in denen das Spiel in ‚communities of practice' – informellen Lerngemeinschaften – eingebettet ist und man durch den Austausch mit anderen Spielern das Rüstzeug für das Computerspielen erwirbt – ein Prozess, der beispielsweise an der Entstehung von Normen und Regeln innerhalb bestimmter Spielergemeinschaften wie idealtypisch den Computerspiel-Clans deutlich wird.
- Regulation stellt „die Artikulationsebene von Kultur dar, die Einflussnahmen nichtproduzierender Institutionen und Formationen (beispielsweise Politik) auf Kultur fasst." (ebd.) Bezogen auf Computerspiele geht es hier also zum

Beispiel um gesetzliche Bestimmungen über Spielinhalte oder die Festlegung von Altersgrenzen zum Jugendschutz durch die USK.

- Identifikation bezeichnet „die Artikulationsebene von Kultur, die den (fortlaufenden) Prozess der Konstitution von Identität auf Basis vermittelter Muster und Diskurse beschreibt." (ebd.) Sichtbar wird diese Artikulationsebene beispielweise bei Mitgliedern eines Computerspiel-Clans, die bestimmte Kleidungsstücke tragen oder Redeweisen verwenden, um damit ihre Clan- oder Szenenzugehörigkeit auszudrücken und sich von Nicht-Computerspielern abzugrenzen.

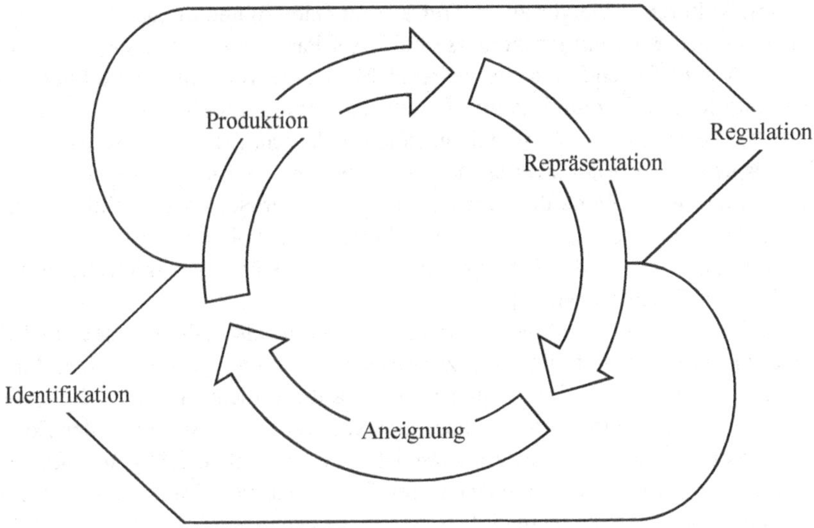

Abb. 16: Kreislauf der Medienkultur (in Anlehnung an Hepp 2011)

Um zu erfassen, was unter Spielkultur in Bezug auf Computerspiele konkret verstanden werden kann, ist es sinnvoll, auch die Überlegungen von Computerspielforscher Frans Mäyrä (2008) aufzunehmen. Ihm zufolge sollte der Fokus der Game Studies auf der Interaktion zwischen Spiel und Spieler sowie auf dem sich daraus ergebenden Kontext liegen. Durch die verschiedenen Aspekte von Spielkultur wird das Spielerleben in realweltliche Kontexte eingebunden und der Bedeutungscharakter des Spielens generiert. Computerspielkultur(en) beziehen sich somit aus Aneignungsperspektive auf folgende grundlegende analytische Dimensionen: (1) Die verschiedenen Weisen und zum Teil höchst differenzierten Praktiken des täglichen Umgangs mit Computerspielen, (2) die damit zusammenhängenden jeweils recht unterschiedlichen Erlebnisse und Erfahrungen und (3) deren Einbettung in den Alltag der Spieler.

Für Mäyrä (2008: 28) werden Spielkulturen als spezifische Subkulturen der Spielaneignung analytisch greifbar – wie z. B. LAN-Gamer oder Modder: „Game cultures are often recognized as subcultures organized around games and playing, bringing together enthusiastic players who organize in their speech and behaviour the meanings attached to these play forms." Diesbezüglich besonders detailliert erforscht sind, wie im vorigen Kapitel skizziert, die Rituale der Computerspielkulturen – wie vor allem Treffen von Gamern und die damit einhergehenden Vergemeinschaftungsprozesse bei LAN-Partys oder anderen Real Life-Treffen. Mäyrä folgend sind die weiteren Merkmale von Spielsubkulturen (1) bestimmte Redeweisen und damit die jeweils subkulturell spezifische Verwendung von Begriffen und Verständigungsmöglichkeiten, (2) besondere Artefakte wie beispielsweise originalverpackte Spiele, bestimmte Bücher oder Poster zu einem Spiel, über welche die Identifikation mit einer Subkultur sichtbar wird, (3) bestimmte Erinnerungsstücke an individuelle oder kollektive Spielerlebnisse und (4) kollektive Orte der Reflexion und des Dialogs über das Spielerleben wie z. B. Internet-Diskussionsforen.

Die Erforschung von Spielkultur in ihrer Rolle als (oftmals jugendliche) Subkultur vernachlässigt allerdings zum Einen die „schweigende Mehrheit" der Gelegenheitsspieler und deren Spielerleben, da diese nicht über die Merkmale von Subkulturen sichtbar werden, aber nichtsdestotrotz die Mehrzahl der Computerspieler ausmachen. Zum Anderen ist auch zu berücksichtigen, dass die Grenzen zwischen den verschiedenen Manifestationen von Spielkultur nicht als feststehend oder gar als essentialistisch zu verstehen sind, sondern vielmehr allein Ausdruck sich stetig verschiebender und verändernder Bedeutungsprozesse darstellen. So sind neben den skizzierten Subkulturen im Sinne spezifischer Spielgemeinschaften u. a. folgende konkrete Erscheinungen von Spielkultur empirisch beobachtbar: (1) individuelle Spielerkulturen, die besondere Spielertypen und die z. T. höchst differenzierten Spielarten umfassen wie z. B. das Phänomen des Retro-Gaming bzw. die Vorliebe für Computerspieleklassiker aus den 1970er und 1980er Jahren. Daneben existiert (2) eine umfangreiche Computerspielmetakultur. Darunter ist v. a. der künstlerisch-kreative Umgang mit Computerspielen im Rahmen medialer Praktiken zu verstehen. Dies reicht u.

a. von mit Hilfe von Computerspiel-Software selbstproduzierten Kurzfilmen (Machinima), wie z. B. die auf der *Halo*-Game Engine basierenden filmischen Kurzgeschichten *Red vs. Blue* (www.redvsblue.com), über diverse und unfassbar kreative Fan-Kulturen zu diversen Spielen wie z. B. *Super Mario Bros.* (www.superbabymario.blogspot.com), bis hin zu der technisch-begeisterten Szene der Computerspiel-Modder. Auf einer gesamtgesellschaftlichen Ebene können Computerspiele und die von ihnen hervorgebrachten Ikonen wie z. B. *Lara Croft* oder *Pac-Man* zwar sehr wohl als treibende Kraft einer weltumspannenden und konvergenten Unterhaltungsindustrie, gleichzeitig aber auch als Kulturgüter verstanden werden.
Alle diese knapp skizzierten Dimensionen des Phänomens Computerspiel können auch auf verschiedenen Komplexitätsebenen gedacht werden, die sich um das eigentliche Spielerleben herum gruppieren (vgl. Abb. 17).

Empirische Studien verdeutlichen, dass Computerspielkultur heutzutage einen höchst ambivalenten Charakter besitzt. Diesen Prozess zeigen Wimmer et al. 2010 eindrücklich am Phänomen eSport und den *World Cyber Games (WCG)*. Während die *WCG* und ihre Ausscheidungswettkämpfe vor Ort quasi als ein gigantisches LAN stattfinden, werden die offiziellen Wettbewerbsspiele des eSport wie z. B. *Command & Conquer 3* oder *Counter-Strike* von abertausenden Jugendlichen weltweit täglich in ihrer Freizeit gespielt. Anders als bei anderen Sportevents haben sich die Disziplinen der *WCG* allerdings nicht aus einer Tradition heraus entwickelt. Gespielt werden nur solche Spiele, die ökonomisch erfolgreich sind. Diese Art der Kommerzialisierung ist einzigartig für die *WCG* und auf anderen Sportevents in dieser Form nicht zu finden. Da die Spieler, aber auch hunderttausende von Jugendlichen zuhause, sich immer wieder neue Spielversionen zulegen müssen, um fortlaufend an den Wettkämpfen der *WCG* teilnehmen zu können, erzielen die Spielhersteller somit auch einen Profit durch ein permanentes Updaten der Spielversionen. Das führt u. U. auch dazu, dass erst wenige Monate vorher bekannt gegeben wird, welche Version des Spiels auf den *WCG* nun tatsächlich gespielt wird. Zum Teil werden auch ältere Versionen von Computerspielen gespielt, was mit dem Training der Spieler in der jeweiligen Version zusammenhängt und wieder an die Parallelen zum traditionellen Sport erinnert.

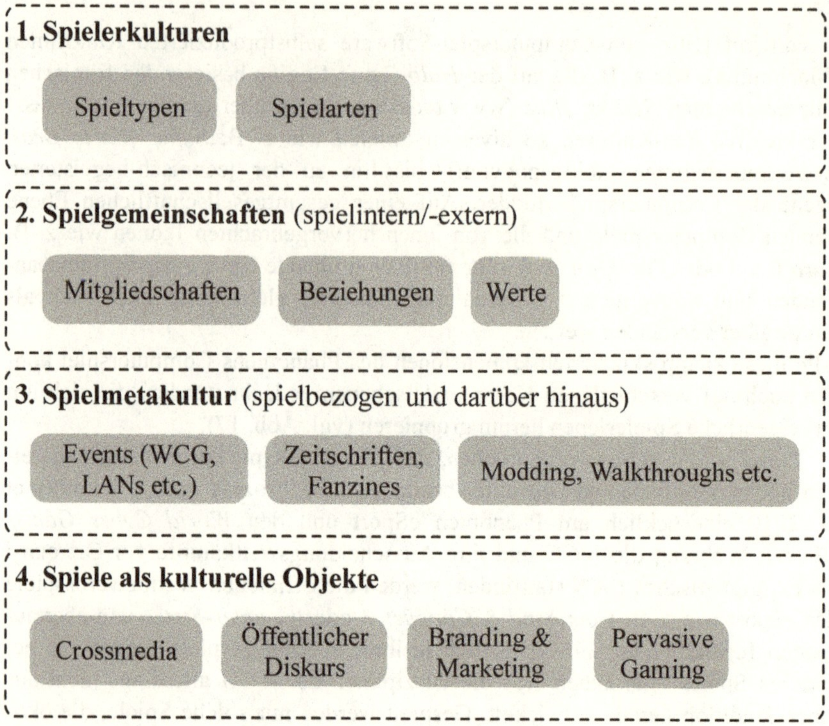

Abb. 17: Ebenen von Computerspielkultur

Wimmer et al. (2010) arbeiten eine weitere grundlegende Spannung bzw. Bedeutungsdimension des Spielevents heraus. Einerseits haben die *WCG* als Event aufgrund des deterritorialen Charakters der Computerspielkultur und der kommunikativen Vermittlungsmechanismen gerade von Onlinespielen einen stark translokalen Bezug, der auch von den Organisatoren und PR-Akteuren (über-)betont wird. Zugleich findet auf dem Spielevent aber auch ein stete territoriale Identifikation statt, die auf symbolischer Ebene durch nationale Referenzpunkte z. B. durch die Verwendung von Hymnen und Flaggen deutlich wird. Die Erfahrung des individuellen Spiels in einem lokalen und alltäglichen Kontext ist somit strukturell an ein transnationales und dabei höchst kommerzialisiertes Spielsystem gebunden. Das Ausmaß an Popularität einzelner Spieler ist gleichzeitig ein immenser Pool sowohl an potenziellen Teilnehmern als auch an Publikum. Agenturen haben diese Anziehungskraft geschickt marktgerecht kapitalisiert, so dass mittlerweile ein harter Wettbewerb um die Ausrichtung der regelmäßig stattfindenden und zum Teil ziemlich lukrativen Turniere entstanden ist. Das Ansehen von eSport hat allerdings kaum an der zunehmenden Ökonomisierung gelitten. Im Gegenteil: Für viele Gamer ist dieser Prozess ein Zeichen für die gesellschaftliche Anerkennung und Etablierung von Computerspielen. Die Unterhaltungsindustrie, die hinter dem Spielevent und hinter den einzelnen Wettbewerbsspielen steht, scheint so in der alltäglichen Praxis des Spielens domestiziert zu sein. Mit Hilfe der zunehmenden Kommerzialisierung und Professionalisierung von Computerspielkultur im Sinne von eSport hat auch eine Veränderung auf der strukturellen Ebene der Produktion von Spielkultur stattgefunden. Es wird immer weniger wichtig, in welchem Land beispielsweise die *WCG* ausgetragen werden: Die Hauptsponsoren und die Computerspiele sind global vertreten, die grundlegenden Strukturen gegeben und das Event soll so ähnlich wie möglich, unabhängig davon in welchem Land es stattfindet, gestaltet sein. Zusammenfassend lässt sich sagen, dass allein ein vor allem ökonomisch begründetes Bemühen seitens der Organisation zu erkennen ist, die *WCG* als Event einer eigenen, transnationalen Spielkultur zu präsentieren, denn seitens der Gamer wird das Spielevent auf der Ebene der Aneignung noch durchaus stark in nationalen Bezügen empfunden.

4 Wie wirken Computerspiele?

4.1 Kontexte und Transferleistungen

Die kommunikationswissenschaftliche Medienwirkungsforschung kann auf eine lange Tradition und mannigfaltige Analysen zurückblicken. So differenziert beispielsweise Heinz Bonfadelli (1999) die vielfältigen Wirkungsebenen, Wirkungsfelder und Wirkungsmodalitäten, mit denen sich die Forschung in unterschiedlicher Schwerpunktsetzung beschäftigt hat. Winfried Schulz (2009) arbeitet diesbezüglich zwei unterschiedliche Gebrauchsweisen des Wirkungsbegriffs heraus: Einerseits wird Wirkung als Begriff synonym zu positiv wie auch negativ konnotierten gesellschaftlichen (Folge-)Prozessen wie Integration, Kultivierung oder gar Mediatisierung verwendet, andererseits werden damit spezifische Effekte auf der Mikro- und/oder Mesoebene öffentlicher Kommunikation wie das Priming oder Framing benannt. So fokussierte der Mainstream der Wirkungsforschung lange Zeit eher personale Medienwirkungen als Einflüsse auf gesellschaftlicher Ebene, was Hans Mathias Kepplinger (2008: 333) mit der psychologischen Grundlegung der Medienwirkungsforschung rechtfertigt:

> „Ein Grund hierfür besteht darin, dass die Lerntheorie nach wie vor die unausgesprochene Grundlage der meisten Ansätze der Medienwirkungsforschung ist. Auf ihr beruhen die Agenda-Setting-These, die Wissenskluft-These, die Kultivierungs-These, die Diffusionsforschung usw. Von den Annahmen der Lerntheorie ausgehend liefert die Medienwirkungsforschung kausale Erklärungen der Wirkung der Massenmedien. Eine Bedingung für kausale Erklärungen ist die zeitliche Reihenfolge von Ursache und Wirkung: Die Ursache muss der Wirkung vorausgehen."

Dominant ist also sowohl die Annahme linearer Ereignisfolgen und als auch die Vorstellung eines von seiner kontextuellen Einbettung als isoliert zu betrachtenden Individuums. Schulz (2009) verweist allerdings auch auf die „Metamorphosen des Wirkungskonzepts" und eine damit einhergehende Expansion und Entgrenzung traditioneller Wirkungsforschung. Diesen Gedanken implizit aufgreifend postuliert Bonfadelli (2008: 844) die aktuelle Allgegenwärtigkeit und Alltäglichkeit von Medienwirkungen, die in der internationalen Forschung oft auch als „mediation of everything" oder „media saturation" gesellschaftlicher Zusammenhänge bezeichnet wird, gemeint ist damit die zunehmende Durchdringung bzw. sogar „Übersättigung“ der Gesellschaft durch mediale Vermittlung:

> „Oft wird die scheinbar banale Tatsache übersehen, dass die wichtigste Medienwirkung darin besteht, dass die Medien zu einem alltäglichen Bestandteil des Lebens der meisten Menschen geworden sind, einen unverzichtbaren Stellenwert im Tagesablauf haben und diesen in Form von Ritualen auch mehr oder weniger strukturieren.“

Unser Alltag hat sich also mittlerweile zu einem Medienalltag gewandelt. Wie natürlich erscheint uns daher der intensive Gebrauch traditioneller Massenmedien wie Zeitung, Radio und Fernsehen aber auch der verschiedenen digitalen Kommunikationsmedien wie Internet, Mobiltelefonen oder Computerspielen. Ebenso selbstverständlich – so die oft postulierte plausible Annahme der Wirkungsforschung – sei nun auch die durchdringende Wirkkraft der Medien bzw. von Computerspielen. So dominieren in öffentlichen Diskursen und z. T. auch in der empirischen Kommunikationsforschung noch immer oftmals (unausgesprochene) monokausale und unterkomplexe Wirkungsvermutungen. Diese gehen implizit mit technikdeterministischen Vorstellungen einher, wie sie idealtypisch z. B. in der Debatte um die Wirkung von Computerspielen offenbar werden. Analog dazu sind die Erträge der klassischen Wirkungsforschung zwar vielfältig, aber zum Teil als recht widersprüchlich und gerade vor dem Hintergrund der als allgegenwärtig unterstellten Wirkungsvermutungen als nicht wirklich zufriedenstellend zu bezeichnen (vgl. Schulz 2009: 103). Dieser auf die empirische Wirkungsforschung allgemein bezogene Einwand von Schulz kann auf zwei konkrete Anforderungen für die zukünftige „Wirk-“Analyse von Computerspielen zugespitzt: Einerseits die Notwendigkeit der je spezifisch ausfallenden Konkretisierung eines bemerkenswert oft unscharfen Wirkungsbegriffs und damit verbundener impliziter Wirkungsannahmen und andererseits die Anbindung von Medienwirkungen an jeweilig recht unterschiedliche kulturelle, soziale wie technologische Kontexte, die selbst wiederum in komplexe Wandlungsprozesse im Sinne von Medien- und Kulturwandel eingebettet sind (vgl. Krotz 2011).

Der Medienwissenschaftler Hartmut Winkler (1999) macht in diesem Kontext grundsätzlich deutlich, dass Medientechnologien keineswegs nur als Werkzeug oder Voraussetzung kommunikativer Prozesse anzusehen sind. Überspitzt als ‚Henne-Ei-Problem‘ tituliert, differenziert er einerseits technikdeterministische ‚Henne-Positionen‘ von anthropologischen ‚Ei-Positionen‘, die jeweils die Rolle der Technik aufgrund ihrer Prämissen über- bzw. unterschätzen. Ein Großteil der Forschung erscheint auch lange Zeit von diesen Dichotomien geprägt, die sich aber bei näherem Hinsehen als Chimären entpuppen. Denn es handelt sich – so führt Winkler weiter aus – um zwei theoretische Paradigmen, die streng genommen nur jeweilig eine Seite der Medaille fokussieren und vielmehr in wechselseitiger Ergänzung gedacht werden müssen.

Im Kontext der von Manuel Castells inspirierten Debatten um die zunehmende Durchdringung gesellschaftlicher Bereiche durch digitale Informations- und Kommunikationstechnologien und dem Aufkommen einer Netzwerk- und Informationsgesellschaft, in den Debatten um das Entstehen einer transmedialen Konvergenzkultur (Henry Jenkins) und um die Mediatisierung der alltäglichen Lebenswelt (Friedrich Krotz) erscheint diese lang gepflegte theoretische Dichotomie überwunden. Mit Hilfe des Netzwerk-Gedankens kann der oft gepflegte Dualismus zwischen Technologie und Gesellschaft bzw. Kultur bewältigt und die Wichtigkeit des Verständnisses des Ineinandergreifens von Gesellschaft und ihrer Technologien fokussiert werden. Es erscheint somit der sozialen und kulturellen Realität angemessener, von einem komplexen Gefüge medientechnologischen, kommunikativen und soziokulturellen Wandels auszugehen. Ähnliches gilt für die Computerspieleindustrie, da ihre Organisations- und Entwicklungsprozesse nicht von den technologischen Grundlagen digitaler Anwendungen (wie vor allem technische Dienste, Protokolle oder Game Engines) allein determiniert sind, sondern sich im Gegenteil kontextuell sehr vielfältig gestalten (können) (vgl. Kapitel 5.2). Denn grundsätzlich gilt auch, dass sich der gesellschaftliche und kulturelle Charakter der (digitalen) Kommunikationsmedien in den letzten Jahrzehnten mehr und rascher denn je verändert hat (vgl. Hartmann/Krotz 2010: 249).

Diese sowohl kontextualisierende als auch kulturorientierte Analyseperspektive erweitert den Fokus zahlreicher Wirkungsstudien zu Computerspielen, da nicht mehr allein die Folgen von Nutzungs- und Rezeptionssituationen in den Blick genommen werden, sondern auch die Einbettung von Computerspielnutzung in ihre individuellen Entstehungs-, Gegenwarts- und Folgekontexte (vgl. Abb. 18). Sie prüft damit nicht das grundsätzliche Zustandekommen von Kommunikations- und Medieneffekten im Sinne eines vermuteten spezifischen Kausalitätszusammenhangs (‚Ob'), sondern versucht in ganzheitlicher Weise das ‚Wie',‚Warum' und „Mit welchen Folgen' der Nutzung von Computerspielen im Sinne von subjektiven wie sozialen Bedeutungskonstruktionen deutlich zu machen. Gerade unter dem Eindruck der diagnostizierten Allgegenwärtigkeit und zunehmenden gesellschaftlichen wie kulturellen Relevanz von digitaler Medienkommunikation im Allgemeinen und von Computerspielnutzung im

Besonderen kann die Berücksichtigung dieser Analyseperspektive dazu beitragen, den Gültigkeitsbereich traditioneller Wirkungsforschung zu erweitern.

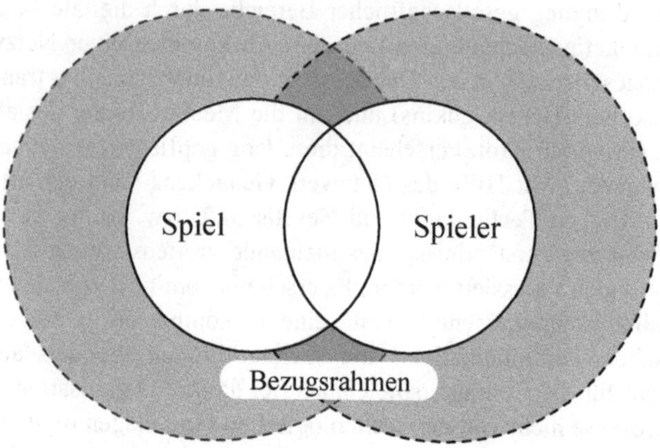

Abb. 18: Kontexte des Computerspielens

Die stete analytische Berücksichtigung der Kontexte, die sich aber nicht nur auf die Ausgestaltung des empirischen Vorgehens bezieht, sondern selbstreflexiv auch auf die theoretische Grundlegung und Zielsetzung einer Studie, stellt wohl den grundlegenden Unterschied zu einer aus dieser Sicht als „unkritisch" empfundenen Wirkungsforschung dar. Konkret kann damit Kritik an einer sich mechanistisch gebärenden Ursache-Folgen-Relation und damit an einem an naturwissenschaftlichem Denken orientierten Wirkungsbegriff geübt werden. Denn aus Sicht einer kultur- und gesellschaftsorientierten Kommunikationswissenschaft blendet diese Perspektive die in Kommunikationsprozessen realisierten und z. T. recht widersprüchlichen Deutungsleistungen und Interaktionen der Subjekte schlichtweg aus. Durch diese Form von Komplexitätsreduktion ermöglicht sie überhaupt erst eine eindeutige Rückführbarkeit von Wirkungen auf vorausgegangene Ereignisse bzw. konstruiert somit die Eindeutigkeit von Wirkungen. Am prominentesten führt die Kulturwissenschaftlerin Ien Ang (1999: 318) diese Kritik aus:

> „Im Mainstream der Kommunikationsforschung, der ‚objektives' Wissen durch die Überprüfung generalisierbarer Hypothesen mit Hilfe von konventionellen sozialwissenschaftlichen Methoden anhäuft, wird ‚Kultur' vorwiegend im behavioristischen Sinne aufgefasst. (...) Ihr positivistisches Intercsse an der Medienkultur ist jedoch in vielerlei Hinsicht nicht mit dem Anliegen der Cultural Studies vereinbar. Letztere behandeln ‚Kultur' nicht einfach als einen isolierten Gegenstand der Kommunikationsforschung. Ihnen geht es um die widersprüchlichen und sich kontinuierlich vollziehenden sozialen Prozesse von kultureller Produktion, Zirkulation und Konsum und nicht um ‚Kultur' als ein mehr oder weniger statisches und objektiviertes Gebäude von Ideen, Überzeugungen und Verhaltensweisen. Die Cultural Studies arbeiten deshalb auf der Grundlage völlig anderer Prinzipien: Sie befassen sich mit den historisch entstandenen und spezifischen Bedeutungen und weniger mit allgemeinen Verhaltenstypologien, sind eher prozess- als ergebnisorientiert und verfahren interpretativ statt erklärend."

Die in Kapitel 3 skizzierte Entwicklung der sozialen Nutzung von Computerspielen veranschaulicht, dass sie längst fester Bestandteil der Alltagswelt vieler Menschen sind. Davon ausgehend ist zu fragen, wie nun in welchen Kontexten und mit welchen Grenzverschiebungen die Aneignung eines Computerspiels vollzogen wird? Übernommen wird hier der Grundgedanke, dass es eine relevante Fragestellung ist, inwieweit sich ein Medium in alltägliche Routinen einschreibt und auf welchen Ebenen dieser Prozess erfolgt. Die Einsicht, dass Computerspielen nicht losgelöst von anderen Wirklichkeitsbereichen stattfindet, sondern in reale Kontexte eingebettet ist, konkretisieren die Computerspielforscher Geoff King und Tanya Krzywinska (2006: 38):

> „Gameplay does not exist in a vacuum, any more than games do as a whole. It is situated instead, within a matrix of potential meaning-creating frameworks. These can operate both at a local level, in the specific associations generated by a particular episode of gameplay and in the context of broader social, cultural and ideological resonances."

Diese soziale Einbettung vollzieht sich nicht nur, da sie von den Spielern so konstruiert wird, sondern auch dadurch, dass neue Spieltechnologien wie z. B. Spielkonsolen für Zuhause oder für Unterwegs, dass das Spielerlebnis immer auch in sozial-räumlichen Kontexten – im Wohnzimmer, in der S-Bahn etc. – vermittelt wird.

In den Game Studies prägte lange Zeit das auf Huizinga zurückgehende Konzept des Magic Circle, also der Grenze zwischen Spiel und Nichtspiel, das Verständnis von Spielerleben. In ihrem Standardwerk verdeutlichen die Spieldesigner Katie Salen und Eric Zimmermann (2004: 95f.) diesen eher statischen und formalistischen Ansatz, der noch klar zwischen einer Spiel- und Alltagsrealität differenziert:

> „To play a game means entering into a magic circle, or perhaps creating one as a game begins. (...) The term magic circle is appropriate because there is in fact something genuinely magical that happens when a game begins. (...) Within the magic circle, special meanings accrue and cluster around objects and behaviors. In effect, a new reality is created, defined by the rules of the game and inhabited by its players.“

Vor diesem knapp skizzierten Hintergrund richten seit dem Plädoyer des Ethnologen Tom Boellstorff (2006) für ethnografisch ausgerichtete Game Studies zahlreiche und in ihrer Gesamtheit fast nicht mehr rezipierbare Studien ihren Fokus auf die subjektive Bedeutung von Computerspielen im Alltag. In der Auseinandersetzung mit Huizingas Axiomatik machen sie die Einbettung des Spielerlebens in die Alltagsroutinen und die mitunter recht dynamischen bzw. abrupt ablaufenden ‚Grenzwechsel' zwischen Spiel- und Alltagswelt und Spiel- und Alltagssinn greifbar (z. B. Taylor 2006, Copier 2009). So können beispielsweise die Computerspielforscher Daniel Pargman und Peter Jakobsson (2008: 238) mit Hilfe einer teilnehmenden Beobachtung die kommunikativen Fähigkeiten der Computerspieler gut verdeutlichen: einerseits zu einem raschen und dabei Sinngrenzen überschreitenden Spiel, anderseits zu einer stark spielerischen Kommunikation untereinander. Diese Beobachtung fassen sie theoretisch der Rahmentheorie von Erving Goffman folgend mit unterschiedlichen Rahmungen des Medienhandelns:

> „There is nothing magical about switching between roles. It is something we do all the time and can literally be done at the blink of an eye. It is analogous to ‚code-switching', i.e. the way that a bilingual person can switch between languages unproblematically if the situation so demands it. (…) Thus a player, Alan, can be deeply involved in a discussion about game-related issues ('I need to understand how spawn points work') and then say that he 'needs to go to the bathroom' without confusion breaking out among the other players. They all understand that Alan switched frame and the comment about the spawn point was uttered by Alan-the-player while the comment about the bathroom was uttered by Alan-the-person. On top of this, Alan juggles yet another frame, that of Lohar-the-mighty-warrior (played by Alan-the-player). Lohar has yet other needs (…)."

Es geht insgesamt bei der Frage nach der Transformation vom Virtuellen ins Reale um ein Geflecht unterschiedlicher Einflüsse. Bisher ist die Frage nach diesem Ineinandergreifen von Virtualität und Realität hauptsächlich auf die Wirkung von digitalen Spielen und auf Vergemeinschaftungsprozesse in Online-Rollenspielen bezogen worden. In ihrer Analyse von Spielegemeinschaften in MUD-Spielen, den Vorgängern der Online-Rollenspiele aus den 1980er Jahren, prägt Götzenbrucker (2001) erstmalig den Begriff des ‚spill over'. Sie beschreibt damit eine Verlagerung bzw. Art „Überschwappen“ virtueller Gemeinschaften in die reale Umgebung, die zum Beispiel in Form von Stammtischen ausgelebt wird. Denkbar ist aber auch, dass solche Verlagerungsprozesse umgekehrt stattfinden:

> „Eher anzunehmen ist der umgekehrte Transfer von der realen Welt in die virtuelle Spielwelt. Menschen neigen dazu, in virtuellen Spielwelten das zu wiederholen, was ihr Interesse auch in der realen Welt geweckt hat. Sie koppeln sich und ihren biografischen Hintergrund mit den verschiedenen Angeboten aus virtuellen Spielwelten." (Fritz 2005, o. S.)

Um das Verständnis von der Alltagswelt in Bezug auf Online-Spiele weiter spezifizieren zu können, wird in der Forschung oft auf das Transfermodell von Fritz (1997, 2011) zurückgegriffen. Das Modell thematisiert die Austauschprozesse zwischen Medien- und Realwelt und distanziert sich von generellen Aussagen über die Wirkung von Computerspielen, da es sowohl die individuelle Sozialisation und aktuelle Lebenslage der Spieler als auch das Anregungspotenzial des Computerspiels berücksichtigt. Medial ausgebildete Schemata werden dabei nicht ohne weiteres in die Realität übertragen. Mit der Vorstellung einer strukturellen Kopplung beschreibt das Modell, wie der Nutzer die Angebote eines Computerspiels mit seinen Erwartungen abgleicht. Die Beschaffenheit dieser individuellen Anforderungen an das Spiel hängt stark vom jeweiligen Lebenskontext ab. Präferenzen, Persönlichkeitsmerkmale sowie konkrete Lebenssituationen können einen Bezug zu bestimmten Computerspielen bieten wie z. B. eine Vorliebe für Fußball auch zur Nutzung einer Fußball-Simulation.

Fritz bezieht sich hier auf die Phänomenologen Alfred Schütz und Thomas Luckmann und bezeichnet das umfassende Konzept der Lebenswelt als den Bezugsrahmen für Bewegungsprozesse zwischen unterschiedlichen Lebensarealen, zu denen auch die virtuelle Welt gehört. Diese verschiedenen Bereiche sind wechselseitig aufeinander bezogen. Mit Transferprozessen charakterisiert Fritz (2011: 97ff.) nun konkrete Verlagerungen zwischen zwei Kontexten (Arealen), die wiederum Transformationen miteinschließen können. In der einen Welt ausgebildete Schemata können so auch einem anderen Lebensareal zugeordnet werden. Eines dieser Areale ist die virtuelle Spielwelt, die Teil der alltäglichen Lebenswelt ist, sich aber als eine andere soziotechnische Umgebung von der Realität unterscheidet, da sie eine weitere Handlungsumgebung offeriert. Ein Beispiel für die dabei zum Vorschein kommende untrennbare Verknüpfung von Kultur und Technologie, von Mensch und Maschine, zeigt sich auch auf der Ebene zwischenmenschlicher Kommunikation in Computerspielwelten, in denen menschliche Avatare von computergesteuerten nur schwer unterschieden werden können. Aus der Perspektive der Spieler wird diese Differenz auch nur relevant, wenn der Spielspaß beeinträchtigt wird. Spuren aus der virtuellen Welt in der Realität können Emotionen oder auch Sachinformationen sein, die in einem Gespräch angewandt werden, möglicherweise auch Handlungsmuster. Entscheidend ist, dass die Transfers durch die Rahmungskompetenz des Nutzers auf Angemessenheit geprüft werden, also dass der Computerspieler virtuelle Gegebenheiten und Charakteristika nicht mit realweltlichen verwechselt und vice versa. Fritz (2011: 95) folgert daher, dass die Annahme einfacher bzw. deterministischer Kausalbeziehungen zwischen Medienangebot und Nutzer der Komplexität der differenziert zu analysierenden Transfers im Gesamtrahmen eines Wirkungsgefüges nicht gerecht wird.

Der Transfer von Elementen eines Computerspiels in den Alltag kann aber nicht nur auf der Ebene von angewandten Handlungsschemata gesehen werden. Phänomene wie im Alltag stattfindende Gespräche über das Lieblingsspiel oder die bereits vorgestellten Real Life-Treffen sind ebenfalls als Transfer oder Verzahnung von online und offline zu sehen. In einer ethnografisch orientierten Analyse des Browser-Spiels *OGame* stellt Fritz fest, dass nicht das Spiel den Alltag verdrängt, sondern dass der Alltag den Spieler immer wieder einholt, indem die Forderungen im Real Life keine Zeit mehr für das Spiel zulassen. Es kann aber auch eine Art Balance zwischen Spiel und virtuellen Aktivitäten eintreten: Im günstigsten Fall ergänzen sich die reale Welt und die virtuelle Spielwelt sogar (Fritz 2009).

Ein anderes Beispiel liefern Nickol und Wimmer (2012) mit ihrer medienethnografisch orientierten Analyse des Browser-Spiels *Hattrick*, in der sie aufzeigen, wie dieses digitale Fußballmanagerspiel mit anderen Aspekten der Alltagswelt seiner Spieler verbunden ist. Diese Fallstudie kann Transfereffekte auf mentaler und emotionaler Ebene identifizieren. Es zeigt sich sogar im Extremfall, dass bei manchen Spielern der Alltag stark von strategischen Gedankengängen begleitet ist, um sie dann im Spiel umzusetzen. Dieses „Tüfteln" an Taktiken wird insofern aus dem Spiel in das reale Umfeld verlagert, als dass die Computerspieler selbst Rechnungen anstellen, um die Spielentwicklungen zu optimieren. Nickol und Wimmer identifizieren im Einzelfall spezifische kommunikative Konstellationen, in denen das Spiel die Gedanken der Nutzer beansprucht. So denkt eine Befragte oft über das von ihr gespielte Spiel nach, während sie das Mittagsessen zubereitet, „[w]eil die Kinder (...) spielen miteinander und dann kann ich da stehen und rühren, das ist sehr meditativ kochen, und dann denke ich halt über mein Team nach." Bei einem anderen Spieler treten spielstrategische Gedankengänge grundsätzlich beim Autofahren auf. Diese Aktivität ist eine Art engagierten Handelns, die sich durch ein hohes Maß an Selbstbezogenheit auszeichnet, da die sozialen Aspekte des Spielens in den Hintergrund rücken. Durch bestimmte Faktoren wird die Präsenz des Spiels im Alltag verstärkt: einerseits durch spezifische Spielabläufe, in denen es bestimmte Umbruchphasen gibt, andererseits durch unvorhersehbare Spielereignisse, die oftmaliges Einloggen in die Spielwelt nötig machen.

Bezüglich der emotionalen Kopplung an das Spiel differenzieren Nickol und Wimmer zwei Aspekte, da ein emotionaler Bezug zum Spiel an sich oder den im Spiel simulierten Fußballspielern als Spielfiguren entstehen kann (vgl. Kapitel 3.3). An diesem Punkt treten parasoziale Tendenzen auf, wenn Spieler u. a. von „meine Jungs" oder ähnlichem sprechen bzw. eine ‚Trennung' vollzogen wird, wie ein Spieler zugibt: „Vor zwei Jahren habe ich mein Team unmittelbar vor einem Jobwechsel und der bevorstehenden Hochzeit auf Platz 1 der Liga V verlassen."

Was bedeutet es nun konkret, dass das Phänomen des Computerspielens zunehmend eine soziale Funktion im Alltag ihrer Spieler übernimmt, dass es unterschiedlich integriert wird und dass es Gedankengänge und Emotionen besetzen kann? Empirische Studien zeigen, dass manche Spiele eine erstaunliche Präsenz in den Gedanken der Nutzer einnehmen können und sich dabei auch in Situationen manifestieren, in denen Computerspieler sich nicht in der Spielwelt befinden oder in Gesellschaft anderer (Mit-)Spieler sind. Diese Form von Bindung trifft besonders – wie in Kapitel 3.5 gezeigt – auf Online-Spielwelten zu. Die in ihnen beständig stattfindende Kommunikation und medienvermittelte soziale Interaktion scheinen ein genereller Spielanreiz zu sein, von dem auch besonders die Computerspieleindustrie profitiert. Denn diese Prozesse binden Spieler langfristig und erhöhen auch deren Zahlungsbereitschaft.

Die Frage nach der Verschränkung von Spielwelt und den anderen Arealen der Alltagswelt lässt insgesamt viele interessante Anschlussfragen entstehen. Nicht wenige Computerspieler können als Extremfälle charakterisiert werden, was die Bedeutung von Computerspielen in ihrem Alltag anbelangt. Die Beschäftigung mit dem Spiel endet nicht, wenn die Spiel-Session beendet und der Computer oder die Konsole ausgeschaltet wird. Spieler denken weiterhin daran, stellen sich vor, träumen sogar von Spiel-Ereignissen und ihren Charakteren; mit Spielen besonders eng verbundene Fans gehen noch weiter und treten Online-Communities bei und schreiben in Foren. Für manche mag ein Online-Spiel wie *Moorhuhn* eine banale Nebentätigkeit im Alltag sein oder gar nicht existieren. Für andere aber ist es mehr als nur ein Spiel. Die virtuellen Erlebniswelten der Computerspiele werden somit Teil der alltäglichen Lebenswelt. Computerspielen bedeutet also viel mehr als nur ein digitales Spiel zu spielen. Ein Unterschied zwischen der virtuellen und realweltlichen Handlungssphäre ist allerdings aufrecht zu erhalten. Inwieweit nun das Eine Teil des Anderen werden kann, wie andere Alltagsbereiche mit der Spielwelt verzahnt sind, soll nun am spezifischen Beispiel der Gewaltwirkung diskutiert werden.

4.2 Zur Gewaltwirkung von Computerspielen

Die Wirkung von medialen Gewaltdarstellungen beschäftigt die Kommunikationswissenschaft seit jeher. So finden sich schon im 17. Jahrhundert bei Kaspar Stieler oder zu Beginn des 20. Jahrhunderts bei Alfred Döblin Reflexionen über das Ausmaß der gesellschaftlichen Folgen unangemessener Medieninhalte. Der Grund ist offensichtlich: Schon immer hat die mediale Darstellung von Gewalt Menschen in ihren Bann gezogen. Überlagert wird dieser Prozess von den jeweilig spezifischen Medieneigenschaften und gesellschaftlichen Rahmenbedingungen. In der Moderne hat daher die Kommunikationswissenschaft den Gewaltdarstellungen in Film und Fernsehen und deren Effekten enorme Aufmerksamkeit geschenkt. Obwohl Gewalt in Computerspielen schon zu Beginn der 1980er Jahre gesellschaftlich kontrovers diskutierte wurde, wurden dagegen Computerspiele und deren Inhalte, Rezeption und Wirkung lange Zeit wissenschaftlich nicht systematisch erforscht.

Schlüsselereignisse wie z. B. die Gewalttaten im April 1999 an der Columbine Highschool in Littleton (USA), im April 2002 am Erfurter Gutenberggymnasium oder im November 2006, als ein 18-jähriger ehemaliger Schüler einer Realschule in Emsdetten fünf Personen schwer verletzte, rückte die Frage der Wirkung von gewalthaltigen Computerspielen wiederholt in den medialen Fokus – und damit auch auf die politische Agenda. Zurückzuführen ist die immens gestiegene öffentliche Aufmerksamkeit auf die oft kolportierte Vermutung, dass alle jugendlichen Täter begeisterte Spieler von First-Person-Shootern wie *Doom*, *Quake* oder *Counter-Strike* gewesen sein sollen und die Nutzung solcher Spiele die Gewaltakte regelrecht entfacht habe. So fordern manche Politiker ein Verbot so genannter Killerspiele, Psychologen warnen vor der „Verwahrlosung durch Computerspiele", gerade der männlichen und gering gebildeten Jugendlichen, die – so die Warnungen – oftmals in ‚suchtartigem Spielverhalten' resultiert, und Gehirnforscher plädieren in Gerichtsuntersuchungen auf eine verminderte Steuerungsfähigkeit von Tätern, wenn diese vor Straftaten übermäßig brutale Videospiele gespielt haben. Gewalthaltigen Computerspielen werden somit implizit immens größere negative Effekte zugerechnet als anderen violenten Medieninhalten.

Aus der im vorangegangen Kapitel entfalteten Perspektive verweist die Frage nach der Wirkung von gewalthaltigen Computerspielen allerdings nicht auf eine einfache Kausalbeziehung, sondern vielmehr auf einen komplexen – und damit immer auf einen als ambivalent zu bewertenden – Transferprozess, der sich zwischen den jeweils sehr unterschiedlichen Spielinhalten und dem Alltagsleben der Spieler entfaltet. Die Effekte von Gewaltdarstellungen in Computerspielen können daher nicht allein auf einzelne Wirkungs- oder Nutzungsaspekte reduziert und damit monokausal erklärt werden, sondern berühren vielmehr mehrere analytische Dimensionen, von denen die drei wichtigsten genannt werden sollen:

- Spielgewalt: Um jegliche Form von Wirkung besser verstehen zu können, muss man erstens grundlegend danach fragen, was überhaupt als Gewaltdarstellung in Computerspielen gilt. So argumentieren manche Autoren, dass ‚Gewalt' in Computerspielen extrem vereinfacht oder in der Form grotesk überzeichneter Comics repräsentiert wird, und damit auch von den Rezipienten nicht als Schädigung wahrgenommen wird – ein Beispiel wäre das vor ein paar Jahren äußerst beliebte und mit gutem Recht grundsätzlich auch als „Gewaltspiel" bzw. First-Person-Shooter zu bezeichnende Casual Game *Moorhuhn*, da hier Schusshandlungen nachvollzogen werden. Zu unterscheiden sind diese Darstellungen von den mittlerweile fotorealistischen Spielen, die kriegerische oder andere Gewaltakte nachstellen, und an sich als Spiele für Erwachsene bzw. Computerkriegsspiele zu bezeichnen sind. Ein bekanntes Beispiel dafür ist in der Gegenwart *Call of Duty: Modern Warfare 2*, das aufgrund expliziter Spielszenen 2009 kontrovers diskutiert wurde (vgl. Abb. 19). Von einer funktionierenden gesellschaftlichen Distributionskontrolle gerade des letztgenannten Spielgenres ist nicht zu reden. Ganz im Gegenteil: Ein großer Teil der Verkaufsschlager unter den Computerspielen kommt ohne explizite Darstellung von Gewalt und ihren diversen Manifestationen (Schießen, Leid, Opfer etc.) nicht mehr aus. So wird geschätzt, dass mehr als die Hälfte aller Computerspiele problematische Inhalte aufweisen. Darüber hinaus hat die Ästhetik von Computerspielen – oftmals verbunden mit hohem Aggressionspotenzial – nicht nur seit langem Einzug in den Mainstream wie z. B. in Hollywood-Filmen wie *Gamer* oder Spielshows wie *Human Tetris* gehalten, sondern reflektiert auch den zentralen Stellenwert von Gewaltdarstellungen in der gegenwärtigen Unterhaltungskultur. Die gesellschaftliche und medienkulturelle Einbettung von (gewalthaltigen) Computerspielen zeigt sich auch daran, dass diese für immer breitere Zielgruppen entwickelt werden. Die postulierte negative Wirkung von gewalthaltigen Computerspielen ist damit nicht nur eine medienpädagogische oder juristische Fragestellung, sondern auch eine kulturelle und moralische Problematik, nicht nur weil Computerspiele wiederum ein Abbild der gesellschaftlichen Normen und Werte sein können.

Abb. 19: Screenshot Call of Duty – Modern Warfare 2

- Komplexer Transferprozess: Wie im vorangegangen Kapitel skizziert ist das Verständnis und die Beschreibung der Wirkung von Computerspielen als eine Art Transfer zwischen der virtuellen Spielwelten und der Realwelt der Spieler sehr plausibel. Ob die durch das Spielen erhaltenen Sinneseindrücke verhaltenswirksam werden, hängt u. a. von der Kompetenz der Spieler und vom Identifikationspotenzial der Computerspielfiguren ab. Die Ganzheitlichkeit dieses Interaktionsprozesses wird daher auch nur durch eine komplexe Theorie darstellbar. Der Großteil bisheriger Wirkungsstudien deckt bislang allerdings nur einen Bereich zufriedenstellend ab: den der kurzfristigen Effekte von Gewaltdarstellungen. Idealtypisch dafür ist der vielzitierte medienpsychologische Befund, dass gewalthaltige Computerspiele unter bestimmten Bedingungen kurzfristig zu gesteigerter innerer Erregung und zu aggressiven

Neigungen führen können. Die empirische Forschungslage lässt sich abschließend daher nur zu der Aussage zusammenfassen, dass man eben nicht von einer Monokausalität ausgehen kann (vgl. Kunczik/Zipfel 2004).

- Kontextfaktoren: Der Befund der Komplexität der Medienwirkung lenkt den Blick auf die – in diesem Zusammenhang wahrscheinlich wichtigste – Frage nach den Faktoren, die den Transferprozess zwischen den spezifischen Inhalten der Spiele und ihren Spielern mit ihren höchst unterschiedlichen Eigenschaften und Bedürfnissen beeinflussen. Spielen an sich ist zentraler Bestandteil des sozialen Lebens und erfüllt damit bestimmte kulturelle Funktionen. Da Computerspiele andere Eigenschaften als klassische Massen- und Kommunikationsmedien aufweisen, kommt dem Kontext des Spielens größere Bedeutung zu. Gerade das Merkmal der Interaktivität macht Computerspiele zu einer neuen Form computervermittelter Kommunikation, die starken Einfluss auf Alltagsleben und Identitätsprozesse ausübt. Nichtsdestotrotz können viele Studien die Normalität und Kreativität des Computerspielens verdeutlichen, welche einige Meinungsführer nur schwer akzeptieren können, da ihnen oft der Zugang zu Computerspielen fehlt. Darüber hinaus ist es plausibel anzunehmen, dass die Mehrheit der Kinder und Jugendlichen sich aktiv den Spielen zuwendet, die ihren momentanen Bedürfnissen entsprechen. Computerspiele können daher stark sinn- und beziehungsstiftend sein. Die Uneinheitlichkeit der Befunde zur Gewaltwirkung verwundert letztendlich nicht, da die individuellen Unterschiede der Rezipienten hinsichtlich ihrer Bedürfnisse und Motive zum Computerspielen eine entscheidende Rolle beim Einfluss eben dieser besitzen. Aber nicht nur die Zuwendungsmotive der Spieler sind von Relevanz beim Ausmaß der Gewaltwirkung, sondern auch die Aneignung der Spielinhalte – also der Frage, wie die Spieler die kontrovers diskutierten First-Person-Shooter in ihr Alltagsleben integrieren und die Spieldarstellungen als ‚gewalttätig' empfinden und wahrnehmen.

Die hier grob skizzierten Dimensionen und Erkenntnisse führen zu der Schlussfolgerung, dass die Analyse der Wirkung gewalthaltiger Computerspiele nur sinnvoll ist, wenn sie das gesamte Lebensumfeld der Spieler und deren Integration der Computerspiele in ihr Alltagsleben in den Blick nimmt und sich eben nicht auf einzelne Spielsituationen und spezifisches Spielverhalten beschränkt. Übernommen wird hier der zu Beginn knapp skizzierte Grundgedanke kulturtheoretischer Mediatisierungsforschung, dass es eine relevante Fragestellung ist, inwieweit sich ein Medium in alltägliche Routinen einschreibt und auf welchen Ebenen dieser Prozess erfolgt. Die virtuellen Erlebniswelten der Computerspiele sind als Bestandteile der alltäglichen Lebenswelt zu verstehen. Die Nutzung und damit die Prägkraft der Computerspiele bezieht sich somit auf die zum Teil höchst differenzierten Praktiken des täglichen Umgangs, die damit zusammenhängenden jeweils recht unterschiedlichen, individuellen Erfahrungen wie auch auf deren Einbettung in die Alltagswelt der Spieler, die vor dem Hintergrund der Mediatisierung zu rekonstruieren ist. Mit der Bezugnahme auf das Transfermodell können diese Interaktions- und Transformationsprozesse im Rahmen des Spielerlebens detaillierter ausgelotet werden.

Diese differenzierte Analyseperspektive auf die Wirkung gewalthaltiger Computerspiele macht implizit das Potenzial der Kommunikationswissenschaft deutlich. Diese ist durch ihre Berücksichtigung der mannigfaltigen Aspekte des Transferprozesses zwischen Computerspielen und ihren Nutzern eine integrative, weil analytisch umfassende, Betrachtungsweise. Die Eigenschaften digitaler Spiele und die rasante technische Entwicklung stellt die Kommunikationswissenschaft allerdings vor die Herausforderung, dass die früheren Befunde der Gewaltforschung nicht eins zu eins auf das neue Medium übertragen werden können. Die Komplexität des Interaktionsprozesses lässt keine einfachen Antworten erwarten und erfordert komplexere Erklärungsansätze und Forschungsdesigns als bisher in der Gewaltforschung üblich. Darüber hinaus werden in der öffentlichen Diskussion und mitunter in der Forschung gewalthaltige Spiele und ihre negativen Effekte auf Problemgruppen überbetont, andere Spiel- und Spielertypen sowie positive Effekte vernachlässigt. Computerspiele und deren Nutzung sind für eine solche Reduktion allerdings viel zu mannigfaltig. Neben der Vielzahl von Kinder- und Lernspielen, die – wie medienpädagogische Studien zeigen – zu einem vernetzten Denken anregen, verdeutlichen Entwicklungen wie z. B. Online-Spiele das enorme soziale Potenzial von Computerspielen zur Gemeinschaftsbildung (vgl. Kapitel 3.5). Ein zentraler Forschungsbereich in der Kommunikationswissenschaft fokussiert daher auch weniger die Gewaltfrage als vielmehr die sozialisierenden und kultivierenden Effekte von Computerspielen, d. h. beispielsweise konkret, welche Informationen und Werte werden vermittelt und welche Persuasionskraft können diese fiktiven Erzählungen erlangen.

Es lässt sich schlussfolgern, dass man Computerspielen nicht allein eine starke Wirkkraft unterstellen sollte, sondern dass in ihnen auch stets gesellschaftliche und individuelle Bedürfnisse, Interessen und Konflikte zum Ausdruck kommen. Theoretisch und empirisch stehen daher nun nicht mehr allein spezifische Medientechnologien und/oder spezifische mediale Vermittlungs-, Rezeptions- und Wirkungsprozesse im Fokus der Analyse, sondern verstärkt auch die kommunikativen Praktiken und Identitätsprozesse, die sich darauf beziehen (vgl. Kapitel 3.4). Dies gilt in einem besonderen Maße für die Diskussion um Gewalt und Computerspiele.

4.3 Exzessives Computerspielen als Teil digitaler Medienkultur

In der gesellschaftlichen Debatte um Computerspiele stoßen neben der gewaltfördernden Wirkung vor allem das vermeintliche Suchtpotenzial auf großes öffentliches Interesse. Schlagzeilen wie „60 Stunden pro Woche: Job weg, Ehekrise, Depressionen" (Bild.de 2011) finden sich regelmäßig in der medialen Berichterstattung. Aus kommunikationswissenschaftlicher Sicht erscheint diese Form der Berichterstattung zu vereinfacht, denn hinter den häufig verwendeten Bezeichnungen „Sucht" und „Abhängigkeit" verbergen sich weitaus facettenreichere und damit komplexere Kommunikationsprozesse und Medienphänomene, die mit intensiver und lang andauernder Mediennutzung verbunden sind. Diese können eben nicht allein auf die oft in der öffentlichen Diskussion vermutete kanalreduzierende Wirkmächtigkeit der medientechnologischen Grundstruktur von Online-Medien im Allgemeinen bzw. von Computerspielen im Spezifischen reduziert werden. Es liegt allerdings auf der Hand, dass eine intensivere und länger andauernde Nutzung von Computerspielen generell die Wahrscheinlichkeit erhöht, dass die Nutzer Risiken ausgesetzt sind.

Da Computerspiele mittlerweile zentraler Bestandteil unserer allgegenwärtigen Medienkultur sind, ist deren exzessive Nutzung nicht mehr allein auf dysfunktionale Formen von individueller Nutzung reduzierbar, sondern es sind auch die sozialen wie gesellschaftlichen Kontexte und Konstruktionsprozesse analytisch mit einzubeziehen. Medien-„Abhängigkeit" bzw. -„Sucht " (und deren klinisch-psychologische bzw. medizinisch-psychiatrische Diagnostik) können daher aus kommunikationswissenschaftlicher Perspektive als ein sozial konstruierter und medienkulturell kontextualisierter „Problemkomplex" gefasst werden (vgl. Quandt 2009).

Folgt man dem Ansatz des Symbolischen Interaktionismus, so ist zu berücksichtigen, dass das „Exzessive" von Computerspielen immer auch stark sozial konstruiert ist. Idealtypisch dafür kann gelten, dass in unserer heutigen Medienkultur die allgemeine Fernsehnutzung gesamtgesellschaftlich ungleich höher ist als die Computerspielnutzung, aber gleichwohl viel weniger umstritten und im aktuellen öffentlichen Diskurs mit weniger schwerwiegenden Folgen stigmatisiert (vgl. Quandt 2009). Dieser Befund gilt nicht originär für digitale Spiele, da neue Medien immer in ihrer Frühphase kritisiert werden – so auch in den 1980er Jahren das Fernsehen und hier insbesondere die Nutzung der Unterhaltungsangebote. Dabei werden in der öffentlichen Diskussion anfangs stets eher Folgen als Kontexte, Hintergründe und Ursachen diskutiert.

Ähnlich verweisen die Erziehungswissenschaftler Georg Cleppien und Detlev Scholz (2010: 129f.) auf die fließenden, sozial konstruierten Übergänge zwischen einer sozial als problemlos bzw. als problembehaftet bewerteten Mediennutzung:

> „(W)ir (sprechen) hauptsächlich von ‚exzessiver Mediennutzung', wobei die Bezeichnung ‚exzessive' Nutzung von Medien immer ein Problem hervorhebt. Wir verlagern damit die Frage nach einer quantitativen Bestimmung einer Zeitdauer in eine kommunikative Bestimmung der Problematik. ‚Exzessiv' ist eine Mediennutzung demnach für uns nicht, wenn Medien eine bestimmte Zeitdauer genutzt werden, sondern wenn diese Zeitdauer zum Problem gemacht wird. (...) Insofern kann alles, was ‚exzessiv' genutzt oder konsumiert wird, als Problem thematisiert werden, wobei die Kriterien dessen, was ‚exzessiv' bedeutet, selbst sehr heterogen sein können."

Das Phänomen ‚exzessives Computerspielen' ist damit auch immer gesellschaftlich (mit-)geprägt. So erfahren beispielsweise jugendliche Computerspieler, die ihr Hobby semiprofessionell als so genannten eSport betreiben und sich in Clans organisieren, in ihrem sozialen Umfeld eine klar positivere Unterstützung und in den Medien eine positivere öffentliche Darstellung als andere Spielergruppen.

Diese Einsicht aufgreifend macht der Medienphilosoph Mike Sandbothe (2010) deutlich, dass exzessives Verhalten generell einen wichtigen Teil unserer Medienkultur darstellt und gerade auch ökonomisch erwünscht ist. Er plädiert aufgrund der Individualität, Komplexität und Vielschichtigkeit der Fälle daher für eine pragmatische und damit handlungsorientierte Perspektive, die den Einzelfall fokussiert.

Anstatt „abhängiger", „süchtiger" oder „pathologischer Mediennutzung" erscheint daher der Begriff der „exzessiven Nutzung" als geeigneter, um diese Kommunikationsprozesse und die damit verbundenen Handlungspraktiken analytisch zu fassen. Die lang andauernde und intensive Nutzung von Computerspielen ist grundsätzlich nicht automatisch als Abhängigkeit zu kennzeichnen, wenngleich die intensive Nutzung einer problematischen den Vorschub leisten kann. So kann eine über das Normalmaß hinausgehende Mediennutzung den als schwierig empfundenen Alltag leicht vergessen lassen.

Hinter den scheinbar dichotomischen Ausprägungen einer als ‚normal' oder als ‚problematisch' zu bewertenden Mediennutzung steht vielmehr ein Kontinuum, das im Einzelfall recht unterschiedlich ausfallen kann. Ulrike Six (2007) differenziert aus kommunikationspsychologischer Sicht ein Nutzungskontinuum, das vom exzessiv-funktionalen über exzessiv-dysfunktionalen bis hin zu einem pathologischen bzw. süchtigen Computerspiel-Gebrauch reicht. Wenn die Zeitdauer der Nutzung ein regelmäßiges bzw. ein als gesellschaftlich normal angesehenes Maß übersteigt (quantitatives Merkmal), kann diese sich bei der Vernachlässigung realweltlicher Bindungen und der damit einhergehenden Zunahme des kognitiven und emotionalen Stellenwerts des Mediums (qualitatives Merkmal) zu einer exzessiven Nutzung steigern. Eine pathologische Mediennutzung geht über eine exzessive Nutzung hinaus bzw. kann auch als eine exzessive Nutzung mit problematischen Folgen verstanden werden.

Allerdings ist nicht jede exzessive Nutzung automatisch auch als pathologisch zu klassifizieren. Der Kommunikationswissenschaftler Uwe Hasebrink (2009) weist auf diesen Unterschied deutlich hin: „In der Diskussion um Computerspielsucht bzw. -abhängigkeit wird exzessive Nutzung oft als notwendige, nicht jedoch als hinreichende Bedingung für das Vorliegen einer Sucht bzw. Abhängigkeit angesehen." Der Unterschied zwischen exzessiven und süchtigen Computerspielern ist schwer zu ziehen, da es unklar erscheint, wann eine intensive Nutzung zu einen Syndrom wird, von dem sich der Nutzer nicht mehr lösen kann. Für die klinische Diagnose einer pathologischen Mediennutzung bzw. einer stoffungebundenen Verhaltenssucht spielen spezifische Indikatoren eine Rolle, auf die weiter unten eingegangen wird.

Nichtsdestotrotz werden die Begriffe „Sucht ", „Abhängigkeit" und „exzessive" bzw. „pathologische Nutzung " in der Literatur und in der öffentlichen Debatte uneinheitlich, manchmal auch synonym verwendet, obwohl sie wie skizziert klar unterscheidbar sind. Die Ursache der erbittert geführten Debatte[6] liegt neben den verschiedenen weltanschaulichen Positionen der Beteiligten vor allem in dem Umstand begründet, dass „Computerspielsucht" – wie aber auch übergeordnet „Internet-" bzw. „Computersucht" – zur Zeit nicht als spezifisches Krankheitsbild in den internationalen Standardverzeichnissen wie z. B. dem „Diagnostic and Statistical Manual of Mental Disorders" (DSM) oder der „International Statistical Classification of Diseases and Related Health Problems"

[6] Ein idealtypisches Beispiel dafür ist die Debatte um die Ergebnisse der von der Landesanstalt für Medien Nordrhein-Westfalen geförderten Studie zu „Kompetenzerwerb, exzessive Nutzung und Abhängigkeitsverhalten bei Computerspielen" (vgl. Spiegel Online 2011, KFN 2011).

(ICD-10) der Weltgesundheitsorganisation anerkannt ist. Wenn man aber Medienabhängigkeit als vergleichbar mit anderen psychischen Störungen sieht, können konkrete Sucht- bzw. Abhängigkeitskriterien im Rahmen der klinisch-psychologischen und medizinisch-psychiatrischen Praxis abgeleitet werden. So definiert beispielsweise Jonathan Kandell (1998: 11, zit. n. Schorr 2009: 339) Onlinesucht als

> „eine psychologische Abhängigkeit vom Internet, die gekennzeichnet ist durch (1) ein zunehmendes Engagement im Bereich Internet-bezogener Aktivitäten, (2) negative Gefühle (z. B. Angst, Depression, Gefühl der Leere), sobald man offline ist, (3) Toleranzentwicklung gegenüber den Wirkungen online zu sein und (4) das Leugnen des Problemverhaltens."

Ähnlich werden bei Computerspielsucht folgende Kriterien differenziert, die das Verhältnis von Spieler und Spiel diagnostisch klassifizieren lassen (z. B. Beutel et al. 2010): (1) das Verlangen nach Ausübung der Spielaktivität (so genanntes craving), (2) Verminderung der Kontrollfähigkeit hinsichtlich Dauer der Spielaktivität (Kontrollverlust), (3) Steigerung der Spielhäufigkeit (Toleranzentwicklung), (4) Auftreten von Entzugserscheinungen (Entzugssymptomatik), und (5) Nachweis negativer Konsequenzen wie z. B. Leistungsabfall in Schule oder Beruf, Übermüdung etc. sowie (6) Vernachlässigung anderer Verpflichtungen und Interessen (Lebensbereichsbeschränkungen).

Berücksichtigt man nun die skizzierten Argumente, wird eine exzessive Nutzung von Computerspielen durch ein Zusammenspiel mehrerer Faktoren erklärbar. Diese beziehen sich auf die unterschiedlichen Komplexitätsebenen des Phänomens (Mikro-, Meso- und Makroebene) und damit auf das Zusammenwirken von strukturellen und akteursbezogenen Faktoren (u. a. Ressourcen und Budgets der Nutzer, Mediencharakteristika, etc.) wie auch subjektiven Aspekten (u. a. Wahrnehmung und Einstellung der Nutzer, individuelle und gesellschaftliche Konstruktionsprozesse etc.). Dieses generelle analytische Argument kommt auch bei der Frage des subjektiven Unterhaltungserlebens zum Tragen (vgl. Kapitel 3.3), da erst die Kombination von mehreren Faktoren Computerspiele für einen Nutzer „spannend" machen: (1) spezifische Persönlichkeitsstrukturen und personale Risikofaktoren der Spieler, (2) der medienkulturelle Kontext und die soziale Alltagseinbettung des Spielens sowie (3) spezifische Computerspielcharakteristika und -inhalte und damit verbundene Mechanismen.

In der Diskussion der Ursachen exzessiver Computerspielnutzung werden dabei oft allein einzelne Faktorenbündel herausgehoben wie z. B. spielimmanente Merkmale (Belohnungssysteme, Persistenz der Spielwelten, Atmosphäre etc.) und/oder individuelle Dispositionen der Spieler (Selbstwirksamkeitserleben, Toleranzentwicklung etc.). Aber auch in der Forschung finden sich monokausale Wirkungsannahmen wie die dem Bedürfnis-Ansatz angelehnte Grundannahme: „Je stärker bzw. häufiger eine Person ein bestimmtes Bedürfnis verspürt, desto intensiver und häufiger nutzt sie ein Medium, das in der Lage ist, dieses Bedürfnis zu befriedigen.“ (Schweiger 2007: 244)

Generell gültige Kausalzusammenhänge für eine exzessive Mediennutzung lassen sich so allein aber nicht analytisch herleiten. Denn im Gegensatz zu einer stoffgebundenen Abhängigkeit sind bei einer exzessiven Nutzung von Kommunikationsmedien keine direkt auf den Stimulus zurückzuführenden physiologischen Wirkungen messbar (Quandt 2009: 2). Die lang andauernde und intensive Nutzung von Unterhaltungsangeboten kann von Nutzer zu Nutzer ganz unterschiedliche, negative wie positive, Wirkkräfte annehmen. Ähnlich argumentieren Fritz und Tanja Witting am spezifischen Beispiel von Computerspielen (2009: 315): „So reicht es nicht aus, allein das ‚Suchtpotenzial‘ der Games zu beschreiben, ohne zugleich zu betrachten, wer, wie, in welchen Kontexten und mit welchen Motiven die Spiele nutzt.“

Folgt man dieser Differenzierung, so muss man auf Seiten der Mediennutzer generell einen klaren Einstellungs- und z. T. auch Wertewandel feststellen. Einschlägige Studien verdeutlichen ein hohes Maß an gewohnheitsmäßiger Nutzung nicht nur von Computerspielen, sondern der allgegenwärtigen digitalen Medien an sich, die oftmals unhinterfragt bleibt. Die subjektive Bindung an Kommunikationsmedien und deren spezifische Unterhaltungs- und Informationsanwendungen ist nicht nur für technologieaffine Nutzergruppen als sehr hoch einzuschätzen. Dies kann man exemplarisch am Phänomen Smartphone verdeutlichen. Die Nutzung dieses Kommunikationsmediums ist nicht nur von einer hohen Nutzungsdauer und -intensität, sondern auch von einer starken psychologischen Bindung der Nutzer an das Medium gekennzeichnet (vgl. Ofcom 2011). Als weitere Einflussfaktoren werden in der Forschung u. a. der sozioökonomische Status und Lebensstil der Nutzer, bei jüngeren Nutzern auch der der Eltern, genannt. Risikofaktoren beziehen sich auf spezifische Persönlichkeitseigenschaften wie z. B. ein mangelndes Selbstwertgefühl oder soziale Ängstlichkeit. Damit einher geht unter Umständen ein Mangel an alternativen Interessen, aber auch strukturell defizitäre Freizeitangebote spielen eine wichtige Rolle. So stellen gerade für Jugendliche virtuelle Interaktions- und Kommunikationsräume die vermeintlich einzigen Treffpunkte dar, die sie im als stark reguliert empfundenen realweltlichen Alltag – man denke nur an die wenigen öffentlichen Grünanlagen – nicht (mehr) in diesem Maße vorfinden oder gar selbstbestimmt gestalten können. So ist es plausibel anzunehmen, dass persönliche wie soziale Defizite in den medialen Erlebniswelten kompensiert werden. Exzessive Nutzung ist dabei mehr Gefahr als Chance, da sich für die Spieler Unterscheidungsproblematiken zwischen Sein und Schein, also Realität und Fiktion, ergeben. Die Herausforderung für den „homo medialis“ (Pirner/Rath 2003) der Gegenwart ist damit eine zweifache, so lässt sich an dieser Stelle als Zwischenfazit ziehen: Sie besteht einerseits nicht nur in der Entwicklung der Fähigkeit, die verschiedenen realen wie virtuellen Areale der Lebenswelt in Bezug zueinander zu setzen, sondern andererseits darin, dass die virtuell gemachten Erfahrungen immer auch im Kontext von realweltlichen, d. h. sinnlich bzw. körperlich erfahrbaren Erlebnissen bewertet werden müssen, um Abhängigkeits- bzw. Suchtsyndromen entgegenzuwirken.

Grundsätzlich ist festzustellen, dass die empirische Forschung sich bisher – auch gerade der öffentlichen Debatte folgend – auf die Analyse der zeitintensiven Mediennutzung von Kindern und Jugendlichen und deren Implikationen konzentriert hat, weniger auf die spezifischen Mediengewohnheiten der erwachsenen Onlinenutzer. Am besten erforscht erscheint hierbei die zeitintensive Nutzung von Sozialen Netzwerkdiensten und Computerspielen, auch weil der Anteil von Extremnutzern anderer medialer Unterhaltungsangebote (Buch, Radio, TV etc.) statistisch wie inhaltlich nicht immer problematisiert wird. Schätzungen gehen davon aus, dass drei bis 20 % der Spieler auffällige Nutzungszeiten zeigen. Die Prävalenzschätzungen für exzessive Nutzer variieren deshalb stark, da oft nicht nur unterschiedliche Definitionen, sondern auch divergente Operationalisierungen der Indikatoren für exzessive Nutzung – damit verbunden auch die Struktur der Stichprobe und die Vorgehensweise im Rahmen des Sampling – gewählt werden.

Christian Pfeiffer et al. (2008) sprechen von einer exzessiven Nutzung ab einer täglichen Spieldauer von 4,5 Stunden, Quandt und Wimmer (2009) in ihrer Repräsentativerhebung zu Online-Spielern in Deutschland von 50 Stunden und mehr pro Woche. Spielzeiten von 25 bis 30 Stunden pro Woche sind allerdings auch international keine Seltenheit. Insbesondere Online-Spiele wie *World of Warcraft* substituieren wegen ihres hohen Zeitbedarfs die Nutzung anderer Medien, insbesondere das Fernsehen, da die sonstige verfügbare Freizeit bei den berufstätigen Befragten oft durch anderweitige Verpflichtungen gebunden ist. Wie in Kapitel 3.5 gezeigt wurde, handelt es sich beim Computerspielen potenziell um einen sozialen und auf (kommunikative wie handelnde) Interaktion angelegten Zeitvertreib.[7] Dies führt allerdings zu einer Verbindlichkeit, die über

7 Natürlich gilt dieser Befund nicht für alle Online-Spielgenres wie z. B. allein spielbare Browser-Spiele (Puzzelspiele, Wimmelbildspiele etc.).

die eigentlichen Spielesessions hinausgeht und generell mit der Spieldauer zunimmt. Zudem bindet das Spielen über das Netz durch die Eigenaktivität des Nutzers in vielerlei Hinsicht stärker als andere Formen des Medienkonsums. Erklärbar wird dieses Phänomen durch die medialen wie sozialen Querverbindungen (Transferprozesse) zwischen dem realen Alltag der Spieler und ihrer virtuellen Spielwelt.

Online-Computerspielwelten können dabei gerade auch aufgrund ihrer strukturellen Charakteristika eine hohe Faszinationskraft – in der Literatur oft auch als „Sogwirkung“ tituliert – entfalten, die sich aus mehreren Teilkomponenten zusammensetzt und die Intensität der Nutzung für einige Autoren pars pro toto steigert: Sie stellen persistente Erlebniswelten, die „rund um die Uhr“ zugänglich sind. Da sie sich dabei permanent verändern können – entweder durch das Spiel induziert (Veränderungen in der Erzählung des Spiels, Evolution der Spielelemente oder der Spielmechanik, Erweiterung der spielbaren Welten) oder aus der (Inter-)Aktion der Spieler heraus (Level-Aufstieg der Mitspieler, Veränderung von Gilden und Spielergruppen etc.) – muss man eventuell sehr häufig und lange spielen, um mit seiner Gilde „mithalten“ zu können. So verpflichtet man sich u. a., an einem „Raid“ – ein gemeinsamer virtueller „Raubzug“ – teilzunehmen (die mitunter recht zeitintensiv sind) oder man sorgt sich darum, was in der Zwischenzeit mit den Gilden-Kollegen geschieht. Diese implementierten Spielkonzepte sollen neben den skizzierten sozialen Kontakten auch für ein Spielerlebnis sorgen, das den Nutzern ein abgestimmtes Verhältnis von Herausforderungen und (Spiel-)Erfolg bietet. Wohldosierte Belohnungsstrukturen unterstützen u. a. Selbstwirksamkeitserfahrungen und die Stimmungsregulation der Nutzer, die das Spielen gerade für jüngere und frustrierte Menschen scheinbar attraktiv macht (vgl. auch Kapitel 3.2). So sind gerade Online-Spiele nicht nur durch den Akt des Einloggens, sondern auch mental und emotional präsent. Dieser Aspekt unterstreicht die Breite der Aneignungsprozesse. Bestimmte spielimmanente Faktoren wie zeitspezifische Update-Termine sowie unerwartete Spielereignisse können die Gedanken der Nutzer auch in der Realwelt stark beanspruchen.

Knapp die Hälfte der Online-Spieler stimmten in der Studie von Quandt und Wimmer (2009) der Aussage zu, dass sie sich schon wieder auf den Kontakt mit den Mitspielern freuen, während Sie offline sind. Noch häufiger war eine hohe Zustimmung bei der Aussage zu verzeichnen, dass man Spieler nicht während einer Spielesession im Stich lässt – auch wenn man das Spiel eigentlich beenden wolle oder anderes zu tun hätte. Die soziale Verbindlichkeit scheint dabei deutlich wichtiger zu sein als der kompetitive Charakter. Allerdings gesteht immerhin knapp ein Drittel der Befragten selbstkritisch ein, dass sie das Gefühl hätten, durch das Spiel andere Dinge zu vernachlässigen. Dies deckt sich mit anderen Erkenntnissen, wonach die Spiel- und Realwelt durchaus kollidieren können, wenn sich z. B. Interessenkonflikte aufgrund der online verbrachten Zeit ergeben. Dies gilt insbesondere für Vielspieler, die erhebliche Teile ihrer Freizeit in das Online-Spielen investieren. Dauerspieler, die eigentlich nichts anderes mehr machen als an Online-Spielen teilzunehmen, sind durchaus keine Einzelfälle – angesichts solch exzessiven Spielens muss auch die kritische Frage erlaubt sein, ob hier nicht teilweise problematische Formen der Abhängigkeit vorliegen. Allerdings gilt es zu qualifizieren: Besonders viele Dauerspieler finden sich bei Personen ohne Beschäftigungsverhältnis, die mit dem Spiel gefühlte Leerzeiten füllen. Insofern ist zu vermuten, dass meist nicht das exzessive Spielen kausal für problematische Lebenslagen ist (zumindest nicht in erster Instanz), sondern umgekehrt versucht wird, diese Lebenslagen zum Teil durch das Spielen zu kompensieren. Allerdings kann dann natürlich aus dem exzessiven Spiel ein Dauerproblem werden, welches eine Verbesserung der Situation durch das Binden von Zeit weitgehend verhindert.

Computerspiele halten zunehmend Einzug in die verschiedenen Sphären des Alltags, da sie Zuhause, am Arbeitsplatz, unterwegs sowie bei Freunden und Verwandten genutzt werden. Dabei können Computerspiele ein Tagesbegleiter sein oder nur frei verfügbare Stellen im Tagesablauf füllen. Hier ist das spezifische Konfliktpotenzial in der Koordination mit anderen Aktivitäten zu erkennen. Empirische Studien verdeutlichen eine aufwendige Einbettung der Nutzung durch exzessive Computerspieler. Extremspieler passen so beispielsweise ihr Spielverhalten an Alltagsstrukturen an und nutzen dafür Freiräume. Die verschiedenen Integrationsstrategien der intensiven Mediennutzung in die Lebenswelt sind somit an deren Beschaffenheit gekoppelt, weshalb unterschiedliche Lebenskontexte (z. B. Beschäftigungs- und Familienverhältnisse) und Änderungen der Alltagsstruktur (z. B. Wendepunkte in der Biografie der Nutzer) das Ausmaß der Intensivnutzung aber auch deren Bedeutung extrem beeinflussen können. So kann ein Universitätsabsolvent extreme Nutzungszeiten aufweisen, die mit Beginn der Erwerbstätigkeit oder der Familiengründung stark eingeschränkt werden. Es gibt aber auch gegenteilige Entwicklungen, die die Komplexität des Phänomens verdeutlichen. So zeigen Studien zu älteren Computerspielern, dass viele Menschen, die einmal zu spielen angefangen haben, ihr Hobby dauerhaft beibehalten, auch wenn sich die persönlichen Rahmenbedingungen in den jeweiligen Biografien verändern. So mag es auf den ersten Blick plausibel erscheinen, dass beispielsweise bei älteren Spielern nicht nur die Nutzungsdauer sondern auch das Interesse an dieser Freizeitbeschäftigung mit steigenden beruflichen und sozialen Verpflichtungen abnimmt. Allerdings zeigen die explorativen Ergebnisse von Helmut Grüninger et al. (2009), dass man auch unter älteren Berufstätigen eine Reihe von Vielspielern mit hohen Spielzeiten findet, die es gelernt haben, berufliche oder familiäre Interessen mit ihrem zeitintensiven Hobby Computerspiel zu verbinden. Diese Spielerpopulation wird in Zukunft weiter zunehmen, da es angesichts der hohen Durchdringungsraten bei den jungen und jugendlichen Spielern zu erwarten ist, dass mit deren langsamem Älterwerden das Spielen unter Erwachsenen wohl zur alltäglichen Normalität werden wird. Damit ist aber auch wahrscheinlich, dass die exzessive Nutzung von Computerspielen weiter ansteigen wird.

Für den Großteil der Menschen sind die neuen Medien generell unentbehrlich geworden. Die Nutzung von digitalen Unterhaltungsangeboten wie z. B. Computerspielen wird dabei in naher Zukunft nicht nur durch mobile Medien und kommunikative Mobilität noch weiter stark zunehmen. Ein Großteil der öffentlichen Debatte wird hierbei – wie oben dargelegt – von der Diskussion geprägt, wann exzessive Mediennutzung zu einer „Sucht " wird. Die Dringlichkeit der Diskussion ergibt sich auch daraus, dass eine intensive und lang andauernde Nutzung seitens der Computerspielbranche explizit wie implizit gefördert wird, indem sie spezifische Mechanismen wie z. B. Belohnungssysteme, Glücksspielkomponenten oder Persistenz implementiert. Gerade die Eigenschaft der Persistenz lädt den Spieler dazu ein, das Spielgeschehen kontinuierlich zu verfolgen und neue Entwicklungen in sein Spielverhalten zu integrieren. Mehr noch: Computerspiele sollen nicht nur Spaß machen und unterhalten, sondern die Nutzer regelrecht „fesseln" und nicht mehr „loslassen". Diese Bindungskraft wird sowohl aus Sicht der Branche als auch der Spieler aber auch als Indikator für Qualität von Computerspielen gesehen. Forscher wie Edward Castranova (2007: 4f.) postulieren daher sogar, dass eine exzessive Mediennutzung in naher Zukunft mit einem freiwilligen bzw. gewollten „Exodus" der Menschen in virtuelle Erlebniswelten verbunden ist:

> „(A) new technology (…) that is shockingly close to the holodeck. Already today, a person with a reasonably well-equipped personal computer and an Internet connection can disappear for hours and hours into vast realms of fantasy. These computer-generated virtual worlds are undoubtedly the holodeck's predecessors."

Die lang anhaltende Debatte um exzessives Computerspielen verdeutlicht, dass eine „Mediensucht" nicht monokausal auf exzessive Mediennutzung zurückzuführen ist. Auch Praxisberichte stellen klar, dass bei vielen klinischen Fällen das

Ausmaß der Mediennutzung ein Symptom für Problematiken im Hintergrund der Nutzer wie z. B. Depression, Arbeitslosigkeit oder Familienproblemen darstellt. Die umfassende Studie von Fritz et al. (2011) kommt ebenso zu dem Befund, dass exzessives Computerspielen oftmals ein Symptom dahinter liegender Problemkomplexe darstellt. Die Ursachen und Folgen exzessiver Computerspielnutzung sind also durch die individuell recht unterschiedlichen Konstellationen von Persönlichkeitsmerkmalen, Lebenswelten und Medienrepertoires erklärbar. Exzessive Computerspielnutzung ist damit im Prinzip ergebnisoffen. Sie ähnelt daher anderen Freizeitbeschäftigungen oder auch dem Konsum von Genussmitteln. In bestimmten Kontexten entfaltet sie positive Seiten, wird die Nutzung übertrieben, überwiegen die negativen Seiten für den Nutzer. Die medienpädagogische Praxis zeigt daher, dass ein angemessenes Spielen grundsätzlich durch eine verstärkte Medienkompetenzförderung begünstigt werden kann. Bei der kommunikationswissenschaftlichen Analyse des Phänomens exzessiven Computerspielens kommt es dementsprechend nicht so sehr auf das ‚ob', sondern auf das ‚wie' und ‚in welchen Kontexten' an (vgl. Kapitel 4.1). Diese Perspektive ergänzt die bisher im öffentlichen Diskurs dominierenden neurobiologischen, lerntheoretischen und tiefenpsychologischen Blickwinkel auf die Besonderheiten und dysfunktionalen Folgen des Computerspielens und deren klinische Diagnostik.

4.4 Serious Games und das Vermittlungspotenzial von Computerspielen

In der öffentlichen Debatte werden als Folge exzessiver Computerspielnutzung oft auch eine verringerte Lernbereitschaft und ein Zurückziehen aus dem Alltagsleben, bei Kindern und Jugendlichen insbesondere aus schulischen Bildungsprozessen, thematisiert. Im starken Gegensatz dazu werden Computerspiele zunehmend allerdings auch als Bildungsinstrument verstanden und als Methode zur Wissensvermittlung und zum Erzielen von Lerneffekten eingesetzt. Auch die öffentliche Meinung zu Computerspielen hat sich diesbezüglich scheinbar geändert. So finden sich immer wieder journalistische Schlagzeilen wie: „Pädagogisch wertvoll und trotzdem gut" (Welt 2012) oder „Spielend lernen: Wie neue Bildungsspiele Spaß und Wissen verbinden" (Süddeutsche.de 2008). Eine aktuelle Befragung aus dem Jahr 2012 des Bundesverbands für Informationswirtschaft, Telekommunikation und neue Medien e.V. (BITKOM) kommt zu dem Ergebnis, dass immerhin rund 40 % der knapp 1.000 Befragten der Aussage zustimmen, dass Computerspiele Geschicklichkeit und Denkvermögen fördern. Die Medienpädagogin Christa Gebel (2009) differenziert fünf konkrete und z. T. empirisch belegte Kompetenzbereiche, die Computerspiele fördern können: Medienkompetenz, kognitive Kompetenz, soziale Kompetenz, persönlichkeitsbezogene Kompetenz und Sensumotorik. Der Lern- und Spielforscher James Paul Gee verweist in einem Interview auf die grundsätzliche Eignung von Computerspielen für spezifische Lernprozesse:[8]

> „Computerspiele oder andere Technologien wie Fernsehen oder Bücher sind nie einfach nur die Ursache für irgendetwas. Es kommt immer darauf an, wie wir sie nutzen. Wenn junge Menschen in den Spielen Strategien entwickeln, diese reflektieren oder gemeinsam mit Freunden Probleme lösen und wenn sie sich deshalb für digitale Technologien interessieren, dann sind Computerspiele gut.“

Ein wichtiges Schlagwort in dieser Debatte ist der Begriff des Serious Game, das auf den ersten Blick in einer wörtlichen Übersetzung als „ernsthaftes Spiel “ eigentlich einen begrifflichen Widerspruch darstellt. Im Gegensatz zum angloamerikanischen Raum stellen so genannte Serious Games in Deutschland eher noch ein Nischenthema dar. Die Nordmedia, die norddeutsche Filmförderung und Verleiherin des deutschen Serious Games-Preises versteht sie auf ihrer Homepage als „die Schnittstelle zwischen Unterhaltungstechnologien und Anwendungen im institutionellen Bereich sowie im Bildungssektor“. Aus analytischer Perspektive erscheint eine einheitliche Definition des Begriffs schwierig. So schreiben die Medienwissenschaftler Müller-Lietzkow und Stephen Jacobs (2012), dass fast ebenso viele Definitionen des Begriffs Serious Games existieren, wie Publikationen über sie. Nachhaltig geprägt wurde diese Bezeichnung durch eine Definition des Sozialwissenschaftlers Clark C. Abt, der diesen Begriff eigentlich für pädagogisch ausgerichtete Gesellschafts- und Rollenspiele einführte (vgl. ausführlich Breuer 2010). Ihm (1987: 9) zufolge sind diejenigen Spiele als Serious Games zu bezeichnen, „(which) have an explicit and carefully thought-out educational purpose and are not intended to be played primarily for amusement.” Ute Ritterfeld et al. (2009), stellen fest, dass weitgehende Einigkeit darüber herrscht, dass Serious Games ein Unterhaltungsmedium darstellen, dabei aber auch stets „educational, engaging, impactful, meaningful, and purposeful“ sein sollen. Wie sich allerdings das Verhältnis von Unterhaltungselementen und Lerninhalten darstellt, ist in vielen Ansätzen ungeklärt. Der Ingenieur-

---

[8] http://www.sueddeutsche.de/digital/pc-games-computerspiele-sind-angewandte-wissenschaft-1.288222 (01.01.2013).

wissenschaftler Michael Zyda (2005) argumentiert beispielsweise, dass die pädagogischen Elemente der Geschichte untergeordnet sein müssen. Andere Autoren definieren Serious Games als Spiele, deren Hauptziel nicht Unterhaltung und Spaß ist. Der Kommunikationswissenschaftler Johannes Breuer (2010: 14) verweist in diesem Kontext darauf, „dass weniger die Spiele selbst als der mit ihnen verbundene Zweck das Ernste ausmachen." Serious Games sind somit „alle Formen digitaler Spiele (...), deren Zweck über denjenigen der bloßen Unterhaltung hinausgeht." (ebd.)

Gegenwärtig werden unter dem Label ‚Serious Game' Computerspiele mit unterschiedlichen Lerninhalten und Lernkonzepten sowie für unterschiedliche Zielgruppen und Plattformen angeboten und in der Schule, der Ausbildung, der beruflichen Weiterbildung, der medizinischen Behandlung sowie im Privatbereich eingesetzt. Die Kommunikationswissenschaftler Rabindra Ratan und Ute Ritterfeld klassifizierten 2009 die auf dem Markt vorfindbaren und von Spieleentwicklern, Organisationen oder Webseiten als Serious Games bezeichneten Spiele. In 63 % der untersuchten Computerspiele wird, meistens basierend auf einem Lehrplan, schulischer Stoff wie beispielsweise Mathematik oder Physik vermittelt. 14 % der Spiele thematisieren politische oder soziale Themen, trainieren berufliche Fähigkeiten (9 %), haben Gesundheitsthemen (8 %) oder militärische Fähigkeiten (5 %) zum Inhalt. Weniger als 1 % der Spiele haben einen Marketinghintergrund. Die Hauptzielgruppe von Serious Games sind Grundschüler (39 %) sowie Schüler weiterführender Schulen (39 %). Allein 5 % der Serious Games wurden für Vorschüler und jüngere Kinder sowie 16 % für Studenten und Erwachsenenbildung konzipiert. Ein Großteil wissenschaftlicher Studien bescheinigt ihnen eine positive Wirkung, allerdings fehlen bisher Vergleichsstudien und Meta-Analysen. Wenn Serious Games allerdings das Lernen positiv unterstützen, dann sind sie potenziell für weitaus mehr Zielgruppen attraktiv.

Aber nicht nur Bildungsinstitutionen sondern auch politische Akteure wie z. B. Nichtregierungsorganisationen oder Medienaktivisten verwenden Computerspiele, nicht nur um auf Bildungsthemen aufmerksam zu machen, sondern auch um gezielt Einfluss auf das soziale, kulturelle oder auch politische Bewusstsein der Spieler auszuüben. Dem Computerspielforscher Ian Bogost folgend kann diese Form von Computerspiel dann nicht mehr als Serious Games sondern treffender als Persuasive Games bezeichnet werden. Bekannte Beispiel sind die Online-Spiele *Darfur is Dying* oder *September the 12th*, die in vielen Studien zum Thema als Best Practice genannt werden.

Ein idealtypisches Beispiel für ein Serious Game stellt das Spiel *Re-Mission* dar, das 2006 für an Krebs erkrankte Jugendliche von der amerikanischen Nonprofit-Organisation HopeLab in Kooperation mit Entwicklerstudios und medizinischer Unterstützung produziert und durch Sponsorengelder finanziert wurde. Auch krebskranke Jugendliche wurden aktiv in die Spielproduktion eingebunden. Auf 20 verschiedenen Spielebenen erkundet der Spieler den Körper eines krebskranken Menschen. Das Spiel soll natürlich vordergründig Spaß machen und herausfordernd sein. Gleichzeitig soll es dem Spieler aber auch helfen, mit seiner Krankheit umzugehen und diese besser zu kontrollieren. Begleitet wurde die Produktion durch eine wissenschaftliche Evaluation, die einen positiven Einfluss auf das Verhalten der Patienten attestierte. Ähnlich kommen Klimmt und Christopher Blake (2012: 78) vor dem Hintergrund psychologischer Prozesse (vgl. ausführlich Kapitel 3.3) zu dem Schluss: „Indem krebskranke Kinder im Spiel virtuelle Krebszellen erfolgreich bekämpfen (spezifische Selbstwirksamkeitserfahrungen), stärken sie auch ihre Motivation (Selbstwirksamkeitserfahrung), ihre eigene Krankheit zu besiegen."

Breuer (2010: 18) setzt die einzelnen Konzepte von Lernspielen zueinander in Beziehung (vgl. Abb. 20). Häufig werden aufgrund disziplinärer Unterschiede die Begriffe Serious Games und Digital Game-Based Learning gleichgesetzt, da mit beiden das Vorhaben bezeichnet wird, die Eigenschaften digitaler Spiele für andere Zwecke als Unterhaltung und Spaß nutzbar zu machen. Der Begriff Serious Games ist dabei umfassender und deckt ebenfalls den Einsatz digitaler Spiele beispielsweise in der medizinischen Behandlung von Patienten, aber auch die Computer- sowie Videospielkunst ab (Breuer 2010: 14f). Der Lernforscher Marc Prensky (2007: 145) definiert Digital Game-Based Learning als „any marriage of educational content and computer games". Digital Game-Based Learning bezeichnet also spielbasiertes Lernen in Form von Computerspielen, virtuelle Welten etc. Der Begriff Edutainment, zusammengesetzt aus den Wörtern „education" und „entertainment", beschreibt die Kombination von Lern- und Unterhaltungselementen in verschiedenen Medien, beispielsweise in Computerspielen. Dabei übt der Anwender hauptsächlich bereits erlernte Fertigkeiten, wie zum Beispiel Buchstabieren oder Addieren. In Edutainment-Titeln werden oftmals Spiele als Belohnung für den Lernfortschritt eingesetzt. Sie sind somit kein integrativer Bestandteil des Gelernten (Egenfeldt-Nielsen 2005: 2). Der übergeordnete Bereich des E-Learning weist zwar Schnittmengen mit den anderen Konzepten auf, beinhaltet allerdings nicht zwingend eine Unterhaltungskomponente. Denn beim E-Learning sind die „Medien selbst der Zweck.

Es geht um das Lernen mit und durch Medien. Die Frage, ob diese Lernformen unterhaltend sind, ist dabei eher zweitrangig." (Breuer 2010: 17)

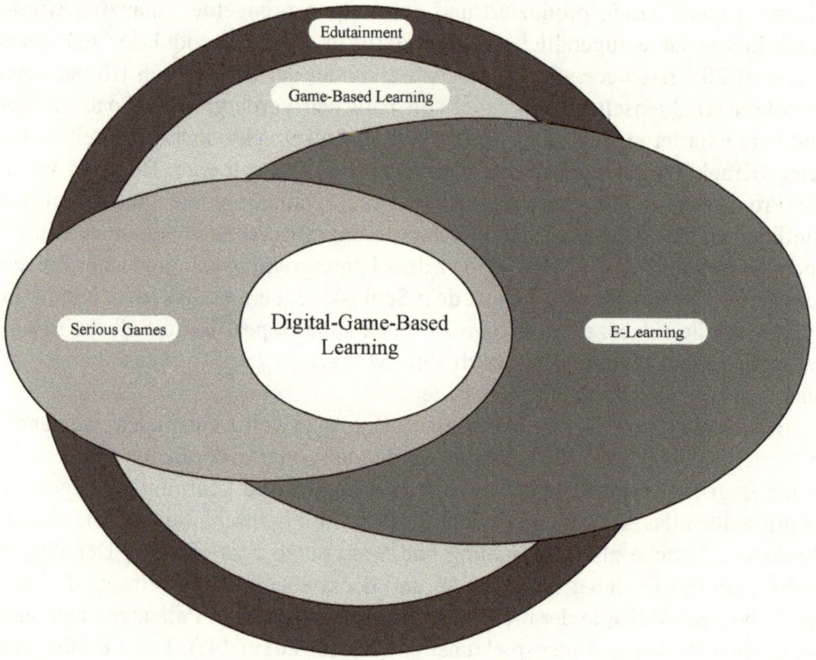

Abb. 20: Das Verhältnis von Serious Games zu verwandten pädagogischen Konzepten (in Anlehnung an Breuer 2010: 18)

Idealerweise sollte ein Computerspieler keinen Unterschied zwischen einem Lern- und einem reinem Entertainmentspiel wahrnehmen, nicht einmal, dass der Inhalt und das Setting für einen bestimmten Lernzweck konzipiert wurden (Prensky 2007: 146). Die Entwicklung von Serious Games erschwert also, dass die meisten Menschen heutzutage bereits relativ viel Erfahrung im Umgang mit Computerspielen besitzen. Denn das hat zur Folge, dass potenzielle Spieler grundsätzlich die gleichen Erwartungen an die Qualität und Tiefe eines Lernspieles stellen wie an ein kommerzielles Entertainmentspiel. Da im Gegensatz zur profitorientierten Spielebranche im Bildungsbereich generell ein geringeres

Budget für die Entwicklung von Lerninhalten zur Verfügung steht, stellt die Finanzierung eine der größten Herausforderungen dar. Dazu kommt, dass aufgrund der recht kontextspezifischen Lerninhalte Serious Games zumeist nur für eine bestimmte Zielgruppe geeignet sind und die Publikumsresonanz bzw. Verkaufszahlen vorwiegend niedrig ausfallen. Diese finanziellen Restriktionen führen zu Einschränkungen bei der Spieleentwicklung und der Gestaltung einzelner Inhalte. Hinzu kommt, dass meistens auch zu wenig Geld in das Marketing eines Serious Game investiert wird. Autoren wir z. B. Müller-Lietzkow und Jacobs (2012) schlussfolgern deswegen, dass ein professionelles Lernspiel nur am Markt erfolgreich bestehen kann, wenn es im Rahmen einer kommerziellen Auftragsproduktion entsteht oder von staatlicher Seite mit ausreichend Ressourcen unterstützt wird.

Die Kombination von Information und Unterhaltung macht Computerspiele – ob Entertainmentspiele oder Serious Games – generell ideal für das Aufgreifen gesellschaftlicher oder politischer Sachverhalte und das Wecken von Interesse in einer publikumswirksamen Art und Weise. Folgt man den Gedanken des Medienwissenschaftlers Henry Jenkins, die er im Rahmen seines Ansatzes einer „Participatory Culture“ elaboriert, dann stellen Computerspiele im Prinzip ein einfaches und vor allem zeitgerechtes Instrument dar, um neben Sach- und Handlungswissen auch die Bedeutung u. a. politischer, sozialer oder kultureller Belange im Alltag zu vermitteln. Ausgangspunkt der Überlegungen von Jenkins ist die These, dass Kinder und Jugendliche den Umgang mit modernen Kommunikations- und Unterhaltungsmedien lernen müssen, um die komplexen Herausforderungen der Gegenwart bewältigen und kreative Problemlösungen entwickeln zu können. Computerspiele besitzen in dieser Beziehung ein besonderes Potenzial, Haltungen und Praktiken zu vermitteln, welche in der Schule aufgrund des raschen Medien- und Kulturwandels nicht immer adäquat berücksichtigt werden können – vor allem auch deswegen, da diese äußerst populär bei Jugendlichen sind. Jenkins et al. verweisen vor allem auf die emotionale und damit höchst subjektive Beteiligung der Computerspieler als zentralen Erfolgsfaktor:

> „[T]he new participatory culture offers many opportunities for youth to engage in civic debates, to participate in community life, to become political leaders, even if sometimes only through the ‚second lives' offered by massively multiplayer games or online fan communities. Empowerment comes from making meaningful decisions within a real civic context: we learn the skills of citizenship by becoming political.“ (Jenkins et al. 2009: 12)

Diese Wirkfähigkeit gilt scheinbar umso mehr, wenn Computerspieler in der Spielwelt mit den Konsequenzen ihres virtuellen Handelns konfrontiert werden. Hier kommt eine zentrale Eigenschaft von Computerspielen, ihre Interaktivität, zum Tragen. Gerade dieses Merkmal unterscheidet sie von anderen massenmedialen Vermittlungsformen und lässt ein größeres Vermittlungs- bzw. Lernpotenzial erhoffen, so betont Frasca (2006):

> „Unlike literature and movies (...) games encourage risk-taking, and learning the results of your actions. They force (the player) to view the world from a different angle, and always be ready to learn something new. These are the skills required to create social change and to be better human beings."

Empirisch steht allerdings der Beweis noch aus, inwieweit in einem Computerspiel erlernte individuelle oder soziale Kompetenzen – wie z. B. die Organisation einer Gilde – auch in realweltliches Engagement – wie z. B. die Organisation einer Nachbarschaftshilfe – münden kann. Aufbauend auf den Erkenntnissen des Transfermodells gilt es u. a. dafür als erforderlich, dass die Spieler ihre im Computerspiel gemachten Erfahrungen auch auf realweltliche Situationen übertragen können. Denn ethnografische Studien zeigen, dass es Spielern oft schwer fällt, im Spiel erlerntes Wissen und gewonnene Kompetenzen in andere Kontexte zu übertragen (Prinzip der real world application). Ein implizites Lernen wird von vielen spielimmanenten wie -externen Faktoren erschwert, so stellen Simon Egenfeldt-Nielsen et al. (2008: 217) fest: „Without explicitly framing the experience as educational, the goals and rules in play take over, (especially) when the game goals work against the learning goals."

Auf dieses generelle Forschungsdefizit bezugnehmend können Joseph Kahne et al. (2008) aufgrund ihrer instruktiven Fallstudie belegen, dass Computerspiele unter bestimmten Voraussetzungen gut geeignet sind, bürgerschaftliche Orientierungen und Motive bei Kindern und Jugendlichen zu fördern (vgl. ähnlich Peng et al. 2010 zu einer Evaluation des Spiels *Darfur is Dying*). Auf der Basis einer repräsentativen Befragung von US-amerikanischen Jugendlichen fanden die Autoren heraus, dass ein signifikanter Zusammenhang zwischen der Häufigkeit des Spielens von sog. Civic Games wie z. B. die *SimCity*-Reihe – also Computerspielen, die z. B. soziale oder moralische Belange berühren oder politische Prozesse nachbilden – und dem realweltlichen Engagement der Jugendlichen besteht. Darüber hinaus wirken sich eher allgemeine Aktivitäten im Spiel wie z. B. Forenbesuche auch auf die realweltliche Partizipationsbereitschaft aus. Die Studie kann aufgrund ihrer Querschnittsuntersuchung zwar keine kausalen Zusammenhänge nachweisen, zumindest kann man aber davon ausgehen, dass Computerspielen bürgerschaftliches Engagement grundsätzlich nicht dämpft. Mit Hilfe einer explorativen Befragung sowohl von Machern als auch von Spielern so genannter Persuasive Games kommen die Kommunikationswissenschaftler Joyce Neys und Jeroen Jansz (2010) zu der Schlussfolgerung, dass dieses Spielgenre als eine Art sozialer Vermittler fungieren kann. So würden begeisterte Spieler die im Spiel artikulierten gesellschaftspolitischen Themen im Anschluss mit der Familie oder Freunden diskutieren. Diese Motivation zur weiteren Diskussion ist für die Autoren wiederum ein Indikator für ein durch das Computerspiel bewirktes größeres politisches und soziales Engagement, ohne dass die Spieler die im Spiel angesprochene Problematik leiblich erfahren haben.

Die ambivalente Seite dieser skizzierten impliziten wie expliziten Lern- und Sensibilisierungsprozesse zeigt das weitaus populärste Beispiel eines Serious Games, der First-Person-Shooter *America's Army*. 2002 wurde dieses Computerspiel zu Rekrutierungszwecken entwickelt und ist mittlerweile in verschiedenen Nachfolgeversionen auf fast allen Spieleplattformen verfügbar. Das Spiel richtet sich hauptsächlich an Jugendliche mit dem Ziel, sie für die Armee zu begeistern. Die Spieler können virtuell zum Beispiel Waffenlager erobern, Terroristen verfolgen oder Gefangene befreien, wobei die Waffen und militärischen Aspekte detailgetreu den Originalen nachempfunden sind. Das Spiel ist kostenlos und frei aus dem Internet herunterladbar. Der Erfolg dieses Online-Spiels zeigt sich auch darin, dass laut einer Studie unter den neu rekrutierten US-Soldaten jeder fünfte das Spiel *America's Army* schon mal gespielt hat. Kritiker lehnen die Bezeichnung Serious Game für das Spiel ab. Breuer (2010: 21) weist in diesem Zusammenhang allerdings darauf hin, dass besonders im Militär der Einsatz von Spielen zum Training üblich ist und maßgeblich den Serious-Games-Trend beeinflusst hat.

Als Fazit lässt sich hier ziehen, dass der Gedanke, durch das Spielen von Computerspielen zum Beispiel ein demokratisches Selbstverständnis oder zumindest Einsicht in politische Zusammenhänge zu gewinnen, auf den ersten Blick natürlich sehr vielversprechend erscheint. Allerdings ist er bisher streng genommen überwiegend hypothetisch, da die diesbezügliche empirische Validierung noch nicht ausgereift ist. Vor dem Hintergrund, dass die klassischen Leitmedien bzw. der öffentlich-rechtliche Rundfunk insbesondere Jugendliche immer schlechter erreichen, lohnt sich allerdings der Aufwand weiter zu untersuchen, inwieweit Computerspiele geeignete Medienkanäle wären, um demokratische Werte zu vermitteln. Auch ist es plausibel anzunehmen, dass realweltliche Probleme wie z. B. soziale Ungleichheit natürlich nicht durch Computerspiele gelöst werden können, aber bestens dafür geeignet sind, ihre Nutzer darauf aufmerksam zu machen.

4.5 Der soziale Wert mediatisierter Spielwelten

Das eben skizzierte gesellschaftspolitische Einflusspotenzial von Computerspielen ist ein Aspekt, der auch im Kontext der aktuellen Debatte um den Public Value von Medien gesehen werden kann. Nicht nur öffentlich-rechtliche Medien sondern auch zunehmend private Medienorganisationen werden im Rahmen dieser Diskussion verstärkt dazu gezwungen, ihre demokratischen, sozialen und kulturellen Leistungen, also den Nutzen für die Allgemeinheit, darzulegen, um gesellschaftliche Legitimation aber auch finanzielle Unterstützung wie z. B. durch Rundfunkgebühren zu finden. Trotz ihrer immensen Popularität wird dabei auf interaktive Medienangebote wie z. B. Computerspiele wenig Bezug genommen und deren öffentlicher Beitrag allein aus der Schadensperspektive diskutiert. Interessanterweise verweisen allerdings Vertreter der Computerspielbranche ostentativ auf die kulturelle Leistung einer weltumspannenden Computerspielkultur. Ein Beispiel dafür stellen die Äußerungen der Veranstalter der *World Cyber Games (WCG)* dar:

> „Der WCG-Slogan ‚Beyond the Game' verdeutlicht, dass die WCG nicht bloß ein großes Turnier ist, sondern darüber hinaus auch die Welt miteinander verbindet, um Harmonie und Freunde durch geteilte Emotionen zu fördern. Der WCG-Slogan steht auch für die Hoffnung auf Frieden. Diese Hoffnung ist auch auf den Turnieren zu spüren, in denen die Teilnehmer aus aller Welt zu gegenseitigem Respekt ermutigt werden, um ein attraktives ‚Weltkulturfestival' zu schaffen. Dieses ‚Weltkulturfestival', das weder sprachliche noch kulturelle Barrieren kennt, will dem Respekt für allgemeine moralische Grundsätze über alle nationalen Grenzen hinweg Ausdruck verleihen." (WCG 2008)

Den sozialen Funktionen von Medien kommt dabei gerade vor dem Hintergrund der Diagnose gesellschaftlicher Desintegrationsprozesse ein immer größerer Stellenwert zu. Der Politikwissenschaftler Robert Putnam (2000) diagnostiziert in seiner prominent gewordenen Analyse der zeitgenössischen US-amerikanischen Gesellschaft soziale Desintegrationstendenzen anhand einer scheinbar rapiden Abnahme von in Gemeinschaft verbrachter Zeit wie z. B. Vereinsaktivitäten, Kirchenbesuchen etc. – eine pessimistische Zustandsbeschreibung, die er plastisch am Phänomen des „bowling alone", also der Tendenz zu einem individuellen Sporttreibens außerhalb eines sozialen Netzwerks (bzw. Kegelverein) und/oder geselliger Kommunikation, aufzeigt. Die für ihn abnehmenden Formen von freiwilligem Bürgerengagement stellen den eigentlichen Kitt eines modernen Gemeinwesens dar. Im Mittelpunkt steht dabei ein Konzept von Sozialkapital, das davon ausgeht, dass ein Netzwerk sich selbstregulierender Assoziationen und damit verbundener interpersonaler Netzwerken Vertrauen, Engagement und Partizipation generieren. Pointiert führt Putnam als eine der Hauptursachen der damit in sozialer Hinsicht einhergehenden Isolations- und Separationstendenzen das Fernsehen – und hier insbesondere dessen Unterhaltungsangebote – aber auch neue Medien an. Denn deren Konsum – so seine These – reduziert das Freizeitverhalten auf die Privatsphäre und absorbiert die Zeit, die eigentlich dem sozialen Engagement zugute kommen könnte.

Ein zentraler Indikator dieses Prozesses ist in diesem Zusammenhang die abnehmende Bedeutung sozialer Treffpunkte, der so genannten „Third Places". Damit werden grundsätzlich in Abgrenzung zum First Place, dem Zuhause, und dem Second Place, dem Arbeitsplatz, quasi halböffentliche Kommunikationsorte bezeichnet, die über ihr eigentliches Angebot hinaus wichtige soziale Funktionen für die Gesellschaft übernehmen (Ray Oldenburg) – ähnlich wie die von Jürgen Habermas prominent beschriebenen Kaffeehäuser und Salons als Entstehungsorte demokratischer Prozesse. Oldenburg definiert diese Kommunikationsräume als „neutral ground", also Orte mit freiem Zugang, an denen der soziale Status keine Rolle spielt und alle Personen gleich behandelt werden (leveler) (vgl. Tab. 3). Kommunikation ist Hauptbestandteil der Aktivitäten vor Ort (conversation is main activity) und große Zugangsbarrieren existieren nicht (accessibility bzw, accomodation). Stammbesucher, die sich dort häufig aufhalten, prägen den Kommunikationsraum (the regulars), welcher möglichst einfach, schlicht und ansprechend gestaltet ist (a low profile). Es herrscht eine lockere und spielerische Stimmung (the mood is playful) und die dadurch entstehende Kommunikationsgemeinschaft erzeugt ein Gefühl von Geborgenheit (a home away from home). Aktuelle konsumsoziologische Analysen machen deutlich, dass öffentliche Kommunikationsorte in unserer Gegenwart zunehmend privatisierte bzw. kommerzielle Räume darstellen wie etwa Freizeitparks, Wellnesscenter, Sportstätten, Shopping Malls, Internetcafés etc., die nur schwerlich als Freiräume für demokratiefördernde Kommunikationsprozesse verstanden werden können. Oldenburg führt den Niedergang öffentlicher Kommunikationsräume und damit die Abnahme direkter zwischenmenschlicher Kontakte – am Beispiel der USA – vor allem auf eine fehlgeleitete, oftmals zu autozentrierte Stadtplanung zurück, die sozialen Gemeinsinn und Geselligkeit erstickt.

Tab. 3: Charakteristika eines Dritten Orts

Charakteristikum	**Definition**
neutraler Ort	Dritte Orte stellen einen neutralen Ort dar, den Individuen betreten und wieder verlassen können, wie es ihnen beliebt. Gegenüber anderen Teilnehmern gibt es kaum Verbindlichkeiten oder Verpflichtungen.
Gleichmacher	Dritte Orte sind Räume, in denen die gesellschaftliche Stellung und der Status der Individuen keine Rolle spielt. Akzeptanz und Teilnahme ist nicht an bestimmte Voraussetzungen, Anforderungen, Rollen, Pflichten oder Nachweise der Mitgliedschaft gebunden.
Konversation als zentrale Tätigkeit	In Dritten Orten steht die Konversation im Mittelpunkt, bei der geistreicher Witz und ein spielerischer Umgang miteinander besonders geschätzt wird.
Zugänglichkeit und Verfügbarkeit	Dritte Orte müssen einfach zugänglich und jederzeit für Besucher verfügbar sein.
Stammgäste	Dritte Orte verfügen über einen Kern an Stammgästen, welche neue Teilnehmer anziehen und dem Raum seine charakteristische Stimmung verleihen.
schlichtes Äußeres	Dritte Orte sind charakteristischerweise gemütlich und sehr schlicht gehalten.
ausgelassene Stimmung	Die vorherrschende Stimmung in Dritten Orten ist generell verspielt und zeichnet sich durch Frivolität, Wortspiele und Witz aus.
ein Zuhause abseits vom Zuhause	Dritte Orte vermitteln ein Gefühl des Zuhause-Seins hinsichtlich Verwurzelung, Besitzempfinden, geistiger Erholung, Ungezwungenheit und Wärme.

(dt. Übersetzung in Anlehnung an Oldenburg 1991: 22ff., Steinkuehler und Williams 2006: 5f.)

Für Oldenburg stellen die in den 1980er Jahren populären Computerspielhallen (Arcades) ebenso wenig einen öffentlichen Raum im Sinnes eines Third Place dar, denn „not all games stimulate conversation and kibitizing; hence, not all games complement third place association. A room full of individuals intent upon video games is not a third place (...)."(Oldenburg 1991: 31) An dieser Diagnose offenbart sich nachdrücklich die normative und dadurch auch nationalkulturell verengte Analyseperspektive. Jun-Sok Huhh (2008) kann beispielsweise in seiner Analyse südkoreanischer Spielhallen – den sog. *PC Bang* – das soziale Potenzial verdeutlichen, das Spielräume in anderen kulturellen Kontexten sehr wohl einnehmen können. So stellen Spielhallen einige der wenigen öffentlichen Räume in der südkoreanischen Gesellschaft dar, an denen sich unverheiratete Paare ungestört treffen und Zeit miteinander verbringen können.

An dieser Stelle kann man auf ein Argument Bezug nehmen, dass der Computerforscher Howard Rheingold (1993: 26) schon zu Beginn des Internetzeitalters am spezifischen Beispiel der Online-Community *The WELL* artikuliert hat: Die diversen Applikationen computervermittelter Kommunikation wie z. B. Chats, Diskussionsforen, Multi-User-Environments ermöglichen aufgrund ihrer besonderen Charakteristika wie Interaktivität und Intimität grundsätzlich verschiedene Formen von Beziehungs- und Gemeinschaftsbildung. Sie leisten damit einen produktiven Beitrag zum Aufbau von Sozialkapital der Computerspieler, der jenseits von realweltlichen Körperkontakten stattfindet. Rheingold benennt diese neuen Formen von Vergemeinschaftung prägnant als Virtuelle Gemeinschaften, die in ihrer Funktionsweise als Kommunikationsraum auch als soziale Treffpunkte fungieren (können).

Nicht nur diese knapp skizzierten Eigenschaften der neuen virtuellen Kommunikationsräume sondern auch die in den vorangegangenen Kapiteln aufgezeigten sozialen wie kulturellen Kontexte des Computerspielens erfordern eine Rekonzeptionalisierung der Vorstellung von Sozialkapital und öffentlichem Raum. Wellmann et al. (2001) weisen darauf hin, dass schon vor dem Internetzeitalter Gemeinschaft nicht mehr lokal begrenzt war. Die analytische Berücksichtigung neuer mediatisierter Formen von Vergemeinschaftung zeigt auf, dass es sich um keine Verminderung von Engagement bzw. in Gemeinschaft verbrachter Zeit an sich, sondern um eine Transformation und Einbettung in digitale Netzwerke handelt. Durch die zunehmende soziale Vernetzung im Rahmen digitaler Medien sind daher kontextabhängig positive wie negative Beiträge zum Sozialkapital zu erwarten.

Auf diese Argument zurückgreifend stellen die Computerspielforscher Constance Steinkuehler und Dmitri Williams (2006) die These auf, dass Online-

Spielwelten – verstanden als soziale Kommunikationsmedien – in der Lage sind, neue Formen von gesellschaftspolitisch relevanten Interaktions- und Partizipationsräumen zu eröffnen. Ausgangspunkt ist eine deskriptive Analyse der spezifischen Kommunikationsstrukturen und kommunikativen Prozesse innerhalb zweier Spielwelten (*Asheron's Call II* und *Lineage*) anhand der Kriterien Oldenburgs' für einen Dritten Ort (vgl. Tab. 3). Die Autoren kommen zu dem Schluss, dass die Spielwelten diese – wie z. B. ein relativ herrschaftsfreier Kommunikationsraum (neutral ground) oder eine geringe Zutrittsschwelle (accessibility) – gut erfüllen würden. Moore et al. (2009) gehen in ihrer Studie einen Schritt weiter, indem sie aufzeigen, dass einige Online-Spielwelten aufgrund ihres Facettenreichtums nicht an sich als Dritte Orte verstanden werden können, sondern es angemessener erscheint, allein spezifische Kommunikationsräume in ihnen – wie beispielsweise virtuelle Diskotheken in *Second Life* oder virtuelle Kneipen in *Star Wars Galaxies* – als Third Places zu bezeichnen.

Die virtuellen Interaktions- und Partizipationsräume von Online-Spielen sind für Steinkuehler und Williams (2006: o.S.) dabei aus theoretischer Perspektive untrennbar mit der Generierung von Sozialkapital verbunden:

> „Participation in such virtual ‚third places' appears particularly well suited to the formation of bridging social capital – social relationships that, while not usually providing deep emotional support, typically function to expose the individual to a diversity of worldviews."

Allerdings ist empirisch nur in Ansätzen geklärt, inwieweit sich das zunehmende Verweilen in virtuellen Spielwelten auch auf den Aufbau von Sozialkapital auswirkt. Empirische Pilotstudien über Intensivspieler können allein einen klaren Beitrag des Computerspielens zum Aufbau von Sozialkapital – im Sinne sozialer Kontakte und Ressourcen von Individuen – aufzeigen. So erweitern beispielsweise Clanspieler durch das gemeinschaftliche Computerspiel ihr Kontaktnetzwerk und bilden verstärkt Freundschaften mit anderen Spielern (vgl. Trepte et al. 2012). Sie erfahren dadurch auch signifikant mehr soziale Unterstützung als Gelegenheitsspieler und entwickeln ein stärkeres (Grund-) Vertrauen in soziale Beziehungen. Eine Befragung von deutschen Netzwerkspielern (*Xbox LIVE*, *PlayStation Network* und *Steam*) führten Wimmer et al. (2011) durch. Es wurde u. a. untersucht, inwieweit eine Verbindung zwischen den Spielkontakten und dem Alltagsleben besteht. Auf die Frage „Hast du im Netzwerk schon einmal Freunde kennengelernt, die dir im realen Leben geholfen haben?" antwortete immerhin mehr als jeder Vierte der knapp 1.600 Befragten mit „Ja" (27,8 %). Die Befragungsteilnehmer gaben vielfältigste Situationen an, die mitunter sehr das private Umfeld betreffen. Häufiger genannt wurde Hilfe in Bezug auf das Studium oder die Schule, bei der Suche nach einem Arbeitsplatz, bei Beziehungskonflikten oder auch bei technischen Problemen mit dem Computer. Diese explorativen Ergebnisse verdeutlichen, dass aus Sicht der Computerspieler insbesondere Online-Spiele die sozialen Kommunikations- und Interaktionsprozesse insgesamt erweitern und damit eine Form von Public Value für die Spielergemeinschaft bieten. Inwieweit nun diese Zusammenhänge auch für andere Computerspielerkulturen sowie für die Mehrheit der Gelegenheitsspieler feststellbar sind, ist empirisch bislang noch unbeantwortet.

Gerade die Analyse der sich überschneidenden Handlungs- und Kommunikationsmodi im Rahmen der Computerspielkommunikation und die dabei verschwimmenden Grenzen von unterhaltungs- und informationsorientierten Medieninhalten erscheint allerdings gewinnbringend für die weitere Debatte um den gesellschaftlichen Einfluss und damit auch Wert von Computerspielen. So begreifen die Computerspielforscher Simkins und Steinkuehler (2008) u. a. Rollenspiele trotz ihres fiktionalen Settings aufgrund ihrer Eigenschaft als Dritte Orte als Lernräume, in denen gesellschaftlicher Diskurs gut eingeübt werden kann. Einen Hauptgrund dafür sehen sie in dem Umstand, dass das Spielerleben und dessen Bedeutung aufgrund der Interaktivität stets vom Spieler mitbestimmt und mitproduziert wird. Das entspricht genau der Art einer Lernumgebung im Sinne des Philosophen John Dewey, die notwendig für die Entwicklung der Fähigkeiten eines Bürgers in der modernen Demokratie ist. In diesem Sinne kann auch die Nutzung von Computerspielen bzw. die Immersion in Computerspielwelten jenseits der reinen Unterhaltung einen zutiefst gesellschaftlichen Akt darstellen.

Auf den ersten Blick erscheint es natürlich etwas abwegig, von Politik und bürgerschaftlichem Engagement in Spielwelten zu sprechen. Es werden aber in Computerspielwelten mitunter auch öffentlich relevante Themen vermittelt, was unter Umständen eine größere kommunikative Vernetzung der Spieler untereinander und ein größeres zivilgesellschaftliches Engagement zur Folge haben kann. Dieses Potenzial macht den öffentlichen Wert deutlich, den Handlungs- und Kommunikationsräume in Online-Spielen bieten können.

Dieser Punkt lässt sich exemplarisch an einem besonderen Fall gruppenbezogener Kommunikationsprozesse im Browser-Spiel und Fußballmanagerspiel *Hattrick* konkretisieren (vgl. Nickol/Wimmer 2012). In einer medienethnografischen Untersuchung wurde beobachtet, wie in den Diskussionsforen der spielinternen Gruppierungen, den so genannten „Föderationen“, Spieler von ihrem Alltag darunter auch von privaten Eindrücken im Rahmen ihres militärischen

Einsatzes als Zeitsoldaten in Afghanistan erzählten. Es werden dabei Informationen an die Mitspieler kommuniziert, die diese in der allgemeinen Berichterstattung nur schwerlich finden. Ein anderes Beispiel ist das soziale Engagement einiger Hattrick-Nutzer. So ist ein Studienteilnehmer beispielsweise Mitglied in einer Föderation, die sich gegen Spielergemeinschaften mit rechtsradikalen Merkmalen in der Spielwelt einsetzt. Seine politische Motivation findet hier ihre Umsetzung in der Virtualität. Bezieht man diese Beobachtung auf gesellschaftliche Prozesse, wie es die Mediatisierungstheorie nahelegt, dann kann vermutet werden, dass sich auch die Formen des sozialen Engagements wandeln.

In der sich zunehmend entfaltenden Mediengesellschaft scheint die dichotomische Unterscheidungen zwischen „Bürger"„Konsument" und „Rezipient", wie sie bisher üblich war, überkommen, denn die Rezipienten stellen zugleich ein Publikum partizipierender Bürger und Produzenten dar. Generatoren dieser Entwicklung sind die neuen Möglichkeiten und Formen der Partizipation, die digitale Medientechnologien mit sich bringen und das Verhältnis zwischen Medieninstitutionen und ihrem Publikum, zwischen dem Programm und seinen Zuschauern, neu definieren.[9] Gerade die verschiedenen Formen der Medienkommunikation im Kontext des Internets machen anstatt einer Unterscheidung in einen „aktiven", „reaktiven", „interaktiven" oder auch „partizipierenden" Rezipienten eine differenziertere Bestimmung des gesellschaftlichen Charakters der neuen Formen medialer Partizipation und deren kultureller Verortung notwendig. Dieser Prozess zeigt sich besonders im Bereich der Computerspiele, so zum Beispiel in den partizipativen Praktiken der Spielentwicklung oder der verschiedenen Computerspielkulturen.

Die Kommunikationswissenschaftler Nick Couldry et al. (2007) entwickeln in ihrer Analyse von übergreifenden Medienrepertoires die These, dass eine größere kommunikative Vernetzung der Bürger untereinander und eine größere Orientierung an in Massenmedien vermittelten öffentlichen Themen zu einem größeren Vertrauen in den Staat und zu mehr zivilgesellschaftlichem Engagement führen (Konzept der Public Connection). Die Erforschung des vernetzten Computerspielens und dessen Einbettung in den Alltag der Spieler im Kontext der hier skizzierten Forschungsperspektive ist daher ein – sowohl in theoretischer als auch in methodischer Hinsicht – vielversprechendes Thema. Gerade am spezifischen Beispiel der Diskussion über die zunehmende Bedeutung

---

9 Ein Beispiel, das über die traditionellen Formen politischer Partizipation hinausgeht, ist der so genannte politische Konsum. Damit sind Kaufentscheidungen bzw. -boykotte gemeint, die sich nicht nur auf ökonomische Kriterien beziehen, sondern in einem weiteren Sinne „politische Motive" enthalten.

kommunikativer Vergemeinschaftung im Rahmen von Online-Spielwelten lässt sich aufzeigen, dass hier neue Potenziale für die Bildung von Sozialkapital und damit zusammenhängend auch gesellschaftliches Engagement gefördert werden kann.

Studien zeigen, dass einige Spieler durch ihr Engagement für die jeweilige Spielwelt auffallen. Bezieht man diese Beobachtung auf den aktuellen gesellschaftlichen Wandel, wie ihn die Mediatisierungsforschung beschreibt, dann kann vermutet werden, dass sich auch die Formen des sozialen Engagements wandeln. Welche Rolle spielt der soziale Einsatz in virtuellen Umgebungen zukünftig? Ist hier tatsächlich ein Tätigkeitsfeld entdeckt, dass im beruflichen Lebenslauf von Vorteil ist? Liegt hier eine neue Form des ehrenamtlichen Engagements vor? Problematisch ist natürlich diese Entwicklung, wenn jemand zunehmend reale Ressourcen wie Zeit und Arbeit für eine Spielwelt investiert und keinen realen Gegenwert dafür erhält. Wenn Prioritäten sich derart verschieben, sind Konflikte wohl unvermeidbar. Im Gegenzug kann gefragt werden, ob spielinternes Engagement genügend Kompetenzen vermittelt, die dann wiederum in die Alltagswelt oder gar einen realen Beruf übertragen werden können.

Neben den im vorigen Kapitel skizzierten Serious Games und deren expliziten Lerntransfers bietet also auch die kommunikative Vergemeinschaftung im Rahmen von Online-Spielwelten neue implizite gesellschaftliche Potenziale z. B. durch die Bildung von Sozial- und Bildungskapital. Damit zusammenhängend kann zumindest potenziell sowohl gesellschaftliches Engagement gefördert als auch soziale Ungleichheit im Sinne fehlender Teilhabe gelindert werden. Computerspielwelten sind also trotz der Profitorientierung der Spieleindustrie ein Paradebeispiel dafür, wie sich durch digitale Medientechnologien und im Zuge der Mediatisierung der Gesellschaft neue Formen medialer Partizipation entwickeln, die den gesellschaftlichen Ort des jeweiligen Mediums neu definieren. Allerdings ist es plausibel anzunehmen, dass die Eigenschaften realweltlicher öffentlicher Räume u. a. wegen der Unterhaltungs- und Profitorientierung der Spieleindustrie nur bedingt auf die mediatisierten Kommunikationsräume von Online-Spielen übertragen werden können. Bezugnehmend auf die in Kapitel 3.6 herausgearbeiteten Analyseebenen von Computerspielkultur wird im Folgenden knapp skizziert, inwieweit die ökonomischen Kontexte der Spielwelten ihrem Potenzial für die Bildung von Sozialkapital und der Linderung sozialer Ungleichheit größtenteils eher abträglich sind (vgl. Tab. 4):

Tab. 4: Hemmnisse für die Generierung von Sozialkapital in Computerspielwelten

Perspektive	**Ausgewählte Problembereiche**
Produktion	• Unterhaltungs- und Profitorientierung der Produzenten • Soziale Architektur als Hindernis für Partizipation/Engagement
Repräsentation	• Stereotype Darstellung von Gender, Jugend, Nationalitäten etc. • Exklusion und Ungleichheiten als Spielprinzipien
Aneignung	• Reine Benutzung vs. „Spielen gegen die Gebrauchsanweisung" • Top-down vs. bottom-up Spielkulturen
Regulation	• Fehlende Reaktion auf Ökonomisierung der Spielwelten • Geringe Befähigung zur Teilhabe
Identifikation	• Vergemeinschaftung oft auf Basis vorgelagerter Werthaltungen • Grenzen und Folgen des Sinnbereichs Spiel

- Auf der Ebene der Produktion zeigen aus einer kritischen Perspektive die Medienforscher Nick Dyer-Witheford und Greig de Peuter (2009) an Fallbeispielen wie *Full Spectrum Warrior* oder *Grand Theft Auto*, wie die mediatisierten Erlebniswelten der Computerspiele nicht nur der Unterhaltungs- und Profitorientierung der Produzenten, sondern auch politischen oder sogar militärischen Interessen dienen können. Eine von der Spielindustrie implementierte bzw. instrumentalisierte Spielkultur trifft hierbei auf eine vielfältige und kreative Spielkultur seitens der Computerspieler. Diese Form von Bottom-Up-Spielkultur kann aufgrund ungleicher Produktionsprozesse und Ressourcen nicht in vollem Maße an Computerspielkommunikation teilhaben. So führt der Ethnologe Tom Apperley (2010: 129) aus:

  > „The bottom line of full inclusion is not just to be able to play games, but to be able to participate in the productive paratextual industries, and also in the content creation and sharing that characterizes the contemporary digital game ecology."

  Am äußerst erfolgreichen *World of Warcraft* können diese Zwänge demonstriert werden. 2005 rief eine Spielergemeinschaft zu einem virtuellen Sit-in auf – der Eingang zu einer Spielinstanz sollte mit den Avataren blockiert werden, da man sich durch die Spielregeln im Vergleich zu anderen Charakterklassen im Spiel benachteiligt sah. Das Ergebnis des virtuellen Streiks war für die Aktivisten unerfreulich. Die am digitalen Protest federführend Beteiligten wurden durch die Computerspielfirma Blizzard kurzerhand von den Spiel-Servern verbannt (Abalieno 2005). Empirische Studien stellen verallgemeinernd fest, dass zur Entfaltung sozialer Prozesse der spezifischen Ausgestaltung der Computerspiele und ihrer Erlebniswelten eine bedeutende Rolle zukommt (z. B. Williams et al. 2006, Moore et al. 2009). Denn die soziale Architektur der Spielwelten, wie u. a. Designentscheidungen und Spielregeln, besitzen einen entscheidenden Einfluss auf das Spieler- und Gemeinschaftsverhalten sowie die Art und Weise der Gruppenbildung, indem sie u. a. spielinterne Normen und Erwartungen prägt. Analog zu kommerzialisierten Einkaufszentren der realen Welt stellen die in Computerspielwelten geschaffenen Kommunikationsräume und virtuelle Sozialräume tendenziell auch ein Hindernis für Partizipation und Engagement der Spieler dar, da sie oftmals auf reine Spielverweildauer ausgerichtet sind oder wenig Raum für eigene, nicht kommerzielle Kreationen einräumen (z. B. Moore et al. 2009).

- Obwohl die meisten Computerspiele einen stark eskapistischen und fiktiven Charakter besitzen, kann man gerade in Bezug auf die Darstellung von Gewalt und Geschlecht oft auch eine realweltlicher Stereotypisierung entsprechende virtuelle Repräsentation feststellen. So zeigt exemplarisch eine umfassende Zählung der Computerspiel-Charaktere der meistverkauften US-amerikanischen Computerspiele eine systematische Überrepräsentierung männlicher, weißer und erwachsener Avatare. Gerade im Vergleich zur realweltlichen Bevölkerungsverteilung in den USA stellt das eine klare Unterrepräsentierung von weiblichen, älteren und anderen Volksgruppen zugehörigen Avataren dar (vgl. Williams et al. 2009). Der Kommunikationssoziologe Udo Thiedeke (2010) weist hierbei grundsätzlich darauf hin, dass Online-Spiele wie eigentlich alle „Spiel-Räume“ zwar „*Exklusionsbereiche* gesellschaftlicher Normalität“ darstellen (2010: 298, Hervorhebung i. O.), dennoch aber soziale Ungleichheiten hervorrufen bzw. verstärken können. Vor diesem Hintergrund ist es plausibel anzunehmen, dass die virtuelle Reproduktion sozialer Ungleichheiten, die wir aus der Realität kennen, wie z. B. Geschlechter- oder Länderstereotypen, problematische Folgen für die Identitätsbildung der Spieler haben können. Die Kommunikationswissenschaftlerin Lisa Nakamura verdeutlicht in ihrer Studie (2009) ausländerfeindliche Tendenzen in *World of Warcraft*, da chinesischen Spielern Stereotypen aus der Berichterstattung folgend oftmals andere Motive des Spielens in Form des Goldfarming unterstellt werden. Trotz dieser realpolitischen Kontextualisierungen haben Computerspiele als mediales Unterhaltungsangebot das Potenzial

> „ebenso mit sozialen Identitäten (...) oder gesellschaftlicher Differenzierung zu spielen, etwa mit der segmentären Differenzierung in Clans oder der stratifikatorischen Differenzierung in den hierarchischen Gilden mittelalterlicher Spielwelten (...).“ (Thiedeke 2010: 312)

- Entscheidend erscheint daher der Aspekt der individuellen Aneignung der in Computerspielen vermittelten Stereotypen durch die Spieler. Analog zur repräsentationellen Dimension zeigt sich u. U. auch eine Fortführung realweltlicher Charakteristika wie z. B. Geschlechterungleichheiten. So verfügen Computerspielerinnen tendenziell über nicht so ausgeprägte Netzwerke wie ihre männliche Pendants, da die meisten Computerspielkulturen lange Zeit männlich ausgerichtet waren und es z. T. heute noch sind. Der Medienforscher Mirko Tobias Schäfer (2006) fasst die gestalterische und schöpferische Partizipation an und mit Computerspielen wie andere Formen der Computer-Subkultur wie z. B. der Open-Source-Programmierung als ein „Spielen jenseits der Gebrauchsanweisung“. Diese Medienpraxis im Sinne eines „meaningful use“ – also einer bewussten und kreativen Verwendung – besitzt für ihn, im Gegensatz zu einer „reinen Benutzung“, das Potenzial zur Überwindung digitaler und realweltlicher Klüfte. Der in der Spielwelt implementierte Code legt zwar die Regeln der Kommunikation und Interaktion fest. Im Spiel können die gewöhnlichen Regeln sozialen Handelns geändert werden, das heißt aber nicht, dass diese keine Rolle mehr spielen oder folgenlos sind. Zumindest grundsätzlich können Computerspiele jenseits ihrer determinierenden Eigenschaften der technischen Kontexte Räume eröffnen, in denen Spieler der Regelkontrolle des Spiels entkommen können. Obwohl diesbezüglich noch Studien auf breiter Front ausstehen, ist es plausibel anzunehmen, dass – analog zu den Befunden der Forschung zur Aneignung von Web-2.0-Angeboten – nur eine Minderheit von Spielern diese kreativen Spiel- und Kommunikationsräume wie z. B. das Erstellen von Computerspielmodifikationen, den so genannten Mods, auch wirklich in Anspruch nimmt bzw. dazu befähigt ist. Kommunikationswissenschaftlerin Monika Taddicken (2012) folgend kann hier zwischen drei Formen der aktiven Aneignung – Konsumption, Partizipation und Produktion – unterschieden werden, wobei der Bereich der Konsumption, also die reine Nutzung eines Spiels, natürlich die mehrheitliche Praxis des Computerspielens darstellt. Eine entscheidende Rolle spielt hier die kontextspezifische Einbettung des Computerspielens in seine verschiedenen Computerspielkulturen, die im nächsten Kapitel ausführlich dargelegt wird.

- Im Bereich der Regulation ist vor allem darauf hinzuweisen, dass eine über den Jugendschutz hinausgehende bzw. gestaltende Form von Computerspielpolitik noch in den Kinderschuhen steckt, da sich ein Großteil der Debatte allein um die Zulassung gewalthaltiger Inhalte dreht (vgl. ausführlich Wüstefeld 2009). Eine Diskussion darüber, inwieweit die gerade bei Jugendlichen äußerst beliebten Computerspielwelten auch mit Hilfe öffentlicher Gelder gestaltet werden können, findet (noch) nicht statt: D. h. zum Beispiel, wie geht man von Seiten der Medienpolitik konkret mit der Ökonomisierung der Spielwelten um und wie fördert man eine Befähigung zur kritischen Teilhabe. Aber auch die Wahrnehmung ihrer gesellschaftlichen Rolle durch die Computerspielfirmen im Sinne einer Corporate Social Responsibility steht erst am Anfang der Entwicklung. Im Bereich der Computerspieleindustrie fördert allein die Firma Electronic Arts in einem größeren Umfang medienpädagogische Projekte in Deutschland.

5 Computerspieleindustrie

5.1 Marktüberblick

Die Computerspieleindustrie ist längst der Subkultur entwachsen und im kaufkräftigen Mainstream angelangt. Heute sind es beispielsweise vor allem gutverdienende Mitdreißiger, die Geld für Computerspiele ausgeben. Auch die gegenwärtige Elterngeneration um die 40 – im Internet-Feuilleton oft auch „Generation C64" genannt –, die als erste Alterskohorte mit Video- und Computerspielen aufgewachsen ist, gibt ihr einstiges Hobby nun an ihre Kinder weiter. Da sich Computerspiele auf eine Fülle von Spielarten und Genres erstrecken, ist der Absatzmarkt nichtsdestotrotz oft stark klischeebehaftet vordefiniert. Die Spielebranche gilt generell als recht dynamisch, besitzt dabei im Vergleich zu anderen Unterhaltungsindustrien mehrere Eigenheiten, auf die im Folgenden eingegangen werden soll.

Die Ansprüche des Publikums und der ständige Innovationsdruck zeitgemäße Spiele anzubieten, aber auch die zum Teil recht kurzen technischen Lebenszyklen von Konsolen- und PC-Spielen haben die Spieleindustrie von Beginn an vor große technische, konzeptionelle und demografische Herausforderungen gestellt. Diese Prozesse dauern bis heute an und haben zu starken Konzentrationsentwicklungen geführt. So wird die internationale Spieleentwicklung insgesamt gesehen von wenigen, großen Konzernen dominiert. Für diese kommt es aufgrund von Netzwerkeffekten zu wirtschaftlichen Aufwärtsspiralen, für die Mitbewerber eher zu Abwärtsspiralen – ein stagnierender Absatz führt zu geringer Produktion, was wiederum den Absatz weiter verkleinert. Der Wirtschaftswissenschaftler Bernd Wirtz (2009) spricht in diesem Zusammenhang vom großen Potenzial eines Marktführers im Sinne eines „winner takes it all". Diese Entwicklung zeigt sich plastisch auch daran, dass einige wenige Großproduktionen mit immer neuen Veröffentlichungsrekorden glänzen und aufgrund immer umfangreicherer Werbung den Markt dominieren können. Exemplarisch für diese Entwicklung ist im Jahr 2012 das Action-Rollenspiel *Diablo 3*, das zu diesem Zeitpunkt als das am schnellsten verkaufte Computerspiel aller Zeiten gilt. Allein 6,3 Millionen Einheiten wurden weltweit in der ersten Woche verkauft.

In den 1990er Jahren verfolgte die Spieleindustrie ähnliche kommerzielle Strategien, die in den 1980er Jahren eng mit der Filmindustrie in Verbindung gebracht wurden. Die großen Konsolenhersteller wie Sony, Nintendo und etwas später auch Microsoft expandierten auf globaler Ebene durch vertikale wie horizontale Expansion. Mithilfe von Übernahmen, Tochterunternehmen und der Auslagerung verschiedener Produktionsschritte ist es den Konzernen mittlerweile möglich, geografische, technologische, kostenbedingte und kulturelle Barrieren in den Bereichen Produktion, Distribution und Handel zu überwinden (vgl. ausführlich Kerr 2006). Eine Folge der aktuellen Marktkonsolidierung, die mit einer gewissen Marksättigung einhergeht, ist auch eine immer geringer ausfallende Neigung der Spieleindustrie zur Entwicklung neuer Spieletitel. Der Markt wird daher – wie auch in anderen Bereichen der Unterhaltungsindustrie – klar von Folge- bzw. Franchisetiteln dominiert.

Der größte Anteil der international erfolgreichen Unternehmen stammt aus den USA, Japan, Südkorea, Großbritannien und Frankreich. Die deutsche Entwicklerszene befindet sich im Vergleich zur internationalen in der Aufbauphase. Auf der einen Seite ist sie kreativ und dynamisch, auf der anderen Seite zersplittert und klein. In den meisten Entwicklerstudios arbeiten weniger als 50 Personen. Für internationale Spitzenproduktionen werden allerdings laut einer Untersuchung von Müller-Lietzkow et al. (2006) mehr als 50 Personen benötigt. Damit existieren in Deutschland ca. 15 bis 20 international konkurrenzfähige Entwicklerstudios, wobei jedoch einige Tochterunternehmen internationaler Publisher sind wie z. B. Cry Blue Byte (Ubisoft Tochter), Related Design und Phenomic (Electronic Arts). Nachfolgende Tabelle gibt einen Überblick über wichtige deutsche Entwicklungsstudios:

Tab. 5: Überblick über deutsche Entwicklungsstudios

Entwickler*	**Gründung**	**Hauptsitz**	**Mitarbeiter**	**Bekannte Spiele/ Schwerpunkt**
Bigpoint (P)	2002	Hamburg	über 600	DarkOrbit, Seafight/ Browser-Spiele
Crytek	1999	Frankfurt a.M.	über 600	Far Cry, Crysis/ Computerspiele
Daedalic Entertainment (P)	2007	Hamburg	über 60	Edna bricht aus/ Computerspiele
Deck13 Interactive	2001	Frankfurt a.M.	ca. 35	Ankh, Venetica/ Computerspiele
Fishlabs	2004	Hamburg	ca. 43	Galaxy on Fire/ Mobile Games
Gameforge (P)	2003	Karlsruhe	ca. 450	OGame/ Browser-Spiele
Goodgame Studios (P)	2009	Hamburg	ca. 120	Jump Jupiter/ Browser-Spiele
InnoGames	2007	Hamburg	über 160	Die Stämme/ Browser-Spiele
Piranha Bytes	1997	Essen	ca. 22	Gothic, Risen/ Computerspiele
Related Designs	1995	Mainz	ca. 60	Anno-Serie/ Computerspiele
Travian Games (P)	2005	München	über 200	Travian/ Browser-Spiele
Wooga	2009	Berlin	über 100	Diamond Dash, Magic Land/ Social Games

* P = Entwickler ist auch als Publisher tätig

Deutsche Produktionen im PC- und Konsolenbereich sind vorwiegend am deutschen Markt orientiert und verkaufen sich auch auf ihrem Kernmarkt meist nur mäßig. Zudem handelt es sich häufig um kostengünstigere Produktionen. Sehr erfolgreich am Markt sind u. a. Blue Byte mit der *Siedler*-Serie oder Related Designs mit der *Anno*-Serie. Eine weiteres internationale Aushängeschild stellt u. a. der Spielentwickler Crytek dar, der mit den Ego-Shootern *Far Cry* und *Crysis* äußert erfolgreiche Spiele produzierte und auch in der internationalen Spieleindustrie Beachtung fand (vgl. Abb. 21).

Abb. 21: Screenshot Crysis 2

Erfolgsbeispiele wie *Crysis* sind aber eher die Ausnahme. So verweist der Kommunikationswissenschaftler Jörg Müller-Lietzkow (2009: 251) darauf, dass in Deutschland kaum Großproduktionen mit Investitionsvolumen im achtstelligen Millionenbereich zu finden sind. Er führt das darauf zurück, dass die größten Publisher und Hybridunternehmen in Asien und Nordamerika sitzen und folglich die großen Titel nicht in Deutschland produziert werden.

Bei Gründungen von Entwicklerstudios werden die ersten Produktionen meistens durch eine Eigenkapitalfinanzierung getragen. Durch die Erstellung von Prototypen oder Demoversionen wird zusätzlich versucht, Fremdfinanzierung durch Publisher oder andere Investoren wie z. B. im Rahmen von Venture-Kapital zu akquirieren. Ihre Höhe ist abhängig von der Plattform und der Qualität des Spiels (Müller-Lietzkow 2009). Eine weitere Art der Finanzierung ist die Förderung, zumeist als eine Art Kofinanzierung, die sich aber nicht nur auf die Produktion eines Prototypen beschränkt, sondern auch auf die gesamte Entwicklung beziehen kann. Die in Deutschland erhältlichen Fördersummen sind im Vergleich zu internationalen allerdings als eher gering zu bezeichnen. Ähnlich zur Filmbranche wurden verstärkt auf Länderebene Strukturen der Förderung aufgebaut. Die Förderung ist daher stark heterogen und von Bundesland zu Bundesland zumeist aufgrund parteipolitischer Linie verschieden: Einige Standorte wie beispielsweise Hamburg erhalten intensivere Förderung (Projekt

„gamecity:Hamburg"), so dass es dort verstärkt zu Ansiedelungen von Entwicklerstudios kommt (Müller-Lietzkow 2009).

Branchentechnisch stellt die Computerspieleindustrie ein idealtypisches Beispiel für die zunehmende Konvergenz der Medienproduktion und die horizontale Verflechtung verschiedener Unterhaltungsbranchen dar. Dieser Prozess wird gegenwärtig z. B. in Deutschland durch die stark beworbenen Spieleplattformen von *ProSiebenSat.1* deutlich. Seit den 1980er Jahren sind vor allem die Film- und Computerspieleindustrie stark miteinander verbunden. So stellen Computerspielverfilmungen mittlerweile ein wichtiger Zugmotor für die Filmindustrie dar. Die bislang erschienenen *Resident-Evil*-Verfilmungen des gleichnamigen Videospiels und dessen Nachfolgern erwirtschafteten bisher bei vermuteten Produktionskosten von ca. 200 Millionen Dollar (imdb.com) internationale Gesamteinnahmen von ca. 637 Millionen Dollar (boxofficemojo.com). Damit ist diese Reihe zwar noch lange nicht so erfolgreich wie die Literaturverfilmungen der *Herr der Ringe*-Bücher oder die Adaptionen von *Harry Potter*, die pro Film das drei- bis achtfache ihres Budgets und teilweise über eine Milliarde Dollar einspielten (boxofficemojo.com). Doch haben Computerspielverfilmungen im Gegensatz zu Literaturadaptionen eine relativ junge Geschichte und stehen erst am Anfang ihrer Entwicklung. Bis vor einigen Jahren galten sie zumindest der Kritik als durchweg schlechte Filme, auch wenn Fans teilweise für finanziellen Erfolg an den Kinokassen sorgten, wie beispielweise bei der Umsetzung des Prügelspiels *Street Fighter* (1994). Neue Adaptionen wie *Tomb Raider* (2001), *Silent Hill* (2006) oder *Max Payne* (2008) erreichen solide Kritiken wie auch Einspielergebnisse.

Der Anklang der Computerspiel-Ästhetik in der Mainstream-Medienkultur besitzt aber auch einen stark reziproken Charakter. Schon während der ersten Videospiel-Welle in den späten 1970er und frühen 1980er Jahren erreichten Spiele wie *Space Invaders* und *Pac-Man* den Status kultureller Ikonen und nahmen Einfluss auf Kunst, Musik und Film. Stilprägend war für die damalige Zeit der Kinofilm *Tron* (1982), der mit seiner Geschichte eines Programmierers, den es unfreiwillig in eine faszinierende, aber nichtsdestotrotz gefährliche Computerspielwelt verschlägt, die Immersionskraft von Computerspielen plastisch visualisierte. Während der letzten beiden Dekaden hat sich jedoch der Einfluss von Computerspielen auf Film und Fernsehen noch weiter beschleunigt. Diese Entwicklung ist zum Teil auf die fotorealistischen 3-D-Grafiken zurückzuführen, welche Spiele und bewegte Bilder gemeinsam haben – eine Eigenschaft, die der Filmwissenschaftler Lev Manovich (2001) als „synthetischen Realismus" bezeichnet. Game-ähnliche Szenen, visuelle Konventionen und thematische

Elemente sind (seither) immer häufiger in Filmen wiederzufinden, besonders deutlich wird dies bei der stilprägenden und kommerziell äußerst erfolgreichen Film-Trilogie *Matrix* (1999).

Die Preispolitik der Computerspieleindustrie ist grundsächlich nachfrage- und konkurrenzorientiert. Die Kosten der Entwicklung spielen für die Preisgestaltung nur in eingeschränktem Maße eine Rolle. In der Branche haben sich aufgrund der hohen Fixkostendegression Normpreise in einem Niedrig- Mittel-, und Hochpreissegment etabliert, welche sich vor allem an der Aktualität und Qualität der Spiele orientiert. Im Hochpreissegment erfolgt die Preisfestsetzung meist unabhängig von den Produktionskosten. Wirtz (2009: 606) vergleicht in seinem Standardwerk zum Internetmanagement idealtypisch das Computerspiel *The Gateway* mit dem zum Film erschienenen *Enter the Matrix*. Obwohl die Produktionskosten sich beim ersten Spiel auf ca. acht und beim zweiten auf ca. 80 Mio. US-Dollar beliefen, wurden beide bei ihrer Markteinführung nichtsdestotrotz zum gleichen Preis angeboten. Den Konsumenten fehlt damit der Preis als Qualitätsindikator zur Reduzierung der Unsicherheit bei der Konsumentscheidung, da sich die Preise nicht von den Herstellkosten ableiten lassen. Innovationen und Produktalter haben eine größere Relevanz bei der Preisentwicklung. Ein Computerspiel nimmt in den ersten drei bis sechs Monaten 80 % seiner Erlöse ein, bevor es als technisch veraltet gilt und in einer Zweitverwertung zu einem niedrigeren normierten Preis angeboten wird. Dieser Prozess ist einerseits bedingt durch die schnelle technologische Weiterentwicklung im Bereich von Hard- und Software, zum anderen durch den großen Wettbewerb zwischen den einzelnen Publishern, die eine Vielzahl von Titeln auf den Markt bringen. Wie im gesamten Bereich der Unterhaltungselektronik spielt auch die Problematik der Raubkopien eine nicht unerhebliche Rolle bei dieser Preisentwicklung. Wirtz (2009) schätzt, dass mindestens doppelt so viele Raubkopien wie verkaufte Computerspiele im Umlauf sind.

Gegenwärtig entwickelt sich der deutsche Games-Markt positiv: Durch den Verkauf von PC- und Videospielsoftware und die Einnahmen aus Online-Geschäftsmodellen wurden 2011 1,99 Milliarden Euro umgesetzt (BIU 2011). Der Verkauf digitaler Spiele unterliegt dabei starken saisonalen Nachfrageschwankungen. So werden in der Weihnachtszeit klar mehr Titel verkauft als im Rest des Jahres. Davon ausgenommen ist jedoch die Osterzeit, in der ebenfalls ein kleines Hoch zu verzeichnen ist (vgl. Müller-Lietzkow 2009).

Durch den Boom der Online-Spiele hat sich in den letzten zehn Jahren ein neuer Markt mit z. T. veränderten Charakteristika in der Distribution und Preisgestaltung herausgebildet:

> „Waren es in den ersten Jahren des neuen Jahrtausends noch die Massively Multiplayer Online Role Playing Games mit Subskriptionsgeschäftsmodellen, sind es in den letzten drei Jahren vor allem die so genannten Free-to-Play Browser-Games und seit gut einem Jahr die Social Games, welche primär auf sozialen Netzwerkplattformen gespielt werden und den Markt fundamental transformieren." (Müller-Lietzkow 2010: 23)

Müller-Lietzkow versteht diese Entwicklung als eine Art „zweite Welle" der Computerspieleindustrie, die sich durch einen Wandel von einer Produkt- hin zu einer Serviceindustrie auszeichnet. Viele der derzeit am Markt erfolgreichen Browser-Spiele werden in Deutschland produziert. Deutsche Unternehmen wie Gameforge, Innogames oder Bigpoint haben in den letzten Jahren ein rasantes Wachstum hingelegt. Nicht nur deren Mitarbeiterzahl hat sich verzehnfacht, auch das Geschäftsmodell erscheint durch Kleinbetragzahlungen der Spieler – das so genannte Micropayment – äußert profitabel und zählt nicht nur in Deutschland zu den am schnellsten wachsenden Branchensegmenten. Die Wirtschaftsprüfungs- und Beratungsgesellschaft PricewaterhouseCoopers hat 2010 bei der Branchenmesse Gamescom eine Prognose für Browser-Spiele aufgestellt, wonach der Umsatz bis 2014 durchschnittlich um 11,2 % auf knapp 330 Millionen Euro steigen wird. Laut den Angaben des deutschen Branchenverbandes BIU (Bundesverband Interaktive Software) gehen aktuell knapp 10 % des Gesamtumsatzes der Spieleindustrie auf Online-Spiele zurück. Bei stetig steigender Nutzerzahl (geschätzten 15,5 Millionen allein in Deutschland) wird der Umsatz mit Abonnements und Premium-Accounts auf über 180 Millionen Euro beziffert.

Einen verlässlichen Überblick über Marktanteile aller derzeitigen Marktteilnehmer zu geben, ist mit Schwierigkeiten verbunden. Größtes Problem dabei ist, dass nicht alle Entwickler und Publisher genaue Daten ihrer Produkte veröffentlichen. Im Bereich der Online-Spiele hat sich mit MMOdata.net eine Plattform etabliert, die versucht, verschiedene direkte und indirekte Angaben der Hersteller zusammenzufassen oder fehlende Daten zu schätzen. Die gesammelten Informationen werden in drei mögliche Akkuranzkategorien eingeteilt. Die gebotenen Daten können einer wissenschaftlichen Überprüfung wohl kaum standhalten, liefern aber den umfassendsten Überblick, den es derzeit zu finden gibt. Eine Zusammenstellung der Marktteilnehmer von 1997 bis 2012 macht die dominierende Stellung des Marktführers *World of Warcraft* deutlich. MMOdata schätzt das Gesamtvolumen aller Online-Spiele auf circa 20,5 Millionen aktive Accounts. Demnach hat *World of Warcraft* einen Marktanteil von rund 50 %. Die andere Hälfte des Marktvolumens teilen sich die 18 verbleibenden Anbieter der Kategorie ab 150.000 Abonnenten wie *Lineage* oder *Aion*.

Bei den so genannten Free-to-play-Online-Spielen werden Erlöse nicht wie bei anderen Computerspielen durch den Verkauf im Handel generiert, sondern ein anderes Erlösmodell (Micro Payment) sorgt für die entsprechenden Umsätze. Diese Form von Computerspielen – überwiegend Browser-Spielen – werden in ihrer Basisversion meistens kostenlos angeboten. Der Spieler muss sich zunächst registrieren und kann anschließend am Spiel teilnehmen. In der Regel verfügt er allerdings nicht über die volle Optionsvielfalt, stattdessen stehen ihm nur einige Funktionen oder Informationen bereit. Kleinere Geldbeträge schalten dem Spieler zusätzliche Features frei, was ihm letztendlich gegenüber dem nichtzahlenden Spieler einen mitunter immensen Spielvorteil gewährt. Diese bestehen z. B. aus spezifischen Community-Leistungen, Chats, Foren oder anderer Kommunikationsmöglichkeiten sozialer Art. Weiterhin können diese Premium-Inhalte für das Spiel relevante Zusatzinformationen oder Statistiken enthalten, die es beispielsweise ermöglichen, den nächsten Angriff gegen einen Gegner besser und genauer zu planen oder sie erhöhen die Kapazität der im Spiel nutzbaren Gegenstände gegenüber dem nicht zahlenden Spieler.

Eine Marktbeobachtung von BIU und GfK ergab, dass in Deutschland 2009 etwa 204 Millionen Euro mit Abo-Einnahmen und dem Verkauf virtueller Güter generiert wurde. Über den Verkauf von In-Game-Gegenständen – so genannte Item Sales – werden ca. 80 bis 90 % des Gesamtumsatzes eines Browser-Spiels erzielt. Es handelt sich dabei um Gegenstände oder Charakteristika, die der Spieler nur schwer bzw. mit erheblichem Zeitaufwand oder auch gar nicht erspielen kann. Dazu zählen beispielsweise Ausrüstungsgegenstände, die dem Spieler Vorteile verschaffen z. B. in einem Online-Rollenspiel eine stärkere Rüstung zur besseren Abwehr vor gegnerischen Angriffen, die ansonsten über einen langen Zeitraum vom Avatar hergestellt werden müsste. So genannte Customization Items, welche im Zusammenhang mit dem Verkauf virtueller Güter den höchsten Umsatz erzielen, dienen vor allem der individuellen Anpassung der Spielfigur, der Gestaltung und Erscheinung des Avatars als Alter Ego des Spielers. Dazu zählen u. a. spezielle Kleidungstücke oder Accessoires, die durch die Spieler nicht erspielt oder freigeschaltet werden können, sondern allein gegen reales Geld erworben werden müssen. Zum Kauf solcher Gegenstände wird dazu oftmals auf eine virtuelle Spielwährung zurückgegriffen, die für realweltliches Geld erworben werden muss. Der Rückumtausch von virtuellem Spielgeld, welches im Spiel „verdient“ wird, in echtes Geld, war lange Zeit aus Sicht der Anbieter nicht erlaubt. Ein blühender Schwarzmarkt auf Internetauktionsplattformen wie Ebay hat die Spieleindustrie allerdings zum Umdenken gebracht. Im 2012 erschienenen Action-Rollenspiel *Diablo 3* ist mit großem

Erfolg ein Echtgeld-Auktionshaus implementiert, auf dem Spieler ihre virtuellen Goldmünzen in realweltliche Währung(en) transformieren können.

An der klassischen Wertschöpfungskette der Spieleindustrie sind folgende Akteursgruppen beteiligt, die von Genre zu Genre noch weiter ausdifferenziert werden können: Entwickler, Publisher, Distribution/Handel und Konsumenten. In allen Bereichen nehmen die Prinzipien der Kollaboration und Ko-Kreation eine große Rolle ein. Ein besonderer Schwerpunkt liegt dabei in der Produktentwicklung und in den diversen Kommunikationsmaßnahmen.

- Die Entwickler konzipieren, programmieren und entwerfen das digitale Spiel (vgl. zur Spieleentwicklung ausführlich Kapitel 5.2). Sie bieten den Verlegern ihre Konzepte und Prototypen zur Vermarktung an. Die Spielentwicklung kann sowohl extern durch ein unabhängiges Entwicklerstudio, als auch intern durch die Entwicklungsabteilung eines Publishers erfolgen. Des Weiteren produzieren ebenfalls Einzelpersonen oder kleine unabhängige Teams Spiele. Diese Spiele werden Independent Games (Indie Games) genannt, da sie ohne die finanzielle Unterstützung eines Publishers entwickelt werden.

- In den Aufgabenbereich der Publisher bzw. der Verleger fällt die Finanzierung, die Produktion der Verpackung und der Hard-Copies sowie die Vermarktung der digitalen Spiele. Ihnen steht meistens ein hohes finanzielles Budget zur Verfügung, sodass sie den Marktzugang sowie den Distributionskanal dominieren und als zentrales Glied in der Wertschöpfungskette gelten (Müller-Lietzkow 2009: 248). Meistens sind Publisher große, global agierende Konzerne mit mehr als tausend Mitarbeitern. Sie agieren in Auslandsmärkten eigenständig oder, wie in Europa, durch lokale Tochterfirmen. Ihre Einkünfte stehen in direkter Verbindung zu den einzelnen Spieltiteln und deren Vermarktung. Sie bevorzugen daher Titel, die sich gut bewerben und in der Folge gewinnbringend verkaufen lassen. Die Beziehung zwischen Entwicklerstudio und Publisher ist geprägt durch ein gegenseitiges Abhängigkeitsverhältnis. Der Entwickler ist auf die Finanzierung durch den Publisher und die damit verbundenen Sicherheit angewiesen. Der Publisher hingegen möchte nur erfolgsversprechende Titel in sein Sortiment aufnehmen und wählt deswegen die Spiele mit Bedacht aus. Auf der anderen Seite darf er allerdings keinen Trend verpassen (vgl. Bartlett 2010: 859).

- Die Distribution ist in der klassischen Wertschöpfungskette das Bindeglied zwischen Entwickler/Publisher und dem Handel, wobei der Online-Vertrieb von Spielen stark zugenommen hat. Auf Plattformen wie *Steam*, *Xbox Live* und *PlayStation Network* werden heutzutage nicht nur kleine Casual Games, sondern auch AAA-Titel zum Download angeboten. Große Publisher wie Electronic Arts planen ihre Distribution in naher Zukunft vollkommen über das Internet durchzuführen. Diese Neuerung hat eine Veränderung der klassischen Wertschöpfungskette zur Folge: Der Publisher kann das Spiel nun sowohl über den Distributor und den Handel verkaufen als auch auf unabhängigen Spieleportalen oder dem Kunden direkt anbieten. In Deutschland wird die Mehrzahl der Verkäufe jedoch nach wie vor über den traditionellen Handel abgewickelt. Indie Games hingegen werden nur online distribuiert, da sie ohne einen Publisher keinen Zugang zum klassischen Handel haben.

- Der Handel steht vor der Aufgabe, die unterschiedlichen Titel für den PC und die Konsole so zu kombinieren, dass er möglichst viel Gewinn abschöpfen kann. Die Hersteller und Publisher der Spiele möchten hingegen eine optimale Platzierung möglichst vieler ihrer Titel im Sortiment. Ein Platz im Regal des Händlers ist daher sehr begehrt. Aufgrund der Platzknappheit im Händlerregal muss ein Spiel innerhalb von zwei Wochen allerdings sein Verkaufspotenzial unter Beweis stellen. Wenn kurz nach dem Erscheinen die geplanten Verkaufszahlen nicht erreicht werden, muss der Publisher schnell handeln, da der Händler das Recht hat, nicht verkaufte Spiele zurückzugeben und dafür eine Gutschrift für künftige Produkte zu erhalten. Diesen Rückläufen wird meist durch Preissenkungen zuvorgekommen (Bates 2002). Zwischen Händler und Publisher besteht ein recht dynamisches Verhältnis: Der Händler hat die Möglichkeit neue Spiele erst in das Sortiment aufzunehmen, wenn Ladenhüter von demselben Publisher verkauft wurden. Der Publisher kann, wenn er gerade ein erfolgsversprechendes Spiel produziert, die Aufnahme anderer Spiele in das Sortiment verlangen. Auf diese Abhängigkeiten ist es zurückzuführen, dass sich kleine und unabhängige Publisher nur schwer etablieren können (Bates 2002). Große Einzelhändler sind dagegen nicht daran interessiert, viele verschiedene Spiele anzubieten, sondern möchten Titel im Sortiment haben, mit denen sie ihre Kosten decken und Gewinne generieren können.
- Die Computerspieler stellen als Endverbraucher die letzte Wertschöpfungsstufe dar und bestimmen als Konsumenten bzw. Nutzer digitaler Spiele den Markt. Unter dem Eindruck zunehmender Konvergenzprozesse werden die Konsumenten vermehrt als Mitgestalter und eben nicht nur als reine Abnehmer verstanden (Prosumenten), denen ein immer größer werdender Stellenwert in der Spieleindustrie zukommt (Müller-Lietzkow 2009). So werden sie u. a. aktiv in den Prozess der Spieleentwicklung miteinbezogen. Prominentes-

tes Beispiel dafür sind die Modder, die Einzelheiten existierender Spiele wie z. B. Spielebenen oder Designelemente korrigieren, weiterentwickeln oder gar zu neuen Spielkonzepten überarbeiten – das weltweit erfolgreichste und noch heute populäre Beispiel stellt *Counter-Strike* dar, eine Modifikation von *Half-Life*. Die Qualität dieser Spiele und Spielelemente muss sich vielfach nicht hinter der traditioneller Spiele verstecken, und nicht selten sind hochprofessionelle ‚Mods' die Eintrittskarte in die Entwicklerwelt für die Hobbyprogrammierer. Die meisten entstehen heute für Echtzeitstrategiespiele sowie First- und Third-Person-Shooter. Ein weiteres Beispiel sind die so genannten Beta-Tester. Hier liefern interessierte Spieler vor allem im Bereich der Online-Spiele den Herstellern wertvolle Tipps für die Optimierung der Spielgestaltung, indem sie unentgeltlich Spielversionen testen.

Zusammenhängend mit der Beliebtheit von Browser-Spielen richtet die Spieleindustrie ihre Bemühungen vor allem an der Zielgruppe der Gelegenheitsspieler, den so genannten Casual Gamern, aus. Diese Gruppe eint, dass hier hauptsächlich zum Spaß und zur Entspannung und dabei stark unregelmäßig gespielt wird. Deswegen wählen Gelegenheitsspieler eher selten Spiele, die ein hohes Maß an Engagement oder Beteiligung erfordern. Casual Games, zu denen auch der Großteil der Social Games gerechnet werden können, zeichnen sich dementsprechend zumeist durch geringe Komplexität und intuitivem bzw. leicht erlernbaren Gameplay aus.

Die zunehmende Mobilität von Gameplay, gekoppelt mit technologischer Konvergenz, hat die Computerspielbranche in dem Maße verändert, wie das der *Sony Walkman* in den 1980er Jahren für die Musikindustrie getan hat. So lässt die rapide Verbreitung von Mobile Games v. a. die Gruppe der Gelegenheitsspieler stark anwachsen. Das ist vermutlich auch durch die Preis-Struktur für Computerspiele in diesem Segment bedingt. Früher belief sich der Preis für ein *Game Boy*-Spiel bei 70 D-Mark, vergleichbare Spiele als App kosten heute ein bis fünf Euro. Ein gutes Beispiel für die aktuelle Popularität von solchen App-Spielen ist das von einer ehemals kleinen finnischen Firma entwickelte *Angry Birds*, das auf einer recht simplen Spielidee beruht und mittlerweile über 500.000 mal heruntergeladen wurde (vgl. Abb. 22).

Abb. 22: Screenshot Angry Birds

5.2 Spieleentwicklung

Computerspieleentwicklung ist als eine spezifische Form von Softwareentwicklung zu verstehen, bei der ein bestimmtes Produkt und/oder Dienstleistung konzipiert und entwickelt wird. Das Ergebnis dieser Entwicklung bzw. das Computerspiel umfasst Charakteristika, die in der Regel nur in digitaler Form existieren. Der Prozess der Spieleentwicklung ist daher sehr komplex und umfasst viele Schritte, deren Umfang abhängig von dem jeweiligem Spiel, der Plattform, der Zielgruppe, dem Budget und anderen Faktoren variieren kann. Wenn man diese Komplexität der Spieleentwicklung berücksichtigt, wird deutlich, warum aus Branchensicht für eine erfolgreiche Spieleproduktion v. a. auf Teams aus qualifizierten und teamfähigen Einzelpersonen gesetzt wird. Trotz dieser stark kollaborativen Ausrichtung besitzt allerdings jedes Teammitglied seine spezifische Rolle(n) und Aufgabe(n), auch die Teamarbeit insgesamt ist nachhaltig durch die Prinzipien der Seniorität und hierarchischen Unterordnung geprägt. Spiele werden dabei oft in zeitlich eng begrenzten Projekten und in Zusammenarbeit mit Spieleentwicklern sowie mit Branchenexternen entwickelt. Wie im vorangegangen Kapitel skizziert, ist die deutsche Computerspielbranche durch einen hohen Grad der Einbindung aktiver Konsumenten in die (Weiter-) Entwicklung und Vermarktung von Computerspielen geprägt. Diese partizipatorische Geschäftsstruktur der Industrie wird dabei besonders von großen und international tätigen Computerspielfirmen getragen, die Menschen unterschiedlicher Nationalitäten zusammenbringen, um gemeinsam an Projekten zu arbeiten (vgl. ausführlich Müller-Lietzkow et al. 2006).

Ein Computerspiel wird konkret in einem Prozess unterschiedlicher, aufeinanderfolgender Phasen produziert. Jede Phase ist definiert durch so genannte Meilensteine, an deren Erreichen meistens die Verträge zwischen Entwicklerstudio und Publisher geknüpft sind. Die verschiedenen Entwicklungsphasen werden zwar von den Praktikern zum Teil unterschiedlich bezeichnet, beinhalten aber alle denselben grundlegenden Ablauf: Konzeptentwicklung, Präproduktion, Produktion, Postproduktion und Nachbesserung.

- In einer ersten Phase wird zuerst das Konzept für das geplante Spiel entwickelt. In dieser Konzeption werden allgemein verständlich die Grundlagen des Spiels festgehalten, dazu gehören u. a. die Gameplay-Elemente, die Ausarbeitung der Spielstory sowie ein Designentwurf, der verdeutlicht, wie das Spiel aussehen soll (Bates 2002: 206). Der dazugehörige Projektplan enthält u. a. Angaben zum Budget, Ressourcen- und Zeitplanung. Ein Konzept entsteht auf Basis unterschiedlicher, meist wirtschaftlicher Entscheidungen. So möchte der Publisher zum Beispiel an einen früheren Erfolg anschließen, einen erfolgreichen Franchisetitel zu einer Serie ausbauen oder seine wirtschaftlichen Beziehungen nutzen. So kann es sein, dass der Publisher bereits einen Vertrag mit einem Filmstudio ausgehandelt hat oder eine vorhandene Game Engine verwenden möchte (Sloper 2010: 792). Je nach Publisher entwirft ein interner oder externer Entwickler die Konzepte. Ein interner Entwickler wird von seinem Publisher informiert, wenn ein freier Platz im Publishing Schedule für ein bestimmtes Genre und einen bestimmten Markt existiert. Für einen externen Entwickler ist es wichtig, am Ende der ersten Phase einen Publisher gefunden zu haben, der bereit ist, die Präproduktion oder bereits die gesamte Entwicklung zu finanzieren. Da mittelgroße Computerspiele mit zwei bis fünf Millionen Euro an Entwicklungskosten und häufig noch einmal genauso viel für die Distribution und die Marktplatzierung zu Buche schlagen, muss sich der Publisher sicher sein, dass sich das Spiel finanziell rentiert. Die Entwicklungskosten variieren je nach Art des Spiels stark. Mobile Spiele bzw. Casual Games lassen sich bereits für 30.000 bis 100.000 Euro entwickeln (vgl. Wirtz 2009) während ein so genanntes Full-Budget-PC- oder Konsolenspiel durchaus im Bereich von Millionen liegen kann und dann mit den Kosten eines professionellen Kinofilms durchaus vergleichbar ist. Eine gute Spielidee allein genügt daher nicht, um den Publisher zu überzeugen. Stattdessen werden Marktdaten benötigt, die den kommerziellen Erfolg des Spiels relativ sicher vorhersagen. Dies hat zur Folge, dass bewährte und nicht zu innovative Konzepte bei Verlegern beliebt sind und der Markt – ähnlich wie in der Filmindustrie – in den letzten Jahren von sehr vielen Fortsetzungen geprägt ist.

- Während der Präproduktion wird das Gamedesign vollständig ausgearbeitet und ein Entwicklerteam zusammengestellt. Das Ziel dieser Entwicklungsphase ist die Entwicklung eines spielbaren Prototypen, was für kleine Entwicklerteams aufgrund der hohen Finanzierungskosten oftmals ein Problem darstellen kann. Am Ende dieser Entwicklungsphase entscheidet der Publisher auf Basis des Prototypen, der verschiedenen Design- und Technikdokumente und dem vollständigen Projektplan, ob das Spiel weiterfinanziert wird oder nicht. Wird das Projekt nicht weitergeführt, erhält der Entwickler die Zahlungen bis zum letzten erfüllten Meilenstein.

- Die Produktionsphase ist die aufwendigste und teuerste aller Phasen. In dieser Zeit schreiben die Programmierer den Code, die Animateure modellieren das 2D- bzw. 3D-Design und die Game Designer entwerfen die zentralen Spielmechaniken, die verschiedenen Spielebenen und die Hintergrundgeschichte des Spiels. Der Sounddesigner entwirft die passenden Soundeffekte und die Musik. Die Texter schreiben die Dialoge sowie die In-Game-Texte und die Qualitäts-Abteilung testet die ersten Versionen. Ziel ist die Erstellung der so genannten Alpha-Version, in der alle Spiel-Features enthalten sind. Bis zu deren Vollendung existiert kein spielbares Produkt. Da die Produktion mehrere Monate dauert, kann der Entwickler dem Publisher über einen längeren Zeitraum keine sichtbaren Ergebnisse zeigen. Der Publisher muss hier dem Entwickler vertrauen. Die Produktion wird von dem Produktionsleiter koordiniert, der ebenfalls für die Kommunikation mit dem Publisher zuständig ist.

- Spielproduktionen im Bereich der AAA-Titel sind teuer und zeitintensiv, sodass häufig – ebenso auch bei kleineren Produktionen – mehrere Probleme auftreten können (Sloper 2010: 810f.). So kann das Teamwork der Spieleentwickler nicht funktionieren. Für die Produktion des Spiels muss das Entwicklerteam neue Technologien verwenden, deren Produktion zeitaufwendiger als geplant oder nicht durchführbar ist. Trotz Zahlungen durch den Publisher, kann der Entwickler die Produktion insgesamt nicht finanzieren. Ebenfalls ist es möglich, dass der Publisher während der Produktionen einen Geschäftsbereich aufgibt oder aufgrund von internen Restrukturierungsmaßnahmen die Finanzierung einstellt (Kerr 2006: 96). Häufig kann auch der Fall eintreten, dass der Publisher kurzfristig um Änderungen bittet, wie zum Beispiel ein verändertes Avatar-Design. Diese Änderungen und Probleme verursachen Mehrkosten und eine Verzögerung im Zeitplan. Da jedoch die Marketingabteilung bereits Monate vor dem Erscheinen beginnt, Werbung zu schalten, ist es wichtig, dass ein Computerspiel relativ pünktlich erscheint.

- Wenn alle Mediendateien und Features entworfen und integriert wurden, ist die Produktionsphase abgeschlossen und die Postproduktion beginnt. In dieser Phase wird das Spiel durch die Qualitätssicherung getestet, um v. a. eventuelle Software- oder Programmfehler (Bugs) zu identifizieren und die Spielschwierigkeit zu prüfen (Balancing). Der Vertrieb plant, wie viele Datenträger gepresst werden und die Abwicklungsabteilung organisiert deren Produktion. Parallel dazu entwickelt das Marketingteam die Verpackung (Box) sowie eine Bedienungsanleitung. Manche Spiele enthalten eine Anleitung in Papier, andere in digitaler Form. Zusätzlich arrangiert die Marketingabteilung die Werbung im Rundfunk, in Zeitungen, online und in den Verkaufsstellen. Erfolgsversprechend sind vor allem Previews, Reviews und die Titelseiten der Games-Zeitschriften. Da Großhändler den Kauf eines Spiels auf Basis von Vorbestellungen entscheiden, ist es notwendig, dass die Werbekampagnen den Kunden bereits vor dem Erscheinen des Spiels erreichen. Nach erfolgreichem Launch des Spiels, werden dem Kunden oftmals online Softwareergänzungen (Patches) zur Verfügung gestellt. Diese werden auf Basis von User-Feedbacks erstellt und reparieren schwerwiegende Bugs, wie z. B. Kompatibilitätsprobleme oder Fehlfunktionen einzelner Features.

5.3 Spieleentwickler

Computerspiele sind ein immer größerer Teil unserer kulturellen Realität. Nicht von ungefähr fokussiert der öffentliche Diskurs Aspekte des Jugendschutzes, der Suchtgefahr und der vermeintlichen Gewaltbereitschaft exzessiver Gamer. Es verwundert daher, dass die Produzenten dieser kulturellen Realität, die Menschen hinter den Computerspielen – so genannte Gameworkers[10] – bisher eher unbemerkt geblieben sind. Auf diesen Umstand hat der internationale Berufsverband der Spielentwickler (International Game Developers Association bzw. IGDA) schon frühzeitig hingewiesen: „Wohingegen viel über die Konsumenten von Videospielen und die Produkte selbst bekannt ist, wissen wir nur wenig über die tatsächliche Zusammensetzung des Berufsstandes der Spieleentwickler." (IGDA 2005: 4, Übersetzung J.W.) Vergleichbar weisen Deuze et al. (2007: 335, Übersetzung J.W.) darauf hin, dass

> „(i)m Gegensatz zu den detaillierten Personen-Angaben im Abspann von Filmen oder zu den Angaben zum Autor im Journalismus bleiben Spieleentwickler (ähnlich wie ihre kreativen Kollegen in der Werbung) dem Publikum in der Regel unbekannt."

Die Größe der blinden Flecken in unserem Wissen über die Produzenten eines immer größeren Teils der kulturellen Realität ist erstaunlich. Daher sollen an dieser Stelle die Arbeitsbedingungen und das damit zusammenhängende Selbstverständnis von Spieleentwicklern näher charakterisiert werden.

Als Gameworker gelten all diejenigen Personen, die sich hauptberuflich mit der Entwicklung und Produktion digitaler Spiele beschäftigen. Folgende Spezialisierungen können bei der Spieleentwicklung u. a. differenziert werden: Produzenten, Game-Designer, Modellierer, Autoren, Programmierer, Grafiker, Level-Designer, Musiker, Sound-Designer, Qualitätsprüfer (vgl. Müller-Lietzkow et al. 2006). Nach Schätzungen des BIU sind in der deutschen Computerspielwirtschaft knapp 10.000 Menschen haupt- oder freiberuflich tätig. Mit der Entwicklung, Produktion und/oder Vermarktung digitaler Spiele sind circa 275 Unternehmen befasst.

Die Berufsgruppe der Spieleentwickler wurde bislang nur in wenigen Studien empirisch erforscht. Eine Umfrage der IGDA (2005) warf ein erstes Schlaglicht auf die Arbeitsdemografie in der US-amerikanischen Spieleindustrie. Laut dieser Studie waren 88,5 % der Befragten männlich und nur 11,5 % weiblich (vgl. IGDA 2005: 12). So sind die Jobpositionen im Kernbereich der Spieleentwicklung wie Game-Design, Programmierung oder Visualisierung nach wie vor männlich besetzt. Basierend auf diesem Umfrageergebnis entwirft die IGDA (2005: 10, Übersetzung J.W.) ein etwas überspitztes Portrait eines

---

[10] Die in der angloamerikanischen Forschungs- und Praxisliteratur als Gameworkers bezeichneten Spieleentwickler sind Personen, die sich hauptberuflich mit der Entwicklung und Produktion digitaler Spiele beschäftigen.

typischen Spieleentwicklers „als nicht körperbehindert, 31 Jahre alt, seit mehr als 5 Jahren in der Spielindustrie tätig, akademische Bildung."

Der Berufsalltag der Spieleentwicklung ist stark von den oben skizzierten Organisations- und Industriestrukturen der Spieleindustrie geprägt. Digitale Medientechnologien gelten dabei neben individueller Kreativität als treibender Faktor der Spielewirtschaft. Die kreative Arbeit der Spieleentwickler ist einem permanenten Wandel unterworfen, der sich in einer ständigen Suche nach neuen Möglichkeiten, Entdeckungen und Experimenten ausdrückt (Deuze et al. 2007).

Die Besonderheiten der Spieleproduktion machen das Arbeitsumfeld äußerst anspruchsvoll oder, wie Potanin (2010: 135, Übersetzung J.W.) es ungeschönt zusammenfasst: „Während es großen Spaß macht, Computerspiele zu spielen, macht es oft sehr viel weniger Spaß, diese zu produzieren." Die Entwickler sehen sich im Rahmen der Spieleentwicklung oftmals einer „heißen Phase" – der so genannten Crunch Time – gegenüber. Diese bedeutet oftmals unbezahlte Überstunden und die Notwendigkeit, eng gelegte Termine einzuhalten. Bedingungslose Leidenschaft für die Arbeit wird daher oft seitens der Industrie als eine der wesentlichen Komponenten bei der Spieleentwicklung geschätzt. Erste Berufsfeldforschung unterstreicht den stressigen Charakter der Spieleentwicklung und die große Arbeitsbelastung. Laut IGDA (2004) arbeiten drei von fünf Spieleentwicklern in der Regel mehr als 46 Stunden pro Woche und in der heißen Phase des Projekts bewältigen 35,2 % der Befragten 65 bis 80 Stunden pro Woche und ca. 13 % über 80 Stunden die Woche. Darüber hinaus berichtet mehr als die Hälfte der Befragten, dass ihr Management die „Crunch Time" als normalen Arbeitsalltag behandelt.

Die spezifischen Arbeitsbedingungen von Spieleentwicklern liegen in den vielen Herausforderungen der Computerspielwirtschaft begründet, die bislang von zahlreichen Krisenphasen heimgesucht wurde. Die Tatsache, dass es in diesem Geschäft ursprünglich schwieriger war als in anderen Medienbereichen (z. B. Film-Produktion), Gewinn zu erwirtschaften, aber auch die immaterielle Natur der Spieleentwicklung erklären die Arbeitsbelastung, welche die Beteiligten bewältigen müssen. Auf dem dazugehörigen Arbeitsmarkt herrscht nichtsdestotrotz große Konkurrenz und die Zahl der Menschen, die in die Spielindustrie einsteigen möchten, wächst beständig weiter.

Aus einer kritischen Perspektive charakterisieren Dyer-Witheford und de Peuter (2006: 601) einen Arbeitsplatz in der Spieleindustrie insgesamt gesehen als einen „Ort der Konflikte anstatt des Einverständnisses" und beschreiben den Arbeitsalltag als Spieleentwickler recht dramatisch anhand von vier Schlagworten: Junge Menschen, die in die Branche einsteigen, freuen sich anfangs über die kreative Freiheit und geringe Bürokratie sowie das hohe Ausmaß an Teamarbeit („enjoyment“). Über die Jahre hinweg bekommen sie allerdings das Gefühl, sich in einem von einem so genannten „old boys club“ dominierten und stark von Hierarchien geprägten Arbeitsumfeld zu befinden („exclusion”). Ihr Job zieht permanenten Stress nach sich, lange Arbeitszeiten und ständig heiße Phasen in der Projektarbeit („exploitation”). Dies führt zwar zu einer hohen Umsatzsteigerungsrate in der Branche, aber auch zu vielen Aussteigern, die die Branche in naher Zukunft verlassen wollen („exodus”). So kommt auch eine Umfrage der IGDA aus dem Jahr 2004 zu dem Ergebnis, dass 50 % der Beschäftigten die Spieleindustrie innerhalb der ersten zehn Jahre verlassen, 35 % innerhalb von fünf.

In der Computerspielbranche zeigt sich in den verschiedenen Berufsbiografien oftmals ein nahtloser Übergang zwischen Amateur- und Profi-Spieleentwicklung, da nicht wenige Gameworker schon in ihrer Kindheit und/oder Jugendzeit damit beginnen, sich für spezifische Aspekte vom Computerspielen zu interessieren – sei es Programmierung, Design oder Story – um dann den Karriereweg eines Spieleentwicklers einzuschlagen. Ein idealtypisches Beispiel dafür dokumentieren Wimmer und Sitnikova (2012) in einer qualitativen Befragungsstudie von deutschen Spieleentwicklern: Der Grafik-Designer Manuel[11] arbeitet beispielsweise seit 20 Jahren in der Branche. Schon als kleiner Junge hat er mit dem Zeichnen begonnen und dann, im Alter von elf Jahren, seine erste Erfahrungen mit einem Computermalprogramm gemacht. Schrittweise wurde das Game-Design zu seiner Leidenschaft – im Alter von 17 Jahren hatte er bereits sein erstes Spiel zusammen mit Freunden programmiert. Ein Jahr später wurde er dann als Assistant Art Director in einem Entwicklungsstudio angestellt.

Diese Interviews mit deutschen Spielentwicklern zeigen außerdem, dass es mit wachsender Berufserfahrung üblich ist, zusätzliche Aufgabenbereiche zu übernehmen – z. B. neben Kreativ- oder Verwaltungsaufgaben auch managementbezogene Tätigkeiten. Beispielsweise begannen zwei der Befragten, die nun kleine Entwicklungsstudios leiten, ihre Karriere als Programmierer. Mit der Zeit machten sie sich mit den anderen Aspekten der Spielentwicklung vertraut, was ihnen ermöglichte, ihre Position zu verbessern. So wird von allen Befragten darauf verwiesen, dass es für Spieleentwickler obligatorisch ist, ihre Beschäftigung (ständig) zu wechseln, um mehr Berufserfahrung sammeln. Akademische Abschlüsse werden nicht als Voraussetzung für den Berufseinstieg gesehen, ein Quereinstieg ist (noch immer) möglich, auch wenn sich die heutige Arbeits-

[11] Die Namen der befragten Spieleentwickler wurden von den Autoren anonymisiert.

platzsituation in der Spieleindustrie durch die wachsende Konkurrenz dramatisch geändert hat.

Viele der in der Studie befragten Spieleentwickler empfinden im Gegensatz zu den eingangs zitierten Berufsfeldanalysen einen mittleren bis sogar hohen Grad an Autonomie und Gestaltungsfreiheit und nur geringe Hierarchien auf einer sozialen Ebene. Einige betonen, dass Entscheidungsfindungsprozesse als sehr partizipativ wahrgenommen werden. Dieser wahrgenommene Freiraum für Kreativität und Selbständigkeit variiert allerdings von Projekt zu Projekt und von Studio zu Studio und hängt von der jeweiligen Projektphase ab. In der Planungsphase gibt es idealtypisch größere Möglichkeiten sich einzubringen als in der Produktionsphase. Wenn die Design-Dokumente fertig sind, gelten strengere Weisungen. Hier ist ein Zwiespalt erkennbar: Auf der einen Seite werden Spieleentwickler stets dazu ermutigt, kreativ zu handeln, auf der anderen Seite muss die auszuführende Arbeit u. a. zur Spielstory, dem Projekt im Allgemeinen und den Anforderungen der Vorgesetzten passen.

Wie auch in anderen modernen Medienberufen wird im Berufsalltag großer Wert auf ein lebhaftes Sozialleben gelegt, um Arbeitszufriedenheit, Produktivität und Zusammenhalt innerhalb der Firmen zu erhöhen. So ist es bei vielen Studios Tradition, dass die Mitarbeiter in soziale Aktivitäten nach der Arbeit eingebunden sind. Wimmer und Sitnikova (2012) dokumentieren hier eine Aussage eines Spieleentwicklers, der diesen Zusammenhang folgendermaßen kommentiert:

> „Wir verbringen nach der Arbeit einige Zeit miteinander – z. B. manchmal um etwas trinken gehen. Es ist eigentlich ein sehr angenehmes Arbeiten. Ich denke, das ist der Grund, warum die Leute eigentlich mit dieser Industrie umgehen können. Obwohl es manchmal wirklich sehr fordernd sein kann, was die Arbeitszeiten betrifft. Ansonsten würden die Leute aus der Industrie fliehen inklusive mir selber."

In Zeiten eines ausdifferenzierten Marktes und einer starken Konkurrenz zwischen den Entwicklungsstudios scheint es nötiger denn je, gute Kenntnisse über die aktuellen Entwicklungen und Neuigkeiten in der Computerspielwirtschaft und über die Aktivitäten der Konkurrenz zu besitzen, d. h. darüber, welche Spiele kürzlich veröffentlicht wurden, welche Spiele Auszeichnungen erhalten haben usw. Die Kenntnisse sollten sich auch auf ein Verständnis der aktuellen Bedürfnisse der diversen Zielgruppen erstrecken. Trotz dieser Präferenz und z. T. hohen Mediennutzungszeiten entsprechen die Befragten nicht den im öffentlichen Diskurs oft vorfindbaren Stereotypen, welche die Spieleentwickler gleichsam wie Computerspieler als ‚Computerfreaks' bzw. ‚Nerds' darstellen, die sich die ganze Zeit nur mit Spielen beschäftigen. Grundsätzlich unterscheiden sich Spieleentwickler nicht von anderen Berufsgruppen. Gleichwohl die Entwicklung von Computerspielen neben dem Spielen auch ihre bedeutendste Freizeitbeschäftigung darstellt.

Für eine Karriere in der Spieleindustrie müssen potenzielle Berufseinsteiger neben einer Leidenschaft für Spiele eine hohe Motivation besitzen, das Publikum unterhalten zu wollen. Denn es geht den befragten Spieleentwicklern nicht so sehr darum, allein finanziell erfolgreiche Spiele zu produzieren, sondern vielmehr darum, dass ihre Produktionen geschätzt werden und dass sie vielfältige Rückmeldungen vom Publikum bekommen. Sie führen diese Publikumsorientierung darauf zurück, dass sie eine tiefe Verbundenheit zum Spieleentwickeln empfinden, das für sie mehr als eine reine Erwerbsbeschäftigung darstellt. Zentral in diesem Zusammenhang wird auf ein „Gespür für das Spiel“ verwiesen, eine Art intuitives Verständnisses dessen, was zum Spiel passen würde und worauf das Publikum Wert legt. Viele der Befragten sehen ihre Arbeit daher an der Schnittstelle zwischen Kommerz und Kreativität, wobei sie ständig für eine Balance zwischen beidem sorgen müssen.

Zweitrangig ist die Bedeutung spezifischer Berufskenntnisse, die als eine Voraussetzung für eine bestimmte Job-Spezialisierung wie z. B. 3D-Design gelten. In Zeiten starken Wettbewerbs auf dem Spielemarkt reicht es zugleich aber nicht mehr aus, nur in einer besonderen Spezialisierung ausgewiesen zu sein. Alle Befragten erachten es für notwendig, mit allen Aspekten der Spieleproduktion vertraut zu sein, was sie mit der gruppenbezogenen und kollaborativen Praxis ihrer Kreativbeschäftigung begründen – ein Aspekt, der Spieleentwickler von anderen sowohl Content-, Technologie- oder Software- Entwickler in der Medienbranche allgemein zu unterscheiden scheint.

Die Interviews von Wimmer und Sitnikova verdeutlichen auch den Stellenwert persönlicher Kompetenzen als eine wichtige berufliche Norm der Computerspieleindustrie, was in gewisser Weise im Widerspruch zu den skizzierten rationalen wie strategischen Aspekten der Computerspielwirtschaft zu stehen scheint. Qualitäten wie Talent und Kreativität werden als sehr wichtig empfunden, weil Spieleentwicklung von allen als eine kreative Tätigkeit bewertet wird. Daneben werden soziale Kompetenzen als ein „Must-have“ genannt. Dies bezieht sich nicht nur auf die Teamfähigkeit innerhalb der Entwicklungsteams sondern auch auf die ständige Anforderung mit externen Anspruchsgruppen wie z. B. Verlegern gut zusammenzuarbeiten. Der interviewte Spieleentwickler Dennis verdeutlicht diese Relevanz:

> „Es ist eine wirklich harte Arbeit. Man muss über wahres Können und Ausdauer verfügen, um am Projekt dranzubleiben und nicht aufzugeben. Das ist wirklich

wichtig. Die meisten Leute, die in der Games-Branche scheitern, können nicht in einem Team zusammenarbeiten."

Aufgrund der zeitintensiven Produktionsprozesse werden Durchhaltevermögen und Geduld als wichtige persönliche Eigenschaften genannt, um mit Stress und langen Arbeitsstunden umzugehen. Ohne eine angenehme Atmosphäre im Studio ist es aus Sicht der Entwickler schwer bis unmöglich, den eingangs skizzierten hohen Arbeitsbelastungen standzuhalten. Ein hohes Engagement für die Berufstätigkeit und die Leidenschaft für Computerspiele können allerdings solche Schwierigkeiten schnell vergessen lassen.

Da sich die Spieleindustrie und deren Technologien ständig weiterentwickeln, bezeichnen die Interviewpartner das Prinzip des lebenslangen Lernens und damit verbunden die Motivation, fachliche Kompetenzen individuell steigern zu wollen, als wichtige berufliche Orientierungen. Idealtypisch dafür steht die Äußerung der Level-Designerin Anja: „Ich will ein paar neue Sachen seit sehr langer Zeit ausprobieren – neue Software-Anwendungen kennen lernen, Wissen über Animation erlangen etc." Dieser Ehrgeiz, sich selbst ständig weiterentwickeln zu wollen, kann zu den zentralen Berufswerten gezählt werden, was sich auch in der von allen genannten Bereitschaft ausdrückt, immer komplexere Spiele produzieren zu wollen – ein „höher, weiter, schneller", das sich auch im Level-Prinzip der meisten Computerspiele spiegelt.

Dieser Wunsch nach der Entwicklung immer hochwertigerer Spiele verweist auch auf spezifische, individuell verschiedene Vorstellungen von Berufsethik, die durch persönliche Einstellungen und/oder durch die Haltung des jeweiligen Entwicklungsstudios geprägt ist. In diesem Kontext ist die Position der einzigen weiblichen Befragten interessant. Auf die Frage hin, ob es ein Spiel gebe, das sie produzieren würde, sagt Anja: „Ich denke, ich würde alles ausprobieren", fügt dann aber hinzu, dass sie keine „sexistischen Spiele " produzieren würde. Deshalb plädiert sie für Arbeitsteams mit einem ausgeglichenen Geschlechterverhältnis. Denn ihre Vision einer ethischen Spieleentwicklung ist es, dass Menschen beiderlei Geschlechts ein Spiel produzieren, sodass die Spielfiguren keine sexistischen Stereotype repräsentieren. Das Thema Sexismus wird auch von Alex erwähnt – er spricht von den Klischees, die bei Spielen bezüglich Mädchen forciert werden. Er glaubt, dass diese Klischees viel mehr Schaden anrichten als ein First-Person-Shooter.

Die in der Studie befragten Spieleentwickler zeigen alle ein sehr starkes Zugehörigkeitsgefühl zu ihrer Berufsgruppe allgemein wie auch zu ihrem jeweiligen Entwicklungsstudio. Der auffälligste Grund dafür ist die tiefe Leidenschaft für Computerspiele – sowohl für die Spieleentwicklung als auch für das Spielen

–, die sie die Mühen des Berufsalltags z. T. vergessen lässt. Diese Art der Berufung lässt sich damit erklären, dass es für Spieleentwickler sehr typisch erscheint, dass sie sich schon in der Kinder- und Jugendzeit mit Computerspielen beschäftigten und dann begannen, sich schrittweise mehr und mehr für deren Charakteristika – sei es Programmierung, Design oder Story – zu interessieren, um später einen diesbezüglichen Berufsweg einzuschlagen. Diese Form von „das Hobby zum Beruf machen" ist natürlich auch bei anderen modernen Medienberufen zu beobachten. Im speziellen Fall von Spieleentwicklern fungieren allerdings hauptsächlich digitale Spiele als Ressource und Vermittler des beruflichen Selbstverständnisses. Trotz dieser starken medialen Prägkraft verdeutlichen die Befunde allerdings auch die Vielfalt individueller Haltungen, so dass nicht von einer homogenen beruflichen Identität in dieser Branche auszugehen ist.

Durch eine starke Konkurrenz auf dem Arbeitsmarkt und eine steigende Komplexität von Technologien und Produkten der Spieleindustrie nimmt die Bedeutung der beruflichen Spezialisierung zu. Nichtsdestotrotz spielen soziale Kompetenzen eine tragende Rolle aufgrund eines der zentralen Charakteristika der Spieleentwicklung – der Teamarbeit. Sie ist auch der Grund, warum ein Spieleentwickler mit jedem Aspekt der Spieleentwicklung vertraut sein sollte, denn Teamarbeit impliziert eine tiefergehende Kooperation zwischen verschiedenen Mitgliedern des Entwicklungsteams und ein klares Verständnis der eigenen Rollen und Aufgaben aber auch der Teamkollegen. Darüber hinaus kann ein „Gefühl für das Spiel " – ein intuitives Verständnis bezüglich Gameplay und den Bedürfnissen der Zielgruppe – aus der Sicht der Spieleentwickler als eine der grundlegendsten Qualifikationen für ihre Berufsgruppe bezeichnet werden.

Es ergeben sich eine Reihe von spannenden Anschlussfragen für die weitere Forschung. Besonders interessant scheint ein tiefergehender Blick auf die weiblichen Spieleentwickler zu sein. Auch wenn die Anzahl beschäftigter Frauen in der Spieleindustrie gewachsen ist, bilden sie immer noch eine Minderheit. Die Arbeitsbedingungen der weiblichen Entwickler unterscheiden sich von denen ihren männlichen Kollegen (Consalvo 2008). Aber unterscheiden sich auch ihre beruflichen und professionelle Haltungen?

5.4 In-Game-Werbung

Obwohl der Werbeträger Computerspiel schon seit Jahren auf dem Markt ist und die Spieler eine attraktive Zielgruppe darstellen, ist In-Game-Werbung ein relativ neues Kommunikationsinstrument, dessen Bedeutsamkeit sich auch in verschiedenen Wachstumsprognosen zeigt. So wird von Branchendiensten geschätzt, dass diese Werbeform bis zum Jahr 2015 in Deutschland auf einen durchschnittlichen Erlöszuwachs von 10,1 Prozent auf 97 Millionen Euro kommen wird (PricewaterhouseCoopers 2011). In der Forschung hat sich bisher noch keine einheitliche Definition von Werbeformen in Computerspielen etabliert. In der Praxis werden neben Bezeichnungen wie In-Game-Advertising oder Interactive Advertising bevorzugt Begriffe etablierter Werbe- und Marketingformen mit einem Verweis auf den Werbeträger Computerspiel verwendet – z. B. Brand Placements in Computer/Video Games, Billboards within the Gaming Environment, Product Placement in Video Games, Advertising Exposure in Online Gaming Environments oder Werbung in Computerspielen. Allgemein handelt es sich um die Platzierung von werblichen Botschaften in Computerspielen wie z. B. die Bandenwerbung in Sportspielen (vgl. Abb. 23).

Abb. 23: Screenshot In-Game-Werbung in SBK X: Superbike World Championship

Im Zuge der Charakterisierung und Definition von In-Game-Werbung muss besonders die Eigenart von Computerspielen als Werbeträger beachtet werden. Eine Nebenbeinutzung, wie dies bei klassischen Massenmedien wie TV oder Radio oft vorzufinden ist, ist beim Computerspielen nicht möglich. Es kann daher prinzipiell von einem hohen Involvement- und Motivationsgrad ausgegangen werden, was in einer erhöhten Aufmerksamkeit und Konzentration seitens der Spieler mündet. Bezugnehmend auf die Erkenntnisse zu Lerneffekten (vgl. Kapitel 4.4) ist gerade im Falle von kindlichen und jugendlichen Computerspielern mit einem großen Einflusspotenzial der Computerspiele zu rechnen. Die charakteristischen Unterschiede von Computerspielen im Vergleich zu klassischen Werbeträgern betonen die Dringlichkeit, sich gesondert mit der Werbeform der In-Game-Werbung und ihrer Wirkung auseinanderzusetzen.

Das Phänomen In-Game-Werbung kann anhand verschiedener Faktoren in drei grundlegende Dimensionen kategorisiert werden:

- Adgames vs. In-Game-Werbung: Adgames (Werbespiele) werden meist zur Präsentation eines Produktes oder zur Imagepflege verwendet und häufig direkt und kostenlos an die Zielgruppe verteilt bzw. online zur Verfügung gestellt. Im Gegensatz zu Adgames wird bei In-Game-Werbung das Spiel zunächst unabhängig von bestimmten Marken oder Produkten entwickelt. Werbetreibende können sich dann mit ihren Marken und Werbebotschaften in das Computerspiel einkaufen.

- Statische vs. dynamische In-Game-Werbung: In-Game-Werbung kann nach dem Grad ihrer Implementierung in statische (SIGA) oder dynamische In-Game-Werbung (DIGA) differenziert werden. Bei der statischen In-Game-Werbung wird die Werbung bereits während der Entwicklungsphase einmalig und unveränderlich integriert und ist damit fester Bestandteil des Spiels. Im Gegensatz dazu werden bei der dynamischen In-Game-Werbung bestimmte Platzhalter als Werbeplätze definiert, die später für einen konkreten Zeitraum von verschiedenen Marken belegt werden können und über eine Onlineanbindung jeweils in das Spiel integriert werden.

- Brand Presence vs. Product Placement: Anhand der Interaktivität kann man In-Game-Werbung auch in die Formen Brand Presence und Product Placement unterscheiden. Während bei Brand Presence aus der Realität bekannte Werbeformen, wie z. B. Plakate, nur eingeblendet aber nicht in den Handlungskontext des Spiels eingegliedert werden, stellt Product Placement eine Markenintegration in die Spielhandlung dar und ermöglicht damit unter Umständen auch eine direkte Interaktion mit der beworbenen Marke bzw. dem beworbenen Produkt.

Abgesehen von den wenigen rein werbefinanzierten Casual Games wie z. B. das vor einigen Jahren recht populäre *Moorhuhn*, eigentlich ein Werbespiel für eine Whiskey-Marke, ist bei Browser-Spielen der Anteil der Einnahmen, der durch Werbung erzielt wird, nicht höher als 20 %. Dies ist deutlich weniger, als gemeinhin angenommen wird (Nguyen-Khac/Brasch 2007): Der Verkauf von Werbung erfolgt dabei über große Werbenetzwerke wie etwa *Google AdSense* oder regional verschiedene Werbevermarkter. Zwar weisen Browser-Spiele sehr hohe Nutzerzahlen und dementsprechend auch hohe Reichweiten auf, allerdings werden nicht annähernd die Größenordnungen erreicht, die schon seit Längerem prognostiziert sind. Der Grund dafür liegt vor allem in der noch nicht oder nur teilweise nachgewiesenen Wirkung der gängigen Online-Werbeformen.

Wie aber wirkt In-Game-Werbung bzw. wie wird es überhaupt von den Spielern wahrgenommen? Ein Blick auf die klassische Werbewirkungsforschung erscheint hier nicht ausreichend. Die Verarbeitung von Werbebotschaften, die in Computer- und Videospielen platziert sind, unterscheidet sich von denen in traditionellen Medien. Die Nutzung von Computerspielen und die damit verbundene Wirkung von In-Game-Werbung ist bislang in verschiedenen wissenschaftlichen und kommerziellen Studien untersucht worden (vgl. im Überblick Thomas/Stammermann 2007). Die häufigste Vorgehensweise stellt dabei das klassische Wirkungsexperiment dar (z. B. Klimmt et al. 2008). Durch Setzung eines manipulierbaren Stimulus (z. B. Spiel mit oder ohne In-Game-Werbung) wird untersucht, ob eine Wirkung, meist in Form von verbesserten Erinnerungs- (Recall) oder Wiedererkennungswerten (Recognition) von Werbebotschaften stattgefunden hat. Ein zentrales Problem dieser Forschung stellt die meist relativ kurze Konfrontation der Nutzer mit dem Stimulus dar. Längsschnittuntersuchungen zu diesem Themenbereich sind noch nicht publiziert. Als ebenso problematisch erwies sich bisher das generelle Problem von Wirkungsstudien: die künstliche Laborsituation. Spieler sind nicht frei in der Nutzung der Computerspiele. Daten, wie häufig Spieler bei ihrer Computerspielnutzung mit In-Game-Werbung konfrontiert wurden, sind bislang nicht veröffentlicht. Solche Daten sind aber notwendig, um die Frage nach medienpädagogischen Konsequenzen zu beantworten.

Die mehrstufige Pilotstudie von Dörr et al. (2011) kann das Forschungsdefizit hinsichtlich dreier Aspekte lindern: (1) Erscheinungsformen von In-Game-Werbung werden anhand von acht Kategorien systematisiert: Werbeobjekt (Symbol, Produkt oder Dienstleistung), Verbreitungsweg (offline oder online),

Messbarkeit der Nutzeraktivitäten (Nettokontakte oder Adserver-Messung), Grad der Fixierung (statische oder dynamische In-Game-Werbung), Typ der werblichen Kommunikation (virtuelle Werbung oder virtuelles Product Placement), Grad der Interaktion (passiv oder interaktiv), wirtschaftliche Transaktion (nicht möglich oder möglich) und Kenntlichmachung (Hinweis auf Werbeinhalt oder keiner). (2) Der medienrechtliche Regulierungsbedarf wird hinsichtlich der Kennzeichnungspflicht von In-Game-Werbung und dem Kontaktverhältnis zwischen jungen Computerspielern und ebendieser spezifiziert. (3) Zwei von der Forschergruppe durchgeführte Rezeptions- und Wirkungsstudien verdeutlichen, dass gerade bei jüngeren Computerspielern zwischen acht und elf Jahren Problematiken im Umgang mit In-Game-Werbung zu vermuten sind, da diese Spielerpopulation nicht nur aufgrund geringerer Medienkompetenz der Werbung weniger kritisch gegenübersteht sondern auch stärker für Werbebotschaften empfänglich erscheint.

6 Ausblick

6.1 Individuelle und gesellschaftliche Implikationen

Der Blick auf die Medienkultur des Computerspielens und den darin zum Ausdruck kommenden alltäglichen Umgang mit Computerspielen kann dazu beitragen, die dahinterstehenden und komplexen kommunikativen Konstruktionsprozesse, von denen wir heute noch sehr wenig wissen, besser nachzuvollziehen. Entsprechende kommunikationssoziologische Untersuchungen zeigen mehrere interessante Aspekte und stellen Folgendes fest: Mediatisierte Erlebniswelten wie z. B. die aktuell populären *World of Warcraft*, *GTA* oder *Diablo 3* beeinflussen, bedingt durch ihr Interaktivitätspotenzial und ihre ungeheure Sogwirkung, die Alltagswelt und die Identitätsprozesse ihrer Spieler.

Die Entstehung dieser Form von Sinnstiftung und Bedeutungskonstruktionen erscheint auf den ersten Blick naturgemäß stark losgelöst von der direkten Beteiligung der Spieler und ist eher vom Bedeutungsgehalt der spezifischen virtuellen Welt, deren Spielregeln und den darin stattfindenden virtuellen Spielhandlungen determiniert. Aber auch wenn die Begegnungen zwischen den Spielern oftmals rein medienvermittelt und ohne körperlich erfahrbare physische Begegnungen stattfinden,[12] sorgen die mitunter recht unterschiedlichen und ausdifferenzierten Kommunikationsmöglichkeiten, die sich den Spielern bieten, über das Spielen hinaus u. a. für realweltliche Lern- und Vergemeinschaftungsprozesse. Denn Computerspielwelten transformieren zwar die Formen, aber nicht automatisch die Natur sozialer Interaktionen und dazugehörender körperlicher Sinnangebote. Sie stellen in ihren spezifischen Regelkontexten also nicht nur verschiedene mediatisierte Spielwelten für Spaß, Wettkampf, Leistung etc. dar, sondern sind sowohl als soziale Räume u. a. für Kontakte, Kollaboration etc. als auch als Sozialwelten zu verstehen, denen verschiedene Transferprozesse zwischen realweltlichem und virtuellem Alltag und vice versa inhärent sind. Auf individueller Ebene stellen Computerspiele neben einer zunehmenden Zahl anderer digitaler Kommunikationsmedien Sozialisierungs- und Identitätsange-

[12] Eine Ausnahme ist das so genannte „co-located gaming", also das gesellige Spielen mehrerer Spieler gemeinsam vor dem Bildschirm.

bote dar und prägen zunehmend das kommunikative Handeln der Menschen. Sie ergänzen, erweitern und/oder substituieren dabei direkt erfahrbare Interaktion und Kommunikation.

Neben dem Aspekt der recht unterschiedlichen (medien-)kulturellen wie personalen Einbettung digitaler Spiele gilt es auch festzuhalten, dass Computerspiele und ihre Spielkulturen zwar für sich alleinstehend untersuchbar sind, allerdings in ihrer Komplexität erst verstanden werden, wenn sie auch im Zusammenhang eines umfassenden Veränderungsprozesses kontextualisiert werden. Im Unterschied zu einem eher engeren Wirkungsverständnis macht die in diesem Buch entfaltete Perspektive den Bezug der Computerspielnutzung zu einem übergreifenden Wandel von Kommunikations- und Medienformen deutlich (vgl. auch ausführlich die Beiträge in Krotz/Hepp 2012). Spezifisch ist hier auf die gegenwärtigen gesellschaftsprägenden Prozesse der Mediatisierung, Individualisierung, Globalisierung und Ökonomisierung von Alltag und Gesellschaft zu verweisen (vgl. hierzu ausführlich Krotz 2007: 161ff., 2008: 38, bzw. Kapitel 3.4).

Zwei Dimensionen charakterisieren diesen Gesamtprozess: Die Verfügbarkeit und Verbreitung von Medien und das Ausmaß der sich auf Medien beziehenden (mediatisierten) Alltagshandlungen nimmt in einer quantitativen Hinsicht stetig zu. Aber auch unter qualitativen Gesichtspunkten prägen Medien hinsichtlich ihrer Bedeutungs- und Sinngehalte die verschiedenen kulturellen wie sozialen Kontexte, in die sie eingebettet sind. Für Computerspiele gilt daher wie für alle Kommunikationsmedien, dass sie weniger eine spezifisch fassbare Wirkkraft entfalten als vielmehr eine als umfassend zu bezeichnende, die nichtsdestotrotz in einem hohen Maße kontextuell zu fassen und eben nicht – wie es beispielsweise in der Gewaltfrage manchmal die Boulevardberichterstattung nahelegt – auf eine bestimmte Medienlogik und deren „direkte“ Wirkungen reduzierbar ist (Hepp 2011).

Computerspiele stellen aufgrund ihrer Entstehungs- und Aneignungskontexte vielmehr idealtypische kommunikative Manifestationen und Antreiber ebendieser gesellschaftlichen Veränderungsprozesse dar wie beispielsweise den der Mediatisierung oder Ökonomisierung. Diese eher abstrakten Überlegungen lassen sich exemplarisch gut an dem Spannungsverhältnis von kommerzieller Produktion und individueller Aneignung von Computerspielen verdeutlichen: So können beispielsweise Online-Spiele wie *World of Warcraft* u. a. die Handlungsfähigkeit ihrer „hoch individualisierten“ Spieler (Schuhmacher/Körbel 2010) fördern, indem sie Teamarbeit, Selbstwirksamkeitserfahrungen oder auch Technologiekenntnisse spielerisch vermitteln. Diese Vermittlungsleistung geht aber implizit einher – so legen die Erkenntnisse kritischer Analysen nahe (z. B. Dyer-Witheford/de Peuter 2009, Kücklich 2009, Rettberg 2008) – mit der Sozialisation und Kultivierung von affirmativen Deutungsmustern, die die Integration der Spieler in die gegenwärtige Wettbewerbsgesellschaft und ihre kapitalistische Arbeitswelt unterstützen. Die Fähigkeiten für erfolgreiches Clan-Spielen („Leadership-Skills") in Computerspielwelten wie *World of Warcraft* dienen mittlerweile Unternehmen als Blaupause für angehende Manager und der Effizienzsteigerung (z. B. IBM 2007). Schon zu Beginn der Game Studies hat die Medienforscherin Janet Murray auf die immanente Eigentümlichkeit des Computerspielens als Reflexion des kapitalistischen Alltags hingewiesen:

> „I encounter a confusing world and figure it out. I encounter a world in pieces and assemble it into a coherent whole. I take a risk and am rewarded for my courage. I encounter a difficult antagonist and triumph over him. I encounter a challenge test of skill or strategy and succeed at it. I start off with very little of a valuable commodity and end up with a lot of it (or I start off with a great deal of a burdensomme commodity and get rid of all of it)." (Murray 1997: 127)

In diesem Kontext erscheint es als erster Hinweis, dass sich in den meisten Studien Computerspieler selten negativ über ihre Geldinvestitionen in ihre Spielleidenschaft äußern. Computerspiele werden vielmehr als eine vergleichsweise günstige und zufriedenstellende Dienstleistung betrachtet und damit als alltäglicher Bestandteil des Konsums angesehen. Wie das Fallbeispiel der *World Cyber Games* zeigt, ist die Mehrheit der Computerspielkulturen nicht als konsumkritische, sondern eher als hedonistische Netzwerke aufzufassen. Computerspiele sind somit quasi auch nicht nur in der Mitte der Gesellschaft angekommen, sondern unterstützen auf ihre Weise den Status Quo. Der Medientheoretiker McKenzie Wark stellt generell fest, dass Computerspiele gerade für Jugendliche „primers in junk consumerism" darstellen können – also „Appetithappen" für einen ausschweifenden (Medien-)Konsum in unserer gegenwärtigen medialen Überflussgesellschaft (Wark 1994, zit. n. Lister et al. 2008). Als ein diesbezüglich erstes prominentes Beispiel fungiert die äußerst erfolgreiche transmediale Vermarktung des Computerspiels *Pokémon* in den 1990er Jahren, deren Instrumentalisierung kindlicher Spielkultur zum Teil stark kritisiert wurde.

Yee (2006b) weist in diesem Zusammenhang auf eine für ihn zentrale „Ironie" von Computerspielwelten hin, da sie eigentlich als eine Art „Fluchtwelt" von den Arbeitsroutinen des Alltags angepriesen und wahrgenommen werden (Stichwort Eskapismus), aber im Grunde für nicht wenige Spieler aufgrund der Anforderungen im wahrsten Sinne körperliche Anstrengung darstellen und damit von arbeitsähnlicher Natur sind. Ein idealtypisches Beispiel dafür ist für

Yee das so genannte Grinding (Schinderei) in Online-Spielen. Damit werden im Game Slang sich ständig wiederholende und dabei oft relativ sinnentleerte Spielroutinen und Erfüllen von Aufgaben bezeichnet – wie z. B. das Töten von Monstern in *World of Warcraft*. Spielavatare sollen durch diese Praxis relativ schnell auf eine höhere Stufe gebracht werden bzw. mehr Fähigkeiten erlangen. Auf diese Weise mag für manche Spieler die täglichen Anforderungen ihres Computerspiels stressiger als ihre eigentliche Berufstätigkeit erscheinen. So ist es für Yee „tragisch", dass in diesem Kontext Computerspieler sogar bereit sind, im Rahmen von Abonnements monatlich Geld zu zahlen, um evtl. einen „Spiele-Burnout" aufgrund ihrer – wie im Falle von *World of Warcraft* für den Spielerfolg notwendigen – exzessiven Spielhandlungen zu erleiden.

Heuristisch lassen sich nun die im Buch behandelten Charakteristika und Kontexte der Computerspielnutzung zu vier verschiedenen Komplexitätsebenen zusammenfassen, welche auf einem Kontinuum zwischen Spiel und Gesellschaft, zwischen einer Mikro- und Makrodimension verortet werden können (vgl. Abb. 24): Beginnend bei den Merkmalen eines Computerspieles als Medienprodukt, über dessen Nutzer und deren Einbettung in spezifische Spielkulturen bis hin zur gesellschaftlichen Einbettung des Phänomens. Das prozesshafte Zusammenwirken dieser Ebenen konstituiert sowohl die gesellschaftliche Bedeutung als auch den individuellen Umgang mit Computerspielen. Das Modell soll nicht eine bestimmte Hierarchie der verschiedenen Ebenen implizieren, dafür sind die Zusammenhänge zu komplex. So wäre es beispielsweise zu vereinfachend anzunehmen, dass die gesellschaftliche Einbettung der Computerspiele wie v. a. der ökonomische Charakter als Medienprodukt alle anderen Ebenen des Phänomens determiniert. Dafür sind allein viele Computerspielkulturen zu kreativ im Umgang mit digitalen Spielen. Das bedeutet aber auch, dass die empirische Forschung die Kontexte des Phänomens Computerspiel und die verschiedenen multiplen Beziehungen, die sich zwischen den Komplexitätsebenen entfalten, zu berücksichtigen hat, wenn man fundierte Aussagen über die diversen Einflussfaktoren und die Dynamik der Aneignungspraktiken machen möchte (Stichwort Gewalt- und Suchtdebatten) – eine analytische Fokussierung allein auf Spielhandlungen würde zu kurz greifen.

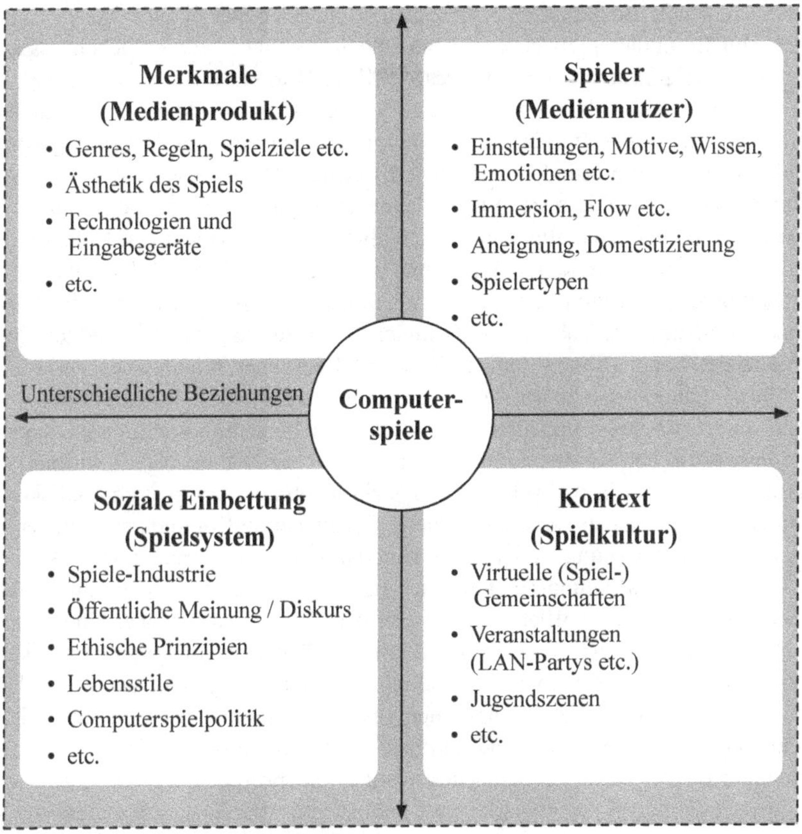

Abb. 24: Analyseebenen des Phänomens Computerspiel

Der ausführliche Bezug auf diese sozialen, kulturellen und ökonomischen Kontexte von Computerspielwelten soll vor allem aber auch verdeutlichen: Es ist genauso wenig sinnvoll, über die realweltliche Wirkkraft von Computerspielwelten und damit verbunden über deren Virtualität nachzudenken, ohne deren personale wie soziale Implikationen, die immer mit sinnhaften Bedeutungskonstruktionen verknüpft sind, in Betracht zu ziehen. Denn es ist – wie die Forschung schon frühzeitig gezeigt hat – davon auszugehen, dass sich die Prägkräfte von Computerspielen allgemein in den alltäglichen Praktiken und Konstruktionsprozessen ihrer Spieler realisieren und damit an ihnen beobachtbar sind.

Computerspielwelten stellen für ihre Spieler Lebenswelten für Selbstkonstruktion, Identitätserprobung und Gemeinschaftserfahrung dar. Sie sind als eine Art soziales Labor (Sherry Turkle) jenseits körperlicher Widerstände und realweltlicher Hindernisse zu verstehen. Diese kommunikativen Konstruktionsprozesse sind trotz ihres medialen Charakters unter bestimmten Voraussetzungen und in spezifischen Kontexten nicht weniger physisch wie psychisch wirkmächtig und damit auch in realweltlicher Hinsicht identitäts- und gemeinschaftskonstituierend. So gesehen kann das virtuelle Eintauchen in Computerspielwelten – jenseits der Zerstreuung und bloßen Unterhaltung – nicht nur einen Akt der individuellen Empfindung sondern auch unter den geschilderten Bedingungen einen zutiefst gesellschaftlichen Akt darstellen. Das ist generell aber eine Chance und Gefahr zugleich, da sich für die Spieler Unterscheidungsproblematiken zwischen Sein und Schein bzw. Realität und Fiktion ergeben. Diese werden noch verschärft bzw. oftmals instrumentalisiert, da die meisten Computerspielwelten kommerzieller Natur sind und damit bestimmten ökonomischen Interessen unterliegen. Recht schonungslos werden die profitorientierten Interessen einiger Computerspieleentwickler und Publisher in journalistischen Interviews aufgedeckt, wenn sie sich ihres ökonomischen Erfolgs rühmen (vgl. idealtypisch dafür ein *Spiegel Online*-Interview mit Victor Kislyi, dem Entwickler des gegenwärtig äußerst populären wie profitablen Browser-Spiels *World of Tanks*).[13]

In diesem Zusammenhang spielt auch die bislang eher vernachlässigte Frage nach den ethischen Implikationen des Computerspielens eine gewichtige Rolle (z. B. Grimm/Capurro 2010). Computerspiele können sowohl als moralische Objekte als auch als Agenten ethischer Werte verstanden werden, da bei näherem Hinsehen erkennbar wird, dass nicht nur ethische Werte und moralische Aussagen in ihrem Design verankert sind, sondern sie auch diese vermitteln (vgl. umfassend Sicart 2009). Spielerzählungen, Regelkontexte, Achievements

---

[13] http://www.spiegel.de/netzwelt/games/victor-kislyi-im-interview-zum-computerspiel-world-of-tanks-a-837782.html (01.01.2013).

oder Highscores legen nahe, was als richtig und tugendhaft in einem Spiel angesehen wird. Dieser Aspekt steht in einem engen Zusammenhang mit dem Spielerlebnis. Die Moral von Computerspielen liegt also nicht nur in dem, was sie sagen, sondern auch, wie sie es erzählen.

Das kann exemplarisch gut an dem dritten Level des militärischen Ego-Shooters *Call of Duty: Modern Warfare 2* aus dem Jahr 2009 verdeutlicht werden. Diese Spielebene beinhaltet eine der kontroversesten und am meisten diskutierten Szenen in der Geschichte des Videospiels. In dieser sehr provozierenden und dabei sehr aufwendig gestalteten Spieletappe ist der Spieler in der Rolle eines US-amerikanischen Geheimagenten an einem Massaker durch russische Terroristen beteiligt. Diese Terrortat ist im Spiel Ausgangspunkt für einen globalen militärischen Konflikt zwischen den USA und Russland. Der Spieler hat nun drei Optionen: (1) Um seine Deckung zu behalten, kann er sich am Erschießen hilfloser Zivilisten beteiligen. (2) Er kann sich dazu entscheiden, überhaupt nicht zu schießen und einfach den anderen Terroristen durch die Spielwelt zu folgen. (3) Er kann selbst auf die Terroristen schießen. Wenn er dies tut, verliert er seine Deckung, wodurch er seine Spielrolle nicht korrekt erfüllt und das Spiel beendet wird. In den zensierten Versionen des Spiels, wie der deutschen, ist das Schießen auf Zivilisten ebenfalls verboten, aber in der ungekürzten Version ist diese Möglichkeit aus der Perspektive der Spielerzählung der sinnvollste Weg zu Handeln. Die offene Frage, die sich daraus ergibt, ist, inwieweit ein Spieler, der in diesem Beispiel an den virtuellen „Grausamkeiten" teilnimmt, die notwendige Distanz zum Geschehen einnimmt bzw. einnehmen kann. Ohne diese Distanz kann das Spielerlebnis – die Simulation einer Als-ob-Teilnahme an existentiellen Handlungen – allerdings nicht funktionieren.

Neben diesen spielimmanenten ethischen Aspekten können aber auch weiterführende medienethische Fragestellungen formuliert werden, die der theoretischen wie empirischen Beantwortung (noch) harren: Was ist z. B. die ethische Verantwortung von Spieleentwicklern in Bezug auf einzelne Spieler und die Gesellschaft im Allgemeinen? Welcher Rolle, falls überhaupt, können Spiele als kritisches kulturelles Korrektiv im Vergleich zu anderen (traditionellen) Massenmedien wie Kommunikationsmedien spielen? Darüber hinaus, was ist eigentlich die Besonderheit von ethischen Normen, die innerhalb des Spielkontexts Anwendung finden?

6.2 Anstöße für die weitere Computerspielforschung

Seit ca. einer Dekade hat sich zwar das eigenständige akademische Feld der Game Studies etabliert, doch Computerspiele scheinen nichtsdestotrotz insbesondere in Deutschland einen schlechten Ruf zu besitzen und auch deren Erforschung wird an Hochschulen häufig noch mit Skepsis betrachtet. Lange Zeit beschränkte sich die Forschung in Deutschland allein auf die Bereiche der

> „Pädagogik, Soziologie, Psychologie und Medienwirkungsforschung (...), die mit ihren Fragen nach Aggressionspotential, psychologischen Effekten und Identitätsbildung an die gesellschaftspolitischen Diskussionen andocken." (Hanke 2008: 7)

Im Vergleich zur internationalen Diskussion hat sich reichlich verspätet in den deutschen Sozial- und Geisteswissenschaften erst in den letzten Jahren eine Art „Goldgräberstimmung" (Neitzel 2008) ausgebreitet, was sich nun deutlich in einer zum Teil nicht mehr rezipierbaren Zunahme an Projekten und Publikationen zeigt. Auch die Kommunikationswissenschaft hat sich zu Beginn nur zögerlich mit Computerspielen beschäftigt, da dieses Medium aus Perspektive vieler etablierter Wissenschaftler außerhalb des originären Kerninteresses des Faches lag. Dies zeigt auch eine Befragung des promovierten wissenschaftlichen Nachwuchses im Fach (Wirth et al. 2008). Bei der Frage nach der thematischen Beschäftigung der Akademiker landet der Bereich Computerspielforschung auf dem letzten der 22 Ränge. Nicht wesentlich besser fällt das Ergebnis bei der Frage aus, welches Themengebiet die Promovierten als vielversprechend einschätzen würden: Hier rangiert Computerspielforschung auf Rang 19 von 22 (Wirth et al. 2008: 96). Die noch lückenhafte Aufarbeitung der gesellschaftlichen Implikationen von Computerspielen in Deutschland ist aus dieser Perspektive kaum verwunderlich.

Die Mehrheit der Projekte der kommunikationswissenschaftlichen Computerspielforschung hat ihren Schwerpunkt naturgemäß in der Frage nach der Wirkung und Nutzung von Computerspielen (Klimmt 2009: 63ff.). Sie konzentrierte sich dabei bislang auf PC-, Konsolen- oder auch Online-Spiele wie *World of Warcraft*. Allerdings erscheint gerade die noch ausstehende explizite Betrachtung der Nutzung von Handheld-, Smartphone-, AR- und Browser-Spielen – vor dem Hintergrund der starken Popularität bei Kindern und Jugendlichen – mehr als notwendig.

Die Forschung zu Computerspielen steht hierbei aufgrund der spezifischen Eigenschaften ihres Forschungsobjektes, das einem raschen Wandel unterworfen ist, insgesamt gesehen vor der Herausforderung, mehrere parallele Prozesse nachzuvollziehen, sie in Bezug zueinander zu setzen und vor diesem Hintergrund ältere Erkenntnisse zu überdenken. Zu nennen ist hier u. a. die Verknüpfung der technologischen und kulturellen Wandlungsprozesse (z. B. Individualisierung, Digitalisierung etc.), aber auch die Transformation alltäglicher Kommunikations- und Körperpraktiken im Zuge der Emergenz neuer virtueller Kommunikationsräume. So muss kritisch geprüft werden, inwieweit der Forschungsbereich schon über einen leistungsfähigen Begriffs-, Theorien- und Methodenkorpus verfügt. Zudem ist es abzuwägen, ob es nicht längst an der Zeit ist, neue theoretische und methodische Bezugsrahmen für die Forschung und Analyse zu erschließen (vgl. für dieses Unterfangen z. B. in der Unterhaltungsforschung die Beiträge in Reinecke/Trepte 2012).

Computerspiele und ihre virtuellen Erlebniswelten sind in diesem Kontext ein – sowohl in theoretischer als auch in methodischer Hinsicht – vielversprechendes Thema. Konvergenzprozesse machen sie zu einem Forschungsobjekt, das einen Blick in die Zukunft der Mediengesellschaft ermöglicht (vgl. Wolling et al 2009: 16). So vereint das stark interaktive Medium die Charakteristika traditioneller, eher passiv rezipierbarer Unterhaltungsmedien wie z. B. Film, Fernsehen oder Theater mit den neuen partizipativen und ko-kreativen Möglichkeiten des Social Web. In Computerspielnetzwerken sind verschiedene Formen der Auflösung traditioneller Trennlinien zwischen Massen-, Gruppen- und Individualkommunikation und zwischen Sprecher- und Publikumsrollen zu beobachten. Ein weiteres prägnantes Beispiel stellen die verschiedenen Computerspielkulturen dar, die beispielsweise nach präferierter Hard- und Software differenziert werden können. Diese sind nicht nur überaus stark mit den diversen Computerspieltechnologien und der dahinter stehenden Computerspieleindustrie verknüpft, sondern beeinflussen sich wechselseitig mit hoher Dynamik, auch wenn die darin zum Ausdruck kommenden Sozialkontakte und -gefüge oftmals allein medienvermittelt sind. All diese skizzierten Kommunikationsprozesse scheinen aber nicht von genau zu bestimmender inkrementeller Kontinuität und Kausalität bestimmt zu sein, sondern es ist im Gegenteil von einem Wechselspiel emergenter und kontingenter Prozesse auszugehen.

Computerspiele sind ein massenkompatibles Paradebeispiel für die Vielzahl digitaler Medientechnologien, die auf alltagsweltlicher Ebene konstitutiv für das Aufrechterhalten nicht nur kommunikativer, sondern auch kultureller sowie sozialer Belange geworden sind. Ein konkretes Beispiel für die heutzutage untrennbare Verknüpfung von Kultur und Technologie, von Mensch und Maschine zeigt sich auch auf der Ebene zwischenmenschlicher Kommunikation via digitaler Medientechnologien und Kommunikationsmedien, wenn man im Rahmen von Online-Spielwelten menschliche Avatare von computergesteuerten nur schwerlich unterschieden kann und diese Differenz den Spielern darüber hinaus noch bedeutungslos geworden ist. Im Zuge der Mediatisierung sind Computerspiele grundsätzlich wie alle digitalen Medientechnologien in ihrer Wirkkraft also nicht mehr länger ‚irgendwo da draußen' sondern ‚mitten unter uns', da wir sie in unseren Alltag rascher und mehr denn je integrieren. Diese zunehmend alltägliche Art des Gameplay wird vor allem bei den mobilen Spielen deutlich – der Berufspendler, der *Dr. Kawashimas Gehirn-Jogging* im Zug spielt oder der Teenager, der sich auf dem Weg in die Schule die Zeit mit Casual Games auf seinem Smartphone vertreibt. Damit einher geht aus theoretischer Perspektive grundsätzlich ein Handlungspotenzial, das Vorstellungen von Technikdeterminismus oder Techniksymptomismus klar widerspricht. So explizieren Richard Münch und Jan Schmidt (2005: 204): „Medien entfalten ihre gesellschaftlichen Wirkungen, weil sie Bestandteil von sozialen Praktiken sind, die erst über die konkreten Einsatzmöglichkeiten und Auswirkungen bestimmen."

Die Skizze kulturtheoretischer Analysen zu Computerspielen hat verdeutlicht, dass Computerspielnutzug immer mit Bedeutungsprozessen verknüpft ist und nicht auf einfache Weise mit einseitigen Kausalzusammenhängen gleichzusetzen ist. Das Verständnis von Medien und somit auch von Computerspielen als gesellschaftliche Institutionen, kulturelle Erlebnisräume und Sinnangebote wird daher der Komplexität der sozialen wie kulturellen Wirklichkeit des Mediengebrauchs oftmals mehr gerecht als die Annahme isolierbarer und konstanter Wirkungszusammenhänge. Unter dem Eindruck einer nichtsdestotrotz oft vollzogenen Komplexitätsreduktion im Rahmen traditioneller Wirkungsforschung und damit verbundener medienzentrierter Forschungsansätze fordert Krotz (2011: 46) eine „Repositionierung" der Kommunikationswissenschaft, die

> „der heutigen dynamischen Entwicklung der digitalen Technologien, der Computeranwendung sowie der Vernetzung von Medien und Kommunikationsformen gerecht wird und es ermöglicht, darauf aufbauend die soziale und kulturelle Bedeutung dieses Wandels zu untersuchen."

Voraussetzung dafür wäre eine Analyseperspektive,

> „die das soziale Individuum in Kultur und Gesellschaft in den Mittelpunkt stellt und als Ausgangspunkt und Bezugsmuster für die Forschung wählt, die ihr in der Regel implizit behavioristisches oder funktionalistisches Menschenbild revidiert und den sozialen Beziehungen der Menschen als zentraler Struktur und Umfeld, in der/dem sie leben, angemessene Aufmerksamkeit schenkt." (2011: 28)

Übertragen auf das im Buch behandelte Phänomen der Computerspiele können folgende Schlussfolgerungen gezogen werden: Computerspiele bieten dem Spieler eine komplexe Erfahrungsstruktur und damit bedeutungsgenerierende Freiräume, die neben der Spiellogik und dem Spielerlebnis stets auch auf repräsentationelle Aspekte verweisen. Diese Struktur ist allerdings nicht isoliert zu betrachten, sondern wird erst durch die Spielhandlungen der Spieler erfahrbar und damit letztendlich durch deren Praktiken analytisch nachvollziehbar. Aus theoretischer Perspektive verweist diese Dualität (Anthony Giddens) von Spielerfahrungen und Spielkontexten im Rahmen der verschiedenen Spielkulturen darauf, dass Menschen eben nicht als von einem Computerspiel determiniert zu verstehen sind – wie z. B. in der Gewalt- oder Suchtdebatte oftmals unterstellt wird. Wenngleich sie unter bestimmten Verhältnissen sehr wohl anfällig für positive und negative Einflüsse sind. Aus empirischer Sicht geht es also nicht so sehr um das Medium Computerspiel an sich, sondern darum, wie wir damit umgehen. Dies bezieht sich nicht nur auf die Nutzung und Rezeption in einem engeren Sinne, sondern auch auf die kollaborativen und längerfristigen Prozesse wie die Produktion und Aneignung des Mediums, und die Frage, welche Bedeutung wir diesem zumessen. Dieser Zugang ergänzt bisherige Perspektiven in den Game Studies wie z. B. die Narratologie und Ludologie mit ihrem Schwerpunkt auf der narrativen Struktur bzw. den Spielhandlungen.

Aus methodischer Perspektive erscheint neben teilnehmender Beobachtung, Tiefeninterviews, Gruppendiskussionen und der semiotischen Analyse von Medieninhalten vor allem der Ansatz der (Medien-)Ethnografie für die Analyse der alltäglichen Praktiken mit Computerspielen und den dabei stattfindenden Kommunikations-, Interaktions- und Konstruktionsprozessen weiterführend (vgl. im Überblick Johnson et al. 2004: 41, Hepp 2011: 121ff.). Der Soziologe Jörg Bergmann (2008: 331) verdeutlicht das Potenzial dieser Methode im Kontext der Debatte um kausale Medienwirkungen und der zunehmenden Mediatisierung gesellschaftlicher Zusammenhänge:

> „Der ursprüngliche Impuls der Medienethnographie galt der Kritik und Korrektur einer Medienforschung, die ausschließlich formale und inhaltliche Aspekte von Medienprodukten in den Blick nimmt und die Praktiken der Produktion, Rezeption und Nutzung von Medien weitgehend außer Acht lässt oder auf einfache Wirkungsrelationen reduziert. Mit der zunehmenden Mediatisierung der Gesellschaft werden aber die Weisen des Gebrauchs von Medien immer wichtiger, also genau das Thema, das die Medienethnographie zu ihrem primären Untersuchungsgegenstand gemacht hat."

Im spezifischen Fall der Computerspiele – wie für viele mediatisierte Welten generell – sind diese nicht mehr allein Gegenstand der Forschung und Ort kommunikativer Praktiken sondern potenziell auch Mittel empirischen Vorgehens. Ein produktives Beispiel dafür ist die Programmierung von Computerspielen, um die Reaktionen von Spielern zu ermitteln (z. B. Dogruel et al. 2011). Inhaltlich beziehen sich die hier gemachten empirischen Beobachtungen konkret auf drei Aspekte des Computerspielens: (1) die individuellen (Spiel-)Praktiken der Spieler, (2) deren sprachliche Reflexion sowie (3) dem Setting des Spielens. Zahlreiche Analysen erfolgen nicht im Sinne einer Ethnography Proper und einer durch lange Feldaufenthalte zu findenden dichten Beschreibung der Spielwelt (vgl. Geertz 1995), sondern bewusst als ethnografische Miniaturen, also einer Vielzahl von z. T. virtuellen Beobachtungen und Interviews, um die jeweils subjektive Perspektive der Spieler in Form von Einzelfallanalysen einzufangen. Dem Prinzip der Kontextualität folgend sind die Untersuchungsdesigns vor allem aus zwei Beweggründen interpretativ und sinnverstehend angelegt: (1) Die Beschreibung von Alltagskultur kann immer nur eine Beschreibung einer konkreten Form vieler möglicher und verschiedener Formen von Alltagskulturen sein. (2) Die beobachtbaren kulturellen Bedeutungen gelten nicht für alle Teilnehmer eines bestimmten Geschehens in gleicher Weise.

Bemängeln lassen sich an vielen aktuellen medienethnografischen Studien zu Computerspielen folgende fünf Aspekte (vgl. für den englischsprachigen Bereich z. B. Taylor 2006, Pargman/Jakobsson 2008, Copier 2009, Pearce 2009; für den deutschsprachigen z. B. Geisler 2009, Hemminger 2009, Inderst 2009): (1) Die vorliegenden Befunde sind in ihrer Erklärungskraft und Reichweite einzuschränken, da es sich um sehr spezifische Stichproben hinsichtlich Spiel, Spielkultur und Spieler handelt. (2) Größtenteils werden oft nur Intensivspieler mit z.T. langjähriger Erfahrung und einer besonderen sozialen wie auch finanziellen Bindung zum jeweiligen Computerspiel in die jeweilige Studienauswahl miteinbezogen. (3) Auf sog. Casual Gamer, die sich vermutlich nicht durch ein so hohes Engagement und große Bindung auszeichnen, wird oftmals keine Rücksicht genommen (4) Auch bei der Vielzahl der analysierten Kommunikationsinhalte der Spieler handelt es sich oftmals um keine repräsentativen Informationen, da sie meist nur von kommunikationsfreudigen Spielern stammen. (5) Die dahinter stehende Begründung ist meistens das explorative Erkenntnisinteresse der z. T. als Pilotstudien deklarierten Analysen und die grundlegende Annahme, dass sich Befunde am klarsten bei den Intensivspielern zeigen würden. Diese Auswahl steht in Einklang mit der medienethnografisch orientierten Forschung zu Neuen Medien allgemein, die von vornherein auf besonders aktive Formen der Medienaneignung fokussiert (vgl. grundlegend Du Gay 1996).

Ausstehende weiterführende Studien müssten daher erst überprüfen, inwieweit die identifizierten Zusammenhänge auch für andere Spielgenres und Spielformen generalisierbar sind. Auch für die Mehrheit der untersuchten Spiele gilt es, in einem nächsten Schritt die Befunde mit einem repräsentativen Online-Survey z. B. im Hinblick auf Nutzungsmotive, soziodemografische Variablen und Spielertypen zu prüfen. Denn die Daten vorhandener Studien spiegeln nicht den gesamten Kommunikationsraum der jeweilig untersuchten Online-Spielwelten wider. Nichtsdestotrotz finden sich in den Schilderungen und Beobachtungen der untersuchten Spieler Merkmale, die auf weniger aktive Nutzer ebenfalls zutreffen. So kann die Mehrzahl der Analysen verdeutlichen, dass die Nutzung digitaler Spiele nicht als etwas vom sonstigen Alltagshandeln völlig Entkoppeltes verstanden werden sollte, sondern als eine in soziale Zusammenhänge und Lebensabläufe eingebettete Handlung, welche sowohl von diesen bestimmt wird als auch einen eigenen Einfluss auf diese ausübt.

Der konkrete Verdienst der hier entwickelten Perspektive auf Computerspiele liegt – so kann man als Fazit ziehen – insbesondere in der Akzentuierung der Bedeutungsdimension im Rahmen der Computerspielnutzung, der Kontextualisierung der angenommenen Wirkungsprozesse und in der Einbettung der Computerspielforschung in eine Theorie, welche die zentralen gesellschaftlichen Prozesse der Mediatisierung, Individualisierung, Ökonomisierung und Globalisierung berücksichtigt. Sie regt dabei mehr zur theorie- wie methodenkritischen Reflexion an, als dass sie spezifische Untersuchungsanlagen entwirft und testet. Die hier entwickelte induktive Ansatz kann trotz der skizzierten Einschränkungen die aktuellen, methodisch mehrstufigen Herangehensweisen kommunikationswissenschaftlicher Computerspielforschung (wie z. B. Quandt 2010: 199ff., Fritz et al. 2011) in zweifacher Hinsicht gut ergänzen: (1) in theoretisch-analytischer Hinsicht durch die Rekonstruktion und Ausdifferenzierung der Medienpraktiken auf der Mikroebene und deren Einbettung in Meso- und Makrokontexte; (2) in empirisch-operationaler Hinsicht dadurch, dass Computerspiele nicht nur als Gegenstand der Forschung und Ort kommunikativer Praktiken, sondern auch als Mittel des methodischen Vorgehens verstanden werden. Gerade an Computerspielen lässt sich aufzeigen, dass deren Aneignung die Formen sozialer Interaktionen und dazugehörender Sinnangebote verändert und somit auch als ein Paradebeispiel für die Untersuchung vor allem der Mediatisierung unseres Alltags begriffen werden kann (z. B. Simon 2006, Wimmer 2012).

Glossar

AAA-Titel:	Kassenschlager-Computerspiele im Full-Budget-Bereich, deren Kosten mit denen eines Kinofilms vergleichbar sind.
Arcade-Spiel:	Computerspiel-Genre, das seinen Ursprung in den Spielhallenspielen der 1970er und 1980er Jahren hat und größtenteils Geschicklichkeitsspiele umfasst, bei denen es auf die Reaktionsgeschwindigkeit ankommt.
Achievement:	*Deutsch: Leistung*; virtuelle Auszeichungen bzw. Bewertungen für Spielerfolge, von Spiel zu Spiel u. a. auch „Trophäen“, „Errungenschaften“ oder „Erfolge“ bezeichnet.
AR Games:	Augmented Reality: *Deutsch: Erweiterte Realität*; Spiele, bei denen mit Hilfe aufwendiger Hardware (wie z. B. halbdurchsichtigen Spezialbrillen, in die Computerbilder hineinprojiziert werden können) die Bildschirmbindung gelockert oder aufgelöst wird.
Avatar:	Der Begriff Avatar entstammt dem Hinduismus und beschreibt die menschliche Verkörperung einer Gottheit. In Computerspielen wird der Begriff gleichbedeutend mit Spielfigur oder Spielcharakter verwendet.
Browser-Spiel:	Online-Spiel, das allein mit Hilfe eines Web-Browser (z. B. Internet Explorer, Firefox) gespielt werden kann, eine Installation von zusätzlicher Software ist nicht nötig (so genannte Client-Games).
Casual Gamer:	*Deutsch: Gelegenheitsspieler*; in der Regel spielen sie leicht zugängliche, intuitive, kostenlose bis kostengünstige Spiele. Das Interesse an Computerspielen sowie der Zeitaufwand sind begrenzt.
Co-located Gaming:	Gemeinschaftliches Spielen an einem Bildschirm.
eSport:	Semi- bis voll-professionelles Betreiben des Computerspielens als Sport.
Exergames:	Computerspiele, die Bewegung und Spiel miteinander verbinden, indem die Körperbewegung des Spielers z. B.

	mittels Kamera (z. B. *Xbox Kinect*) oder Positions- und Lagebestimmung des Controllers (z. B. *Wii*) erfasst und in Eingabebefehle umgewandelt wird.
FPS:	First Person Shooter: *Deutsch*: *Spieler mit Ego-Perspektive;* Auch als Ego-Shooter bezeichnetes Computerspiel-Genre, bei denen der Spieler die Spielwelt wie aus den Augen des eigenen Avatars erleben. Bei Third-Person-Ansicht dominiert die Verfolger- oder Vogelperspektive.
Flow:	*Deutsch: Fließen*; Völliges Aufgehen des Spielers im Spiel (Fluß-Erleben), andere realweltliche Aspekte werden von ihm nicht mehr wahrgenommen.
Game Engine:	*Deutsch.: Spiel-Motor*; Branchenbezeichnung für Software, die die Charakteristika der Spielwelt (u. a. Grafik, Physik, Sound) generiert.
Game Studies:	Interdisziplinäre Forschung zu Computerspielen.
Gameplay:	*Deutsch: Spielen des Spiels*; Bezieht sich in einem engeren Sinne auf die Spielmechanik und -abläufe, in weitem Sinne wird darunter auch die Interaktion des Spielers mit dem Spiel verstanden.
Gamification:	Transformation von Alltagsabläufen und -handlungen ins Spielerische, um Menschen zu einem bestimmten Handeln oder Verhalten zu motivieren.
Gilde:	Synonym zu Clan, Familie, Gruppe von Spielern innerhalb des Spiels, oft mit individuellen Erkennungsmerkmalen und Gemeinschaftsregeln und gemeinsamen Zielen im Spiel.
Goldfarming:	(Professionalisiertes) Sammeln von In-Game-Währungen oder auch Steigern von Spielavataren, um diese dann gegen reales Geld einzutauschen.
Grinding:	*Deutsch: Schinderei*; V. a. in MMOG sich monoton wiederholende Spielroutinen bzw. Erfüllen von Aufgaben, um mehr Fähigkeiten zu erwerben bzw. den Level des Avatar zu erhöhen.
Highscore:	Erreichte (Höchst-)Punktzahl in einem Computerspiel.
ICQ:	Populäres spielexternes Instant Messaging Programm zur Verständigung der Spieler.

Identifikation:	Allg. Prozess der Konstitution eines individuellen Selbstverständnisses (Identität), spez. Hineinversetzen in Spielgeschehen/Spielfigur.
Instanz:	Abgeschlossener Bereich eines Online-Spiels, welcher zeitlich begrenzt nur einer bestimmten Gruppe von Spielern zur Verfügung steht.
Immersion:	Bezeichnung für das von den Spielern empfundene ‚Eintauchen' in die Spielwelt.
Interaktion:	Wechselbeziehung zwischen Spieler und Spieler und/oder Computerspiel.
Interaktivität:	Potenzial der Computerspiele für das Reagieren auf Nutzereingaben.
Konvergenz:	Konvergenz bezeichnet das zunehmend schnellere Zusammenwachsen vormals getrennter Technologien im Medien-, Telekommunikations- und Computerbereich und der dazugehörigen Branchen.
Machinima:	Wortschöpfung aus Machine und Animation; mit Hilfe von Game Engines gedrehte (Fan-)Filme.
Magic Circle:	*Deutsch: magischer Kreis*; Begriff der Spieltheorie für das Spielerlebnis bzw. den Spielraum, der Spieler in den Bann zieht und sie von anderen realweltlichen Aspekten ablenkt.
Modding:	Erstellen einer Mod (kurz für „modification"), d. h. programmierte Veränderungen oder Ergänzungen von Computerspielen durch Spieler.
Mobile Gaming:	*Deutsch: mobiles Spielen*; Computerspielen mit Hilfe tragbarer Endgeräte wie z. B. Handheld-Konsolen wie *Game Boy* oder *Nintendo DS*, Smartphones oder Tablet-Computer.
MUDs:	Multi User Dungeon: *Deutsch: Digitales Rollenspiel für mehrere Spieler;* textbasierte Vorläufer moderner Onlinerollenspiele aus den 1980er Jahren.
Newbie:	*Deutsch: Neuling*; Anfänger bzw. unerfahrener Computerspieler.
NPC:	Non-Player-Character: *Deutsch: Nicht-Spieler-Charakter*; computergenerierte und -gesteuerte Spielfigur (oft passiv oder teil-interaktiv).
Online-Spiele:	Computerspiele, die meistens mit Hilfe des Internets ein vernetztes Spiel ermöglichen.

Open-World-Game:	Bezeichnung für Computerspiele, in denen Spieler nicht unbedingt vorgegebene Handlungsabfolgen befolgen müssen, sondern sich mehr oder weniger frei innerhalb der spezifischen Erlebniswelt bewegen können.
Persistentes Spiel:	Spielwelt entwickelt sich auch dann weiter, wenn der User offline ist.
Persuasive Games:	*Deutsch: überzeugende Spiele*; Computerspiele, die ihre Spieler u. a. für politische, soziale oder kulturelle Belange sensibilisieren sollen.
Pervasive Games:	*Deutsch: durchdringende Spiele*; Spielgenre, dass in die Realwelt eingebettet ist. So können beim Geocaching reale Orte zu Spielorten und Menschen zur Spielfiguren werden.
Publisher:	Verleger von Computerspielen, deren Hauptgeschäftsfelder Finanzierung, Absatz und Marketing darstellen. Weltweit tätige Publisher sind u. a. Electronic Arts, Sega und Ubisoft.
Quest:	*Deutsch: Aufgabe*; Spielinhaltlich gestellte und zu lösende Aufgabe für den Spielcharakter, die Erfahrung und Belohnung gewährt.
Raid:	*Deutsch: Raubzug*; taktisches und organisiertes Zusammenspiel von mehreren Spielern in einem Online-Spiel, um in einer Instanz eine Quest zu bewältigen.
Retro-Gaming:	Vorliebe für Computerspieleklassiker aus den 1970er und 1980er Jahren.
RL/Reallife:	*Deutsch: reales Leben*; bezeichnet die reale soziale Umgebung eines Spielers; in der In-Game-Kommunikation oft auch sprachliche Abgrenzung der Spieler zu allem, was nicht das Spiel betrifft.
Skill:	*Deutsch: Fähigkeit*; Begabung der Spielfigur wie auch spielerisches Können eines Spielers.
Social Games:	Populäres Genre von Online-Spielen auf sozialen Netzwerkdiensten wie z. B. *Facebook*, die aufgrund geringer Komplexität und intuitivem Design eher Gelegenheitsspieler ansprechen. Bekanntestes Beispiel ist *FarmVille*.
Spielkonsole:	Ausschließlich auf den Spielbetrieb ausgerichtete Computer wie z. B. aktuell *PlayStation 3, Nintendo Wii* oder *Xbox 360*.

Spam:	Übermäßig gehäufte Wiederholung bzw. irrelevante Kommentare im Game-Chat.
Third Place:	Versammlungs- bzw. Kommunikationsorte, die über ihr eigentliches Angebot hinaus wichtige soziale Funktionen für die Gesellschaft übernehmen wie z. B. Vereinsheime.
Virtuelle Welt:	Onlinebasierte Interaktions- und Kommunikationsräume ohne spezifische Spielregel und Spielcharakter, sodass nicht von einem Computerspiel im Sinne regelbasierten Handelns gesprochen werden kann.

Spielverzeichnis

Name (Jahr): Entwickler, Publisher. Land.

Adventure (1976): William Crowther, Arpanet. USA.

Age of Conan (2008): Funcom, Eidos Interactive. Großbritannien.

Aion – The Tower of Eternity (2008): Aion Team Development Dept, NCsoft. Südkorea.

America's Army (2002): MOVE Institute, United States Army. USA.

Asheron's Call (1999): Turbine, Microsoft. USA.

Asheron's Call II (2002): Turbine, Turbine. USA.

Assassin's Creed (2007): Ubisoft Montreal, Ubisoft. USA.

Asteroids (1979): Atari, Atari. USA.

Bejeweled (2007): PopCap Games, PopCap Games. USA.

Breakout (1976): Atari, Atari. USA.

Call of Duty: Modern Warfare 2 (2009): Infinity Ward, Activision. USA

Command & Conquer 3 (2007): EA Los Angeles, Electronic Arts. USA.

Counter-Strike (2000): Valve, Sierra Entertainment. USA.

Crysis (2007): Crytek Frankfurt, Electronic Arts. Deutschland.

Dance Dance Revolution (1998): Konami, Konami. Japan.

Darfur is Dying (2006): Susana Ruiz: InterFUEL. USA.

DarkOrbit (2006): Bigpoint, Bigpoint. Deutschland.

Defender (1980): Williams Electronics, Williams Electronics. USA.

Diablo 3 (2012): Blizzard Entertainment, Activision Blizzard. USA

Doom (1993): id Software, Cdv Software Entertainment/Pearl Agency. USA.

Dr. Kawashimas Gehirn-Jogging (2005): Nintendo, Nintendo. Japan.

Dungeons & Dragons (1974): Gary Gygax/Dave Arneson, TSR. USA.

Enter the Matrix (2003): Shiny Entertainment, Atari. USA.

EverQuest (1999): Verant Interactive, Sony Online Entertainment. USA, Europa.

Far Cry (2004): Crytek, Ubisoft. Frankreich.

FarmVille (2009): Zynga, Facebook. USA.

Final Fantasy XI (2002): Square Product Development Division 3, Sony Computer Entertainment. Japan.

Full Spectrum Warrior (2004): Pandemic Studios/Mass Media Inc., THQ. USA.

Goalunited (2006): Northworks, Northworks. Deutschland.

Grand Theft Auto (1997): DMA Design, BMG Interactive. USA.

GTA 4 (2008): Rockstar North, Rockstar Games. USA.

Guitar Hero (2005): Harmonix Music Systems, RedOctane. USA.

Half-Life (1998): Valve Software, Sierra Entertainment. USA.

Halo (2001): Bungie, Microsoft. USA.

Hattrick (1997): Hattrick Limited, Spelkultur. Schweden.

Herr der Ringe Online (2007): Turbine, Inc., Turbine, Inc.. USA.

Landwirtschafts-Simulator (2008): Giants Software, Astragon. Schweiz.

Lemmings (1991): DMA Design, Psygnosis. Großbritannien.

Lineage (1998): NCsoft, NCsoft. Südkorea.

Mafia Wars (2009): Zynga, Zynga. USA.

Max Payne (2001): Remedy Entertainment, Gathering of Developers. USA.

Mensch ärgere dich nicht (1910): Josef Friedrich Schmidt, Schmidt Spiele. Deutschland.

Meridian 59 (1996): Archetype Interactive, The 3DO Company. USA.

Minecraft (2009): Mojang, Mojang. Schweden.

Monopoly (1933): Elizabeth Magie Phillips, Parker Brothers. USA.

Moorhuhn (1999): Phenomedia AG, Witan. Deutschland.

Multi User Dungeon (1984): Trubshaw, Roy/Bartle, Richard, CompuServe. USA.

Need for Speed Shift (2008): Slightly Mad Studios/EA Bright Light, Electronic Arts. USA.

OGame (2002): Gameforge AG, Gameforge AG. Deutschland.

Pac-Man (1981): Namco, Midway Games. USA.

Pokémon (1996): Satoshi Tajiri, Nintendo. Japan.

Pong (1972): Atari, Atari. USA.

Quake (1996): id Software, GT Interactive. USA.

Re-Mission (2007): Realtime Associates, Inc., HopeLab. USA.

Resident Evil (1996): Capcom, Capcom. Japan.

Rift (2011): Jon Van Caneghem, Trion World Network. USA.

Seafight (2006): Bigpoint, Bigpoint. Deutschland.

Space Invaders (1978): Taito, Midway Games. USA.

Spacewar! (1961): Steve Russell, Massachusetts Institute of Technology. USA.

Second Life (2003): Linden Lab, Linden Lab. USA.

Siedler Online (2010): Blue Byte, Ubisoft. Deutschland.

SimCity (1989): Maxis, Electronic Arts. USA.

Star Wars Galaxies (2003): Sony Online Entertainment, LucasArts. USA.

SBK X: Superbike World Championship (2010): Milestone S.r.l., Black Bean Games. Italien.

Super Mario Bros. (1985): Nintendo, Nintendo. USA.

Tennis for two (1958): William Higinbotham, Brookhaven National Laboratory. USA.

The Gateway (1992): Legend Entertainment, Legend Entertainment. USA.

Tomb Raider (1996): Core Design, Eidos Interactive. Großbritannien.

Travian (2004): Travian Games, Travian Games. Deutschland.

Ultima Online (1997): Origin Systems, Electronic Arts. USA.

Warhammer Online (2008): Mythic Entertainment, Electronic Arts/GOA. USA, Irland.

Wolfenstein 3D (1992): id Software, Apogee Games. USA.

World of Tanks (2009): Wargaming.net, Wargaming.net. Rußland.

World of Warcraft (2004): Blizzard Entertainment, Vivendi. USA.

Abkürzungen

AR	Augmented Reality
BIU	Bundesverband Interaktive Software
CS	Counter-Strike
FPS	First-Person-Shooter
IGDA	International Game Developers Association
LAN	Local Area Network
MMO(RP)G	Massively Multiplayer (Role Playing) Online Games
MUD	Multi User Dungeon
RL	Real Life
SL	Second Life
USK	Unterhaltungssoftware Selbstkontrolle
WCG	World Cyber Games
WoW	World of Warcraft

Bildnachweis

Alle hier nicht aufgeführten Abbildungen stammen vom Autor.

- Abbildung 2: Public Domain, Quelle: http://en.wikipedia.org/wiki/ File:Pong.png
- Abbildung 4: Creative Commons/flickr.com: Glenn Batuyong, Quelle: http://www.flickr.com/photos/glennbatuyong/4870566253/
- Abbildung 8: Creative Commons/flickr.com: vladislav.bezrukov, Quelle: http://www.flickr.com/photos/bezrukov/4347424434/
- Abbildung 9: Creative Commons/flickr.com: John „Pathfinder“ Lester, Quelle: http://www.flickr.com/photos/pathfinderlinden/201370740
- Abbildung 13: Robbie Cooper für New York Times, 2008. http://robbiecooper.com

Zitierte Literatur

Aarseth, Espen (2001): Computer Game Studies, Year One. In: Gamestudies. http://www.gamestudies.org/0101/editorial.html (01.01.2013).

Abalieno (2005): These Screenshots Are Worth a Ban! http://www.cesspit.net/drupal/node/491 (01.01.2013).

Abt, Clark C. (1987): Serious Games. Lanham, MD: University Press of America.

Apperley, Tom (2010): Gaming Rhythms: Play and Counterplay from the Situated to the Global. Amsterdam: Institute of Network Cultures.

Atkins, Barry (2006): What Are We Really Looking at? The Future-Orientation of Video Game Play. Games and Culture 1(2), 127-140.

Bartle, Richard (1996): Hearts, Clubs, Diamonds, Spades: Players who suit MUDs. http://www.mud.co.uk/richard/hcds.htm (01.01.2013).

Bartlett, Ed (2010): The Publisher-Developer Relationship. In: Rabin, Steve (Hrsg.): Introduction to Game Development. Boston, MA: Course Technology, 857-877.

Bates, Bob (2002): Game Design: Konzepte, Kreation, Vermarktung. Düsseldorf: Sybex.

Bausinger, Hermann (1983): Familie K. am Wochenende – zur Kundschaft der Sportberichterstatter. In: Digel, Helmut (Hrsg.): Sport und Berichterstattung. Reinbek b. HH.: Rowohlt, 96-108.

Berger, Peter L./Luckmann, Thomas (1977): Die gesellschaftliche Konstruktion der Wirklichkeit. Frankfurt: Fischer.

Bergmann, Jörg (2008): Medienethnographie. In: Sander, Uwe von/Gross, Friederike/Hugger, Kai-Uwe (Hrsg.): Handbuch Medienpädagogik. Wiesbaden: VS, 328-334.

Berker, Thomas/Hartmann, Maren/Punie, Yves/Ward, Katie J. (2006): Domestication of Media and Technology. Basingstoke: Open University Press.

BIU (2011): Die deutsche Gamesbranche 2011. http://www.biu-online.de/de/fakten/marktzahlen/die-deutsche-gamesbranche-2011.html (01.01.2013).

Boellstorff, Tom (2006): A Ludicrous Discipline? Ethnography and Game Studies. In: Games and Culture 1(1), 29-35.

Bogost, Ian (2007): Persuasive Games: The Expressive Power of Video. Massachusetts, MA: The MIT Press.

Bonfadelli, Heinz (1999): Medienwirkungsforschung 1: Grundlagen und theoretische Perspektiven. Konstanz: UVK.

Bonfadelli, Heinz (2008): Medienwirkungsforschung. In: Fix, Ulla/Gardt, Andreas/Knape, Joachim (Hrsg.): Rhetorik und Stilistik. Ein internationales Handbuch historischer und systematischer Forschung. 2 Bände. Berlin, New York: de Gruyter, 837-854.

Boomen, Marianne van den et al. (2009): Introduction. In: Boomen, Marianne van den/ Lammes, Sybille/Lehmann, Ann-Sophie/Raessens, Joost/Schäfer, Mirko Tobias (Hrsg.): Digital Material: Tracing New Media in Everyday Life and Technology. Amsterdam: Amsterdam University Press, 7-17.

Breuer, Johannes (2010): Spielend Lernen? Eine Bestandsaufnahme zum (Digital) Game-Based Learning. www.lfm-nrw.de/fileadmin/lfm-nrw/.../Doku41-Spielend-Lernen.pdf (01.01.2013).

Bryce, Jo/Rutter, Jason (2006): An Introduction to Understanding Digital Games. In: Rutter, Jason/Bryce, Jo (Hrsg.): Understanding Digital Games. London, Thousand Oaks: New Delhi, 1-17.

Butler, Mark (2007): Would you like to play a game? Die Kultur des Computerspielens. Berlin: Kadmos.

Caillois, Roger (1982, 1966): Die Menschen und die Spiele. Maske und Rausch. Frankfurt a. M.: Ullstein.

Castranova, Edward (2007): Exodus to the Virtual World: How Online Fun is Changing Reality. New York: Palgrave Macmillan.

Cleppien, Georg/Scholz, Detlev (2010): Exzessive Mediennutzung: soziales Problem, Konflikt, Abhängigkeit. In: Cleppien, Georg/Lerche, Ulrike (Hrsg.): Soziale Arbeit und Medien. Wiesbaden: VS, 129-151.

Copier, Marinka (2009): Challenging the Magic Circle. How Online Role-Playing Games are Negotiated by Everyday Life. In: Boomen, Marianne van den/Lammes, Sybille/Lehmann, Ann-Sophie/Raessens, Joost/Schäfer, Mirko Tobias (Hrsg.): Digital Material – Tracing New Media in Everyday Life and Technology. Amsterdam: Amsterdam University Press, 159-171.

Couldry, Nick/Livingstone, Sonia/Markham, Tim (2007): Media Consumption and Public Engagement. London: Palgrave Macmillan.

Csikszentmihalyi, Mihaly (1992): Das Flow-Erlebnis. Stuttgart: Klett-Cotta.

Deinet, Ulrich (2010): Aneignung öffentlicher und virtueller Räume durch Jugendliche. In: Cleppien, Georg/Lerche, Ulrike (Hrsg.): Soziale Arbeit und Medien. Wiesbaden: VS, 37-51.

Deterding, Sebastian (2010): Social Game Studies: A Workshop Report. Hamburg: Hans Bredow Institut.

Deterding, Sebastian/Dixon, Dan/Khaled, Rilla/Nacke, Lennart (2011): From Game Design Elements to Gamefulness: Defining „Gamification“. In: Mindtrek 2011 Proceedings, Tampere: ACM Press.

Deuze, Mark/Martin, Chase Bowen/Allen, Christian (2007): The Professional Identity of Gameworkers. In: Convergence 13, 335-353.

Dogruel, Leyla/Joeckel, Sven/Bowman, Nicholas D. (2012, in Druck): Elderly People and Morality in Virtual Worlds. A Cross-Cultural Analysis of Elderly People's Morality in Interactive Media. In: New Media and Society.

Dörr, Dieter/Klimmt, Christoph/Daschmann, Gregor (Hrsg.) (2011):Werbung in Computerspielen: Herausforderungen für das Medienrecht und die Förderung von Medienkompetenz. Berlin: Vistas.

Du Gay, Paul (1996): Consumption and Identity at Work. London: Sage.

Ducheneaut, Nicolas/Yee, Nicholas/Nickell, Eric/Moore, Robert J. (2006): Alone together? Exploring the Social Dynamics of Massively Multiplayer Online Games. In: Conference Proceedings on Human Factors in Computing Systems. CHI 2006, Montreal, PQ, Canada, 407-416.

Dyer-Witheford, Nick/De Peuter, Greig S. (2006): EA Spouse and the Crisis of Video Game Labour: Enjoyment, Exclusion, Exploitation, and Exodus. In: Canadian Journal of Communication 31(3), 599-617.

Dyer-Witheford, Nick/De Peuter, Greig S. (2009): Games of Empire. Global Capitalism and Video Games. Minneapolis, MN: University of Minnesota.

Egenfeldt-Nielsen, Simon (2005): The Basic Learning Approach. http://media. serious-games.dk/downloads/the_basic_learning_approach.pdf (01.01.2013).

Egenfeldt-Nielsen, Simon/Heide, Jonas Smith/Tosca, Susana Pajares (2008): Understanding Video Games. The Essential Introduction. London/New York, NY: Routledge.

Eskelinen, Markku (2001): The Gaming Situation. In: Game Studies 1(2). http://gamestudies.org/0101/eskelinen (01.01.2013)

Filiciak, Miroslaw (2003): Hyperidentities: Postmodern Identity Patterns in Massively Multiplayer Online Role-Playing Games. In: Wolf, Mark J. P./Perron, Bernard (Hrsg.): The Video Game Theory Reader. London: Routledge, 87-103.

Frasca, Gonzalo (2001): Videogames of the Oppressed: Videogames as a Means for Critical Thinking and Debate. Atlanta, GA: Georgia Institute of Technology.

Frasca, Gonzalo (2006): Simulation Meets Political Cartoon. www.newsgaming.com (01.01.2013).

Fritz, Jürgen (1997): Zwischen Transfer und Transformation. Überlegungen zu einem Wirkungsmodell der virtuellen Welt. In: Fritz, Jürgen/Fehr, Wolfgang (Hrsg.): Handbuch Medien: Computerspiele. Theorie, Forschung, Praxis. Bonn: Bundeszentrale für politische Bildung, 229–246.

Fritz, Jürgen (2003): Computerspiele, logisch einfach, technisch verwirrend, sozial komplex. Was unter Computerspielen verstanden und wie man mit ihnen umgehen wird. In: Fritz, Jürgen/Fehr, Wolfgang (Hrsg.): Computerspiele: Virtuelle Spiel- und Lernwelten. Medienpädagogik. Bonn: Bundeszentrale für politische Bildung.

Fritz, Jürgen (2005): Spiele fördern, was sie fordern. http://www.bpb.de/themen/OTA 84M,0,Spiele_f%F6rdern_was_sie_fordern.html (01.01.2013).

Fritz, Jürgen (2009): Spielen in virtuellen Gemeinschaften. In: Quandt, Thorsten/Wimmer, Jeffrey/Wolling, Jens (Hrsg.): Die Computerspieler: Studien zur Nutzung von Computergames (2. Auflage). Wiesbaden: VS, 135-147.

Fritz, Jürgen (2011): Wie Computerspieler ins Spiel kommen. Theorien und Modelle zur Nutzung und Wirkung virtueller Spielwelten. Berlin: Vistas.

Fritz, Jürgen/Lampert, Claudia/Schmidt, Jan-Hinrik/Witting, Tanja (2011): Kompetenzen und exzessive Nutzung bei Computerspielern: Gefordert, gefördert, gefährdet. Berlin: Vistas.

Fritz, Jürgen/Misek-Schneider, Karla (1995): Computerspiele aus der Perspektive von Kindern und Jugendlichen. Das Fazit einer Untersuchung. http://www.spielbar.de/referate/fritzfzt.htm (01.01.2013).

Fuchs, Thomas (2010): Der Schein des Anderen. Zur Phänomenologie virtueller Realitäten. In: Bohrer, Clemens/Schwarz-Boenneke, Bernadette (Hrsg.): Identität und virtuelle Beziehungen im Computerspiel. München: kopaed, 59-73.

GameStat (2011): Deutsche Computerspieler: viele Gelegenheitszocker, wenige Extremgamer. https://www.uni-hohenheim.de/news/deutsche-computerspieler-viele-gelegenheitszocker-wenige-extremgamer-2 (01.01.2013).

Gebel, Christa (2009): Lernen und Kompetenzerwerb mit Computerspielen. In: Bevc, Tobias/Zapf, Holger (Hrsg.): Wie wir spielen, was wir werden. Konstanz: UVK, 77-94.

Geertz, Clifford (1995 (1973)): Dichte Beschreibung: Beiträge zum Verstehen kultureller System. Frankfurt a.M.: Suhrkamp.

Geisler, Martin (2009): Clans, Gilden und Gamefamilies: Soziale Prozesse in Computerspielgemeinschaften. Juventa: Weinheim.

Götzenbrucker, Gerit (2001): Soziale Netzwerke und Internet-Spielewelten: Eine empirische Analyse der Transformation virtueller in realweltliche Gemeinschaften. Opladen/Wiesbaden: Westdeutscher.

Götzenbrucker, Gerit/Köhl, Margarita (2009): Ten Years Later: Towards the Careers of Long Term Gamers in Austria. In: Eludamos 3(2), 309-324.

Grimm, Petra/Capurro, Rafael (Hrsg.) (2010): Computerspiele – Neue Herausforderungen für die die Ethik? Stuttgart: Steiner.

Grüninger, Helmut/Quandt, Thorsten/Wimmer, Jeffrey (2009): Generation 35 plus: Eine explorative Interviewstudie zu den Spezifika älterer Computerspieler. In: Quandt, Thorsten/Wimmer, Jeffrey/Wolling, Jens (Hrsg.): Die Computerspieler: Studien zur Nutzung von Computer- und Videogames (2. Auflage). Wiesbaden: VS, 113-134.

Günzel, Stephan (2011): „In Real Life“ – Zum Verhältnis von Computerspiel und Alltag. In: Fromme, Johannes/Iske, Stefan/Marotzki, Winfried (Hrsg.): Medialität und Realität. Zur konstitutiven Kraft der Medien. Wiesbaden: VS, 159-176.

Hand, Martin/Moore, Karenza (2006): Community, Identity and Digital Games. In: Bryce, Jason/Rutter, Jason (Hrsg.): Understanding Digital Games. London: Sage, 241-266.

Hanke, Christine (2008): Next Level. Das Computerspiel als Medium. Eine Einleitung. In: Distelmeyer, Jan/Hanke, Christine/Mersch, Dieter (Hrsg.): Game over!? Perspektiven des Computerspiels. Bielefeld: Transcript, 7-18.

Hartmann, Maren/Krotz, Friedrich (2010): Online-Kommunikation als Kultur. In: Schweiger, Wolfgang/Beck, Klaus (Hrsg.): Handbuch Online-Kommunikation. Wiesbaden: VS, 234-256.

Hartmann, Tilo (2006): Die Selektion unterhaltsamer Medienangebote am Beispiel von Computerspielen: Struktur und Ursachen. Köln: Halem.

Hasebrink, Uwe (2009): Abhängigkeits- und Suchtpotenzial von Computerspielen. Vortrag auf dem Expertenhearing zum Abhängigkeits- und Suchtpotenzial von Computerspielen, Niedersächsischen Ministerium für Soziales, Frauen, Familie und Gesundheit. Hannover: Landtag Niedersachsen.

Hemminger, Elke (2009): The Mergence of Spaces. Experiences of Reality in Digital Role-Playing Games. Berlin: Edition Sigma.

Hepp, Andreas (2011): Medienkultur: Die Kultur mediatisierter Welten. Wiesbaden: VS.

Horton, Donald/Wohl, Richard R. (1956): Mass Communication and Parasocial Interaction: Observations on Intimacy at a Distance. In: Psychiatry 19, 215-229.

Huhh, Jun-Sok (2008): Culture and Business of PC Bangs in Korea: In: Games and Culture 3, 26-37.

Huizinga, Johan (1986 (1939)): Homo Ludens: Vom Ursprung der Kultur im Spiel. Hamburg: Rowohlt.

IBM (2007): Virtual World, Real Leaders: Online Games Put the Future of Business Leadership on Display. A Globale Innovation Outlook 2.0 Report. http://domino.research.ibm.com/comm/www_innovate.nsf/images/gio-gaming/$FILE/ibm_gio_gaming_report.pdf (01.01.2013).

IGDA (2004): Quality of Life White Paper. http://www.igda.org/sites/default/files/IGDA_QualityOfLife_WhitePaper_0.pdf (01.01.2013).

IGDA (2005): Game Developer Demographics: An Exploration of Workforce Diversity. http://archives.igda.org/diversity/IGDA_DeveloperDemographics_Oct05.pdf (01.01.2013).

Inderst, Rudolf (2009): Vergemeinschaftung in MMORPGs. Boizenburg: VHW.

Jenkins, Henry (2004): Reality Bites: Eight Myths About Video Games Debunked. http://www.pbs.org/kcts/videogamerevolution/impact/myths.html (01.01.2013).

Jenkins, Henry/Purushotma, Ravi/Clinton, Katie/Weigel, Margaret/Robison, Alice (2009): Confronting the Challenges of Participatory Culture: Media Education for the 21st Century. Cambridge: MIT.

Jöckel, Sven/Schumann, Christina (2010): Spielen im Netz: Online-Spiele als Kommunikation. In: Beck, Klaus/Wolfgang Schweiger (Hrsg.): Handbuch Online-Kommunikation. Wiesbaden: VS, 460-484.

Johnson, Richard/Chambers, Deborah/Raghuram, Parvati/Ticknell, Estella (2004): The Practice of Cultural Studies: A Guide to the Practice and Politics of Cultural Studies. London et al.: Sage.

Juul, Jesper (2005): Half-Real: Video Games between Real Rules and Fictional Worlds. Cambridge: MIT Press.

Juul, Jesper (2009): A Casual Revolution: Reinventing Video Games and their Players. Cambridge: MIT Press.

Kahne, Joseph/Middaugh, Ellen/Evans, Chris (2008): The Civic Potential of Video Games: An Occasional Paper of the John D. and Catherine T. MacArthur Foundation Digital Media and Learning Program. www.civicsurvey.org/White_paper_link_text.pdf (01.01.2013).

Kandell, Jonathan J. (1998): Internet Addiction on Campus: The Vulnerability of College Students. In: CyberPsychology and Behavior 1, 11-17.

Kaye, E. M. (2012): Consumer Guide to Virtual Worlds. The Association of Virtual Worlds: Amazon Digital Services.

Kent, Steven (2001): The Ultimate History of Video Games. New York: Tree Rivers Press.

Kepplinger, Hans Mathias (2008): Was unterscheidet die Mediatisierungsforschung von der Medienwirkungsforschung? In: Publizistik 53(3), 326-338.

Kerr, Aphra (2006): The Business and Culture of Digital Games. London: Sage.

KFN (2011): Wider der journalistischen Sorgfaltspflicht? http://www.kfn.de/home/Computer-spielsucht.htm (01.01.2013).

King, Geoff/Krzywinska, Tanya (2006): Tomb Raiders and Space Invaders: Videogame Forms and Contexts. London: Tauris.

Klimmt, Christoph (2001): Ego-Shooter, Prügelspiel, Sportsimulation? Zur Typologisierung von Computer- und Videospielen. In: Medien und Kommunikationswissenschaft 4, 480-497.

Klimmt, Christoph (2009): Die Nutzung von Computerspielen. Interdisziplinäre Perspektiven. In: Quandt, Thorsten/Wimmer, Jeffrey/Wolling, Jens (Hrsg.): Die Computerspieler. Studien zur Nutzung von Computergames (2. Aufl.). Wiesbaden: VS, 57-72.

Klimmt, Christoph/Steinhof, Christian/Daschmann, Gregor (2008): Werbung in Computerspielen: Die Bedeutung von Interaktivität für die kognitive Werbewirkung. In: Medienwirtschaft 1, 6-16.

Klimmt, Christoph/Blake, Christopher (2012): Selbstwirksamkeitsmaschinen: Motivationsprozesse interaktiver Unterhaltung. In: Reinecke, Leonard/Trepte, Sabine (Hrsg.): Unterhaltung in neuen Medien. Perspektiven zur Rezeption und Wirkung von Online-Medien und interaktiven Unterhaltungsangeboten. Köln: Halem, 65-81.

Krotz, Friedrich (1998): Öffentlichkeit aus Sicht des Publikums. In: Jarren, Otfried/Krotz, Friedrich (Hrsg.): Öffentlichkeit unter Vielkanalbedingungen. Baden-Baden: Nomos, 95-117.

Krotz, Friedrich (2007): Mediatisierung: Fallstudien zum Wandel von Kommunikation. Wiesbaden: VS.

Krotz, Friedrich (2009): Computerspiele als neuer Kommunikationstypus: Interaktive Kommunikation als Zugang zu komplexen Welten. In: Quandt, Thorsten/Wimmer, Jeffrey/Wolling, Jens (Hrsg.): Die Computerspieler. Studien zur Nutzung von Computergames (2. Aufl.). Wiesbaden: VS, 25-40.

Krotz, Friedrich (2011): Rekonstruktion der Kommunikationswissenschaft: Soziales Individuum, Aktivität, Beziehung. In: Hartmann, Maren/Wimmer, Jeffrey (Hrsg.): Digitale Medientechnologien: Vergangenheit – Gegenwart – Zukunft. Wiesbaden: VS, 53-74.

Krotz, Friedrich/Hepp, Andreas (2012): Mediatisierte Welten: Forschungsfelder und Beschreibungsansätze. Wiesbaden: VS.

Kunczik, Michael/Zipfel, Astrid (2004): Medien und Gewalt – Befunde der Forschung seit 1998. Berlin: Bundesministerium für Familie, Senioren, Frauen und Jugend.

Kücklich, Julian (2009): Computerspiele, Medialität und Öffentlichkeit. In: Bisky, Lothar/Kriese, Konstanze/Scheele, Jürgen (Hrsg.): Medien – Macht – Demokratie. Neue Perspektiven. Berlin: Karl Dietz, 411-425.

Lahti, Martti (2003): As We Become Machines: Corporealized Pleasures in Videogames. In: Wolf, Mark J. P./Perron, Bernard (Hrsg.): The Video Game Theory Reader. New York: Routledge, 157-170.

Lampert, Claudia/Schwinge, Christiane/Tolks, Daniel (2009): Der gespielte Ernst des Lebens: Bestandsaufnahme und Potenziale von Serious Games (for Health). In: MedienPädagogik 15/16. www.medienpaed.com/15/lampert0903.pdf (01.01.2013).

Lischka, Konrad (2002): Spielplatz Computer: Kultur, Geschichte und Ästhetik des Computerspiels. Hannover: Heise.

Manovich, Lev (2001): The Language of New Media. Cambridge, MA: MIT Press.

Maric, Janina (2011): eSport im TV: Fernsehaneignung einer Computerspielkultur. In: Elsler, Monika (Hrsg.): Die Aneignung von Medienkultur: Rezipienten, politische Akteure und Medienakteure. Wiesbaden: VS, 193-213.

Mäyrä, Frans (2008): An Introduction to Game Studies: Games in Culture. London: Sage.

Medienpädagogischer Forschungsverbund Südwest (MPFS) (2010): KIM-Studie 2010. Kinder + Medien, Computer + Internet. Basisuntersuchung zum Medienumgang 6- bis 13-Jähriger Stuttgart: MPFS. www.mpfs.de (01.01.2013).

Medienpädagogischer Forschungsverbund Südwest (MPFS) (2011): JIM-Studie 2011: Jugend, Information, (Multi-)Media. Basisuntersuchung zum Medienumgang 12- bis 19-Jähriger. Stuttgart: MPFS. www.mpfs.de (01.01.2013).

Moore, Robert J./Gathman, E. Cabell Hankinson/Ducheneaut, Nicolas (2009): From 3D Space to Third Place: The Social Life of Small Virtual Spaces. In: Human Organization 68, 230-240.

Müller-Lietzkow, Jörg (2009): Überblick über die Computer- und Videospielindustrie. In: Bevc, Tobias/Zapf, Holger (Hrsg.): Wie wir spielen, was wir werden. Konstanz: UVK, 241-261.

Müller-Lietzkow, Jörg (2010): Die ‚Killerspieldebatte', Jugendmedienschutz und deren mögliche wirtschaftliche Konsequenzen: welche Auswirkungen hat eine veränderte Medienregulation auf die Produktion digitaler Spiele in Deutschland? PUR 117. Paderborn: Präsidium der Universität.

Müller-Lietzkow, Jörg/Bouncken, Ricarda B./Seufert, Wolfgang (2006): Gegenwart und Zukunft der Computer- und Videospielindustrie in Deutschland. Dornach: Entertainment Media.

Müller-Lietzkow, Jörg/Jacobs, Stephen (2012): Serious Games – Theory and Reality. In: International Journal of Computer Science in Sport (11), 42-50.

Münch, Richard/Schmidt, Jan-Hinrik (2005): Medien und sozialer Wandel. In: Jäckel, Michael (Hrsg.): Mediensoziologie. Grundfragen und Forschungsfelder. Wiesbaden: VS, 201-218.

Murray, Janet (1997): Hamlet on The Holodeck. The Future of Narrative in Cyberspace, Cambridge, MA: MIT Press.

Nakamura, Lisa (2009): Don't Hate the Player, Hate the Game: The Racialization of Labor in World of Warcraft. In: Critical Studies in Media Communication 26(2), 128-144.

Neitzel, Britta (2008): Computer – Spiele – Forschung, In: tiefenschärfe: Internet, Winter 2008/09, 51-55. http://www.slm.uni-hamburg.de/imk/tiefenschaerfe/tiefenschaerfe.html (01.01.2013).

Newman, James (2002): The Myth of the Ergodic Videogame: Some Thoughts on Player-Character Relationships in Videogames. In: Game Studies 2(1), 1-8.

Neys, Joyce/Jansz, Jeroen (2010): Political Internet Games: Engaging an Audience. In: European Journal of Communication 25, 227-241.

Nguyen-Khac, Tung/Brasch, Thomas (2007): Browser-Games. ‚Rising star' der internationalen Spieleindustrie mit deutschen Wurzeln. In: Medienwirtschaft 4(4), 40-42.

Nickol, Jana/Wimmer, Jeffrey (2012): Online-Spiele(n) im Alltag der Spieler. Eine medienethnografische Analyse der Aneignung digitaler Spiele am Beispiel des Browser-Spiels Hattrick. In: SC/M (Studies in Media/Communication) 1(2), 257-282.

Ofcom (2011): A Nation Addicted to Smartphones. http://stakeholders.ofcom.org.uk/market-data-research/market-data/communications-market-reports/cmr11/uk/ (01.01.2013).

Oldenburg, Ray (1991): The Great Good Place. New York: Da Capo.

Pargman, Daniel/Jakobsson, Peter (2008): Do You Believe in Magic? Computer Games in Everyday Life. In: European Journal of Cultural Studies 11, 225-244.

Pearce, Celia (2009): Communities of Play. Emergent cultures in multiplayer games and virtual worlds. Cambridge, MA: MIT Press.

Peng, Wei/Lee, Mira/Heeter, Carrie (2010): The Effects of a Serious Game on Role-Taking and Willingness to Help. In: Journal of Communication 60(4), 723-742.

Pfeiffer, Christian/Mößle, Thomas/Kleimann, Matthias/Rehbein, Florian (2008): Die PISA-Verlierer und ihr Medienkonsum: Eine Analyse auf der Basis verschiedener empirischer Untersuchungen. In: Dittler, Ullrich/Hoyer, Michael (Hrsg.): Aufwachsen in virtuellen Medienwelten: Chancen und Gefahren digitaler Medien aus medienpsychologischer und medienpädagogischer Perspektive. München: kopaed, 275-305.

Pietraß, Manuela (2010): Sinneserfahrung in virtueller Realität: Zum medienanthropologischen Problem von Körper und Leiblichkeit. In: Pietraß, Manuela/Funiok, Rüdiger (Hrsg.): Mensch und Medien: Philosophische und sozialwissenschaftliche Perspektiven. Wiesbaden: VS, 23-46.

Pirner, Manfred L./Rath, Matthias (2003): Homo medialis: Perspektiven und Probleme einer Anthropologie der Medien. München: kopaed.

Polanyi, Michael (1967): The Tacit Dimension. London: Routledge.

Potanin, Robin (2010): Forces in Play: The Business and Culture of Videogame Production. In: Fun and Games '10. Proceedings of the 3rd International Conference on Fun and Games, 135-143.

Prensky, Marc (2007): Digital Game-Based Learning. St. Paul, MI: Paragon House.

Putnam, Robert D. (2000): Bowling alone. The Collapse and Revival of American Community. New York.

Quandt, Thorsten (2009): Abhängigkeits- und Suchtpotenzial von Computerspielen. Vortrag auf dem Expertenhearing zum Abhängigkeits- und Suchtpotenzial von Computerspielen, Niedersächsischen Ministerium für Soziales, Frauen, Familie und Gesundheit. Hannover: Landtag Niedersachsen.

Quandt, Thorsten (2010): Real Life in Virtual Games. Computerspiele und Jugendkultur. In: Hugger, Kai-Uwe (Hrsg.): Digitale Jugendkultur. Wiesbaden: VS, 187-207.

Quandt, Thorsten/Wimmer, Jeffrey (2009): Online-Spieler in Deutschland 2007. Befunde einer repräsentativen Befragungsstudie. In: Quandt, Thorsten/Wimmer, Jeffrey/Wolling, Jens (Hrsg.): Die Computerspieler. Studien zur Nutzung von Computer- und Videogames (2. Auflage). Wiesbaden: VS, 169-192.

Quandt, Thorsten/Festl, Ruth/Scharkow, Michael (2011): Digitales Spielen. Medienunterhaltung im Mainstream. In: Media Perspektiven (9), 414-422.

Ratan, Rabindra/Ritterfeld, Ute (2009): Classifying Serious Games. In: Ritterfeld, Ute/Cody, Michael/Vorderer, Peter (Hrsg.): Serious Games: Mechanisms and Effects. New York, NY/London: Routledge, 10-24.

Reinecke, Leonard/Trepte, Sabine (Hrsg.) (2012): Unterhaltung in neuen Medien. Perspektiven zur Rezeption und Wirkung von Online-Medien und interaktiven Unterhaltungsangeboten. Köln: Halem.

Rettberg, Scott (2008): Corporate Ideology in World of Warcraft. In: Corneliussen, Hilde G./Walker Rettberg, Jill (Hrsg.): Digital Culture, Play, and Identity: A World of Warcraft Reader. Cambridge, MA: MIT, 19-37.

Rheingold, Howard (1993): The Virtual Community. Homesteading on the Electronic Frontier. New York, NY: Harper Collins.

Ritterfeld, Ute/Cody, Michael J./Vorderer, Peter (2009): Introduction. In: Ritterfeld, Ute/Cody, Michael J./Vorderer, Peter (Hrsg.): Serious Games. New York, NY: Routledge, 3-9.

Rosenfelder, Andreas (2008): Digitale Paradiese. Von der schrecklichen Schönheit der Computerspiele. Köln: Kiepenheuer & Witsch.

Salen, Katie/Zimmermann, Eric (2003): Rules of Play. Game Design Fundamentals. Cambridge, MA: MIT Press.

Sandbothe, Mike (2010): Computerspielsucht und Suchtkultur. In: Bohrer, Clemens/Schwarz-Boenneke, Bernadette (Hrsg.): Identität und virtuelle Beziehungen im Computerspiel. München: kopaed, 75-82.

Schäfer, Mirko T. (2006): Spielen jenseits der Gebrauchsanweisung. Partizipation als Output des Konsums softwarebasierter Produkte. In: Neitzel, Britta/Nohr, Rolf F. (Hrsg.): Das Spiel mit dem Medium. Partizipation – Immersion – Interaktion. Marburg: Schüren, 296-310.

Scheuerl, Hans (Hrsg.) (1991): Theorien des Spiels (11. überarb. und erg. Neuausgabe). Weinheim et al: Beltz.

Schmidt, Jan/Dreyer, Stephan/Lampert, Claudia (2008): Spielen im Netz. Zur Systematisierung des Phänomens „Online-Games“. Arbeitspapiere des Hans-Bredow-Instituts (19). Hamburg: Hans Bredow Institut.

Schuhmacher, Heidemarie/Korbel, Leonard (2010): Game Studies und Agency: Ein Forschungsbericht zu ihrem Verhältnis und ein Vorschlag zu einer neuen Forschungsperspektive. In: Thimm, Caja (Hrsg.): Das Spiel: Muster und Metapher der Mediengesellschaft. Wiesbaden: VS, 55-71.

Schütz, Alfred/Luckmann, Thomas (1979): Strukturen der Lebenswelt (Band 1). Frankfurt a.M.: Suhrkamp.

Schulz, Winfried (2009): Politischer Medieneinfluss: Die Metamorphosen des Wirkungskonzepts. In: Pfetsch, Barbara/Marcinkowski, Frank (Hrsg.): Politik in der Mediendemokratie. Politische Vierteljahresschrift, Sonderheft 42, 103-125.

Schweiger, Wolfgang (2007): Theorien der Mediennutzung: Eine Einführung. Wiesbaden: VS.

Sicart, Miguel (2009): The Ethics of Computer Games. Cambridge, MA: MIT.

Simon, Bart (2006): Beyond Cyberspatial Flaneurie: On the Analytic Potential of Living with Digital Games. In: Games and Culture 1(1), 62-67.

Simkins, David/Steinkuehler, Constance (2008): Critical Ethical Reasoning and Role-Play. In: Games and Culture 3, 333-355.

Six, Ulrike (2007): Exzessive und pathologische Mediennutzung. In: Six, Ulrike/Gleich, Uli/Gimmler, Roland (Hrsg.): Kommunikationspsychologie – Medienpsychologie: Lehrbuch. Weinheim, Basel: Beltz, 356-371.

Sloper, Tom (2010): Game Production and the Business of Games. In: Rabin, Steve (Hrsg): Introduction to Game Development. Boston, MA: Course Technology, 791-835.

Spiegel Online: Neue Studie: Forscher finden kaum Computerspielsüchtige. http://www.spiegel.de/netzwelt/games/0,1518,745907,00.html (01.01.2013).

Steinkuehler, Constance/Dmitri, Williams (2006): Where Everybody Knows Your (Screen) Name: Online Games as ‚Third Places'. In: Journal of Computer-Mediated Communication 11(4). http://jcmc.indiana.edu/vol11/issue4/steinkuehler.html (01.01.2013).

Taddicken, Monika (2012): Unterhaltung im Social Web: Neue Formen des Unterhaltungserlebens durch Konsumption, Partizipation und Produktion? In: Reinecke, Leonard/Trepte, Sabine (Hrsg.): Unterhaltung in neuen Medien. Perspektiven zur Rezeption und Wirkung von Online-Medien und interaktiven Unterhaltungsangeboten. Köln: Halem, 195-214.

Taylor, T. L. (2006): Play Between Worlds: Exploring Online Game Culture. Cambridge, MA: MIT Press.

Thiedeke, Udo (2010): Spiel-Räume: Kleine Soziologie gesellschaftlicher Exkursionsbereiche. In: Thimm, Caja (Hrsg.): Das Spiel: Muster und Metapher der Mediengesellschaft. Wiesbaden: VS, 17-32.

Thomas, Tanja/Krotz, Friedrich (2008): Medienkultur und soziales Handeln. Begriffsarbeiten zur Theorieentwicklung. In: Thomas, Tanja (Hrsg.): Medienkultur und soziales Handeln. Wiesbaden: VS, 17-42.

Thomas, Wolfgang/Stammermann, Ludger (2007): In-Game-Advertising. Werbung in Computerspielen. Wiesbaden: Gabler.

Thon, Jan-Noel (2007): Kommunikation im Computerspiel. In: Kimpeler/Simone/Mangold, Michael/Schweiger, Wolfgang (Hrsg.): Die digitale Herausforderung. Zehn Jahre Forschung zur computervermittelten Kommunikation. Wiesbaden: VS, 171-180.

Trepte, Sabine/Reinecke, Leonard/Jüchems, Keno (2012): The Social Side of Gaming: How E-Sports determine Online Social Capital and Offline Social Support. In: Computers in Human Behavior 28, 832-839.

Trepte, Sabine/Reinecke, Leonard/Behr, Katharina-Maria (2009): Creating Virtual Alter Egos or Superheroines? Gamers' Strategies of Avatar Creation in Terms of Gender and Sex. In: International Journal of Gaming and Computer-Mediated Simulations 1(2).

Turkle, Sherry (1998): Leben im Netz. Identität in Zeiten des Internet. Hamburg: Rowohlt.

Turkle, Sherry (2011): Alone Together: Why We Expect More from Technology and Less from Each Other. New York, NY: Basic Books.

Wark, McKenzie (1994): The Video Game as Emergent Media Form. In: Media Information Australia 71, 21-30.

Williams, Dmitri (2003): The Video Game Lightning Rod. Constructions of a New Media Technology, 1970-2000. In: Information, Communication & Society 6(4), 523-550.

Williams, Dmitri/Ducheneaut, Nicolas/Xiong, Li/Zhang, Yuanyuan/Yee, Nick/Nickell, Eric (2006): From Tree House to Barracks: The Social Life of Guilds in World of Warcraft. In: Games & Culture 1(4), 338-361.

Williams, Dmitri/Martins, Nicole/Consalvo, Mia/Ivory, James D. (2009): The Virtual Census: Representations of Gender, Race and Age in Video Games. In: New Media & Society 11(5), 815-834.

Wimmer, Jeffrey (2012): Digital Game Culture(s) as Prototype(s) of Mediatization and Commerzialization of Society. In: Fromme, Johannes/Unger, Alexander (Hrsg.): Computer Games/Players/Game Cultures: A Handbook on the State and Perspectives of Digital Game Studies. Berlin: Springer, 525-40.

Wimmer, Jeffrey/Quandt, Thorsten/Kristin Vogel (2009): Teamplay, Clanhopping und Wallhacker. Eine explorative Analyse des Computerspielens in Clans. In: Quandt, Thorsten/Wimmer, Jeffrey/Wolling, Jens (Hrsg.): Die Computerspieler. Studien zur Nutzung von Computer- und Videogames (2. Auflage). Wiesbaden: VS, 149-167.

Wimmer, Jeffrey/Sitnikova, Tatiana (2012): The Professional Identity of Gameworkers Revisited. A Qualitative Inquiry on the Case Example of German Professionals. In: Eludamos. Journal for Computer Game Culture, 6(1), 155-171.

Winkler, Hartmut (1999):Die prekäre Rolle der Technik. In: Pias, Claus (Hrsg.): Medien. Dreizehn Vorträge zur Medienkultur. Weimar: Vd, 221-240.

Wirth, Werner/Stämpfli, Ilona/Böcking, Saskia/Matthes, Jörg (2008): Führen viele Wege nach Rom? Berufssituation und Karrierestrategien des promovierten wissenschaftlichen Nachwuchses in der Kommunikations- und Medienwissenschaft. In: Publizistik 53(1), 85-113.

Wirtz, Bernd W. (2009): Medien- und Internetmanagement (6. überarb. Aufl.). Wiesbaden: Gabler.

Wolling, Jens/Quandt, Thorsten/Wimmer, Jeffrey (2009): Warum Computerspieler mit dem Computer spielen. Vorschlag eines Analyserahmens für die Nutzungsforschung. In: Quandt, Thorsten/Wimmer, Jeffrey/Wolling, Jens (Hrsg.): Die Computerspieler. Studien zur Nutzung von Computer- und Videogames (2. Auflage). Wiesbaden: VS, 149-167.

Wünsch, Carsten/Jenderek, Bastian (2009): Computerspielen als Unterhaltung. In: Quandt, Thorsten/Wimmer, Jeffrey/Wolling, Jens (Hrsg.): Die Computerspieler: Studien zur Nutzung von Computergames (2. Aufl.). Wiesbaden: VS, 41-56.

Wüstefeld, Jens (2009): Computerspielpolitik – zwischen Kontrolle und Förderung. In: Bevc, Tobias/Zapf, Holger (Hrsg.): Wie wir spielen, was wir werden. Konstanz: UVK, 209-225.

Yee, Nick (2006a): Motivations for Play in Online Games. In: CyberPsychology & Behavior 9, 772-775.

Yee, Nick (2006b): The Labor of Fun: How Video Games blur the Boundaries of Work and Play. In: Games and Culture 1, 68-71.

Yee, Nick (2009): Befriending Ogres and Wood-Elves: Relationship Formation and The Social Architecture of Norrath. In: Game Studies 9.

Zyda, Michael (2005): From Visual Simulation to Virtual Reality to Games. In: Computer 38(9), 25-32.

Kommentierte Literatur

Da die Zahl der zitierten Quellen sehr groß ist, werden an dieser Stelle ausgewählte Arbeiten kurz erläutert, die für das Verständnis der gesellschaftlichen Relevanz von Computerspielen besonders hilfreich sind. Gerade für Einsteiger in diese Thematik bieten sich die folgende wissenschaftliche Texte als Lektüre an.

Bevc, Tobias/Zapf, Holger (Hrsg.): Wie wir spielen, was wir werden. Konstanz: UVK.
Der Sammelband gibt einen aktuellen Überblick über die deutschsprachige Computerspielforschung, u. a. werden kultur- und literaturwissenschaftliche, medientheoretische, pädagogische und kommunikationswissenschaftliche Forschungsperspektiven von renommierten Vertretern des jeweiligen Faches vorgestellt.

Butler, Mark (2007): Would you like to play a game? Die Kultur des Computerspielens. Berlin: Kadmos.
In einer kulturwissenschaftlichen Analyse werden theoretische Perspektiven u. a. der Medienästhetik, Psychoanalyse oder Cyborg-Theorie mit der ethnografischen Analyse von acht Computerspielern in Zusammenhang gebracht. Die Alltagskultur und Erlebnisqualität des Computerspielens werden hier plastisch und profunde veranschaulicht.

Fritz, Jürgen (2011): Wie Computerspieler ins Spiel kommen. Theorien und Modelle zur Nutzung und Wirkung virtueller Spielwelten. Berlin: Vistas.
Fritz, Jürgen/Lampert, Claudia/Schmidt, Jan-Hinrik/Witting, Tanja (2011): Kompetenzen und exzessive Nutzung bei Computerspielern: Gefordert, gefördert, gefährdet. Berlin: Vistas.
Die Bände dokumentierten sowohl den theoretischen Rahmen (Fritz) als auch empirische Ausführung (Fritz et al.) eines umfangreichen Forschungsprojekts zu den positiven (Kompetenzen) wie negativen Begleiterscheinungen (exzessive Nutzung) der Computerspielnutzung. Aufgrund der detaillierten Daten und

Auswertungen liefert die von der Landesmedienanstalt Nordrhein-Westfalen finanzierte Analyse wichtige Impulse für die aktuelle Debatte.

Geisler, Martin (2009): Clans, Gilden und Gamefamilies: Soziale Prozesse in Computerspielgemeinschaften. Juventa: Weinheim.
Detaillierte und dichte Beschreibung von Vergemeinschaftungen deutscher Computerspieler, die durch medienpädagogische Aspekte abgerundet wird

Kaminski, Winfried/Witting, Tanja (Hrsg.) (2007): Digitale Spielräume. Basiswissen Computer- und Videospiele. München: kopaed.
Dieses Kompendium liefert vor allem für pädagogisch Tätige, Eltern und interessierte Laien einen praxisnahen und gut lesbaren Einstieg in die Welt der Computerspiele, deren Genres und Spielfiguren. Tipps für den Medienalltag und ein Einkaufsleitfaden runden die Zusammenstellung ab.

Kent, Steven L. (2001): The Ultimate History of Videogames. New York: Three Rivers Press.
Dieses Standardwerk beinhaltet einen umfassenden und kenntnisreichen Überblick über die Geschichte der Videospiele von den Anfängen bis zur Jahrtausendwende, der durch Zahlreiche Originalzitate besticht.

Klimmt, Christoph (2006): Computerspielen als Handlung – Dimensionen und Determinanten des Erlebens interaktiver Unterhaltungsangebote. Köln: von Halem.
In sehr detaillierter und umfassender Weise werden aus kommunikationswissenschaftlicher Perspektive die verschiedenen Aspekte und Mechanismen von Unterhaltung durchs Computerspielen differenziert.

Kringiel, Danny (2009): Computerspielanalyse konkret: Methoden und Instrumente – erprobt an Max Payne 2. München: kopaed.
Am Beispiel eines Shooter-Spiels entwickelt der Autor ein leicht nachvollziehbares Instrumentarium zur Analyse von Computerspielen. In seinem medienpädagogisch orientierten Ansatz des „close playing“ integriert er ludologische, narratologische, cyberdramatische, filmische, architektonische und lernbezogene Variablen.

Lischka, Konrad (2002): Spielplatz Computer: Kultur, Geschichte und Ästhetik des Computerspiels. Hannover: Heise Medien.
Mit als erstes deutsches Werk liefert der gut lesbare Band eine detaillierten Blick auf die Historie der wichtigsten Spielgenres, am Rande werden auch ausgewählte ökonomische und nutzerbezogene Aspekte behandelt.

Müller-Lietzkow, Jörg/Bouncken, Ricarda B./Seufert, Wolfgang (2006): Gegenwart und Zukunft der Computer- und Videospielindustrie in Deutschland. Dornach: Entertainment Media.
Trotz eines etwas älteren Datensatzes liefert die Studie wichtige Einsichten in die zentralen Strukturen, Prozesse und bestimmenden Kontexte der deutschen Computerspieleindustrie. Weitere Detailstudien von Müller-Lietzkow sind in Arbeit.

Quandt, Thorsten/Wimmer, Jeffrey/Wolling, Jens (Hrsg.) (2009): Die Computerspieler. Studien zur Nutzung von Computer- und Videogames (2. Auflage). Wiesbaden: VS.
In diesem Band werden die Nutzer von Computerspielen aus einer kommunikationswissenschaftlichen Perspektive betrachtet. Das Spektrum reicht dabei von theoretischen Grundlagentexten über Studien zu bestimmten Spielergruppen und Spielweisen bis hin zu Forschungsarbeiten zur Nutzung unterschiedlicher Genres, wie z. B. Online-Rollenspielen oder den umstrittenen First-Person-Shootern.

Raessens, Joost/Goldstein, Jeffrey (Hrsg.) (2005): Handbook of computer game studies. Cambridge, MA/London: MIT Press.
Etwas älteres Handbuch, das nichtsdestotrotz einen umfassenden Einblick in die verschiedenen Aspekte der Game Studies gibt. Die einzelnen Abschnitte u. a. zu Game Design und Wirkungsaspekten sind von renommierten Spieleforschern geschrieben.

Rosenfelder, Andreas (2008): Digitale Paradiese, Von der schrecklichen Schönheit der Computerspiele. Köln: Kiepenheuer & Witsch.
In einer Art persönlichem Erlebnisbericht liefert der Journalist eine recht unterhaltsam geschriebene Darstellung verschiedener Aspekte aktueller Computerspielkultur wie z. B. Spieleentwickler in Kiew oder der ambivalente Reiz des Ego-Shooter *F.E.A.R.*

Salen, Katie/Zimmermann, Eric (2003): Rules of Play. Game Design Fundamentals. Cambridge; MA: MIT Press.
Auf knapp 700 Seiten werden in diesem Opus Magnum ein umfassender kulturorientierter Bezugsrahmen zum Verständnis der Phänomene Spiel und Spielen in der heutigen Zeit entworfen. Das Nachschlagewerk unterteilt sich neben einer Grundlegung zentraler theorieorientierter Konzepte zum Verständnis digitaler Spiele wie z. B. „meaningful play“ und „magic circle“ in drei Bereiche: Rules, Play und Culture. Vier Praxisbeispiele runden das bis heute aktuelle Kompendium ab.

Taylor, T. L. (2006): Play Between Worlds: Exploring Online Game Culture. Cambridge, MA: MIT Press.
Eine der ersten medienethnografischen Studien zu Online-Spielwelten, die wichtige Erkenntnisse für die sinnverstehende Analyse von Computerspielen liefert.

Vorderer, Peter/Bryant, Jennings (Hrsg.) (2006): Playing Video Games: Motives, Responses, and Consequences. Mahwah, NJ/London: Lawrence Erlbaum.
In diesem noch immer aktuellen Sammelband wurden erstmalig grundlegende kommunikationswissenschaftliche und medienpsychologische Studien zur Selektion, Rezeption und Effekten von Computerspielen versammelt.

Wolf, Mark J. P./Perron, Bernard (Hrsg.) (2003): The Video Game Theory Reader. London: Routledge.
Perron, Bernard/Wolf, Mark J. P. (Hrsg.) (2009): The Video Game Theory Reader 2. New York, NY: Routledge.
Die in einem renommierten Wissenschaftsverlag herausgegebenen Anthologien stellen ein Referenzwerk der internationalen Game Studies dar. Zentrale Charakteristika digitaler Spiele wie z. B. interaktives Storytelling oder Körperlichkeit werden hier aus geisteswissenschaftlicher, sozialwissenschaftlicher und philosophischer Perspektive verhandelt.

Folgende Fachzeitschriften publizieren aktuelle theoretische und/oder empirische Analysen zum Forschungsfeld Computerspiele:

- *Convergence*, The International Journal of Research into New Media Technologies (seit 1995) (http://con.sagepub.com)
- *Eludamos*, Journal for Computer Game Culture (2007) (http://www.eludamos.org)
- *Game Studies*, International Journal of Computer Game Research (2001) (http://gamestudies.org)
- *Games and Culture* (2006) (http://gac.sagepub.com)
- *International Journal of Gaming and Computer-Mediated Simulations* (2009) (http://www.igi-global.com/journal/international-journal-gaming-computer-mediated)
- *Journal of Gaming and Virtual Worlds* (2008) (http:// www.intellect-books.co.uk/journals/view-journal,id=164)
- Journal of Virtual Worlds Research (2008) (http://jvwresearch.org)
- *Simulation & Gaming*, Interdisciplinary Journal of Theory, Practice and Research (1970) (http://sag.sagepub.com)
- *Well Played*, Journal on Video Games, Value and Meaning (2011) (http://www.etc.cmu.edu/etcpress/wellplayed)

Links

8Bit-Museum (http://www.8bit-museum.de)
Umfangreiche Webseite des Sammlers Stephan Slabihoud, die sich gut gemacht mit der Geschichte der Computerspiele und ihren Entwicklern befasst.

AG Games (http://www.ag-games.de)
Onlineforum deutschsprachiger Computerspielforscher, auf dem News zu Publikationen, Projekten und Tagungen veröffentlicht, aber auch Forschungsfragen o. ä. diskutiert werden.

Bundesverband Interaktive Unterhaltungssoftware (http://www.biu-online.de)
Informationsportal des BIU mit zahlreichen Daten zur Spieleindustrie in Deutschland sowie weiteren thematischen Schwerpunkten aus Verbandsperspektive wie z. B. Jugendschutz, Kulturgut-Debatte oder Urheberrecht.

Bundeszentrale für politische Bildung
(http://www.bpb.de/gesellschaft/medien/verbotene-spiele)
(http://www.bpb.de/gesellschaft/medien/computerspiele)
Zwei etwas ältere Webdossiers der Bundeszentrale für politische Bildung, die aber nichtsdestotrotz noch immer einen guten Einstieg in die Debatte um Computerspiele liefern.

Center for Computer Games Research (http://game.itu.dk/index.php/about)
Forschungsinstitut der Universität Kopenhagen, das seit 2003 als eines der weltweit führenden im Bereich der Games Studies angesehen wird.

DiGRA (Digital Games Research Association) (http://www.digra.org)
Interdisziplinäre und größte internationale Fachgesellschaft, die sich mit digitalen Spielen beschäftigt und zweijährlich eine Tagung veranstaltet. Auf der Homepage finden sich eine Vielzahl relevanter News sowie das Archiv bisheriger Veranstaltungen und Vorträge.

Electronic Sports League (ESL) (http://www.esl.eu/de)
Homepage der deutschen eSport-Liga, die einen leichten Einstieg in die verschiedenen Wettbewerbe bietet.

Fachverband Medienabhängigkeit (http://www.fv-medienabhaengigkeit.de)
2008 gegründeter Fachverband präsentiert auf seiner Verbandseite u. a. Forschungsergebnisse und eine Literatursicht zu Fragen der Mediensucht und exzessiver Nutzung von Medien.

Initiative Creative Gaming (http://creative-gaming.eu)
2007 gegründetes Projekt, das den kreativen Umgang mit Computerspielen jenseits kommerzieller Interessen und Einschränkungen in pädagogischen, alltagskulturellen und künstlerischen Kontexten fördert und dazu u. a. das jährliche Play-Festival veranstaltet. Auf der Projektseite findet sich auch schöne Sammlung innovativer Spielprojekte.

Mausbewegung (http://www.mausbewegung.de)
Dokumentation einer Diplomarbeit aus dem Jahre 2007, die für Deutschland erstmalig ethisch-moralische Aspekte von Computerspielen aus der Perspektive der Spieler empirisch untersucht hat.

Spielbar (spielbar.de)
Ein Webangebot der Bundeszentrale für politische Bildung, das unter dem Motto „Informieren – Beurteilen – Diskutieren" u. a. Spielebesprechungen, Neuigkeiten aus der Spielkultur und medienpädagogisches Fachwissen bereithält.

Spieleratgeber NRW (http://www.spieleratgeber-nrw.de)
Medienpädagogische Seite mit zahlreichen Ratschlägen, wie z. B. Eltern mit ihren Kindern das Thema Videospiele regeln können, sowie Spielebesprechungen, die die spezifische Eignung für Kinder hervorstellen.

Stigma Videospiele (http://www.stigma-videospiele.de/index.htm)
Media Watchblog von Matthias Dietmayer, der sich auf umfassende und akribische Weise seit Jahren mit der Berichterstattung über Computerspiele kritisch auseinandersetzt.

Telepolis (http://www.heise.de/tp/inhalt/game/default.html)
Spiele-Rubrik des mit dem Grimme-Preis ausgezeichneten Online-Magazins, das sich auf feuilletonistische Weise mit Neuerscheinungen auf dem Spielemarkt auseinandersetzt.

Terra Nova (http://terranova.blogs.com)
Terra Nova ist ein stilprägender englischsprachiger Kollektiv-Weblog über virtuelle Welten im weitesten Sinne, das Beiträge sowohl von Wissenschaftlern (u. a. Edward Castranova) als auch von Praktikern betrieben wird.

Unterhaltungssoftware Selbstkontrolle (http://www.usk.de)
Homepage der Unterhaltungssoftware Selbstkontrolle (USK), auf der sich u. a. Details zu ihrem Prüfverfahren finden.

Zavatar (http://www.zavatar.de)
Umfangreiche Datenbank für Computerspiele.

Index

F

G

H

I

J

K

L

M